MODES OF REPRESENTATION OF THE SÃO PAULO BIENNIAL
THE PASSAGE FROM ARTISTIC INTERNATIONALISM TO CULTURAL GLOBALISATION

MODOS DE REPRESENTAÇÃO DA BIENAL DE SÃO PAULO
A PASSAGEM DO INTERNACIONALISMO ARTÍSTICO À GLOBALIZAÇÃO CULTURAL

COLEÇÃO
FÓRUM PERMANENTE

Fórum Permanente Series / **Coleção Fórum Permanente**

Editor-in-chief / **Coordenação editorial**: Martin Grossmann
Editorial board / **Conselho editorial**: Ana Letícia Fialho, Graziela Kunsch, Gilberto Mariotti, Martin Grossmann, Iuri Pereira
Executive producer / **Produtora executiva**: Paula Garcia
Translation / **Tradução**: Hi-fen Translation Solutions
Revision / **Revisão**: Ana Lima Cecílio
Graphic design / **Projeto gráfico**: Estúdio Campo (Carolina Aboarrage, Paula Tinoco e Roderico Souza)
Desktop publishing / **Diagramação**: Bruno Oliveira
Editorial production / **Produção editorial**: Hedra/Iuri Pereira
Print / **Impressão e acabamento**: Gráfica Hedra

Dados Internacionais de Catalogação na Publicação (CIP)

S752 Spricigo, Vinicius.

Modes of representation of the São Paulo Biennial: The passage from artistic internationalism to cultural globalisation. Modos de representação da Bienal de São Paulo: A passagem do internacionalismo artístico à globalização cultural. / Vinicius Spricigo. Apresentação de Mark Nash. – São Paulo: Hedra, 2011. (Coleção Fórum Permanente) Edição bilíngüe Inglês / Português. 212 p.

ISBN 978-85-7715-219-3

1. Curadoria de Arte Contemporânea. 2. Museu. 3. Exposição. 4. Documenta de Kassel. 5. Bienal de São Paulo. 6. Arte. 7. Cultura. 8. Globalização. 9. Tecnologia. 10. Globalização Cultural. I. Título. II. Nash, Mark. III. Série. IV. Modos de representação da Bienal de São Paulo.

CDU 069
CDD 020

This publication was possible due to the support of the Brazil Contemporary Art Program from the Fundação Bienal de São Paulo and Brazilian Ministry of Culture.

Essa publicação foi possível graças ao apoio do Programa Brasil Arte Contemporânea da Fundação Bienal de São Paulo e do Ministério da Cultura.

The content of this book and related contents are available at/
O conteúdo deste livro e conteúdos relacionados estão disponíveis em:
http://www.forumpermanente.org

MODES OF REPRESENTATION OF THE SÃO PAULO BIENNIAL
THE PASSAGE FROM ARTISTIC INTERNATIONALISM TO CULTURAL GLOBALISATION

MODOS DE REPRESENTAÇÃO DA BIENAL DE SÃO PAULO
A PASSAGEM DO INTERNACIONALISMO ARTÍSTICO À GLOBALIZAÇÃO CULTURAL

Vinicius Spricigo

hedra

COLEÇÃO
FÓRUM PERMANENTE

Fórum Permanente Series

As thoughts ideas suspend time, but when put into practice they are again subject to time.

Fórum Permanente is a cultural mediation platform inspired by the 1960s and 1970s lab-museums, collaborative initiatives in art museums that promoted experimental artistic practices, new forms of exhibition, communication and dissemination, as well as the critical revision of traditional museological methodologies. European promoters of these critical-creative processes include Pontus Hulten, Harald Szeemann, Willem Sandberg and Jean Leering; and in Brazil, Walter Zanini, the first curator of the Museum of Contemporary Art of the University of São Paulo, from 1963 to 1978, and subsequent curator of the 16th and 17th São Paulo Biennial. In the mid-1990s, new mediation and information structures led to research and experimentation involving the development of virtual extensions for the existing cultural apparatus. At the University of São Paulo (USP), through contextual-institutional critical action based on existing demands, concerns, uncertainties and risks, several frontlines were put into place. In 1994, the Interdepartmental and Multidisciplinary Electronic Interface Laboratory at the IT Centre of the School of Communication and Arts (NICA) was founded and in 1995 the first University of São Paulo web interface was created. USPonline, more than an online information site, was configured as a metaphor of the University, establishing itself as a cultural interface, connecting cultural and knowledge systems with information systems. Prior to the launch of Fórum Permanente in 2003, the idea of a museum in virtuality had been extensively discussed in a workshop hosted by the NICA in March 1996 involving artists, cultural producers and postgraduate students. From this debate, the Museum of the In(consequent) Collective (cf. http://www.eca.usp.br/prof/martin/in_consequente/) was born.

Coleção Fórum Permanente

As ideias suspendem o tempo em suas lucubrações, mas estão sujeitas ao tempo quando operacionalizadas.

O Fórum Permanente é uma plataforma de mediação cultural que se inspira nos museus-laboratório das décadas de 1960 e 1970, ações colaborativas em museus de arte que incentivaram, entre outros, práticas artísticas experimentais, novas formas de exposição, de comunicação e de divulgação, bem como revisões críticas das metodologias da museologia tradicional. Na Europa, entre os condutores desses processos crítico-criativos estão Pontus Hulten, Harald Szeemann, Willem Sandberg, Jean Leering e aqui no Brasil, Walter Zanini, como primeiro diretor do Museu de Arte Contemporânea da USP de 1963 a 1978 e depois como curador da 16ª e 17ª Bienais de São Paulo. Em meados da década de 1990, novas estruturas mediáticas e de informação motivaram investigações e experimentos no desenvolvimento de extensões virtuais dos equipamentos culturais existentes. Na Universidade de São Paulo, por meio de uma atuação crítica contextual-institucional pautada por demandas, questionamentos, dúvidas e ações de risco, foram desenvolvidas várias frentes. Em 1994, foi criado o Laboratório Interdepartamental e Multidisciplinar de Interfaces Eletrônicas no NICA – Núcleo de Informática da Escola de Comunicações e Artes e em 1995 foi desenvolvida a primeira interface da USP na internet. O projeto USPonline, mais do que um portal de informação online, configurava-se como uma metáfora de Universidade ao se conformar como interface cultural, relacionando sistemas de cultura e conhecimento com sistemas de informação. Antes do lançamento do Fórum Permanente em 2003, a ideia de um museu na virtualidade foi extensivamente debatida em um workshop no NICA em março de 1996, por um grupo de artistas, produtores culturais e alunos de pós-graduação. Deste debate nasceu o *museu do (in)consequente coletivo* (cf. http://www.eca.usp.br/prof/martin/in_consequente/).

What are the foundations of a museum in virtuality? What is its constitution and how does it evolve from these foundations? How is it maintained and how does it expand? Which relationships must be encouraged in the exchanges between the real and the virtual?

General agreement: the emphasis is not on the form or format, or even on the means of support. That is, the primary concern is not the building, the object, the artwork, the book or the text – which are the foundations of Material Culture – but the process instead: the formatting, the development, the dynamics and the maintenance of a museological context in the virtual world, counterpointing the real world, that is, a museological context in the space and time of the local cultural system, which is in turn related to a globalised cultural condition.

The Internet and its graphic interface, which we call the World Wide Web – with its simplicity, and flexibility in terms of use and development – became the most suitable environment for the development of a lab-museum project today, as it is capable of meeting both local and global demands.

Fórum Permanente's trajectory gives us some answers:

What are the foundations of a museum in virtuality? Society. What is its constitution and how does it evolve from these foundations? How is it maintained and how does it expand? Through incentives from society, community commitment and collective work supported by a structure that facilitates communication, exchange and interaction between the constituting parts. But what kind of society is this? An open, democratic, transparent and public society, opposed to the segmentation of knowledge and, therefore, to the limitations of the specialised market. A society whose mission is to offer free access to quality information and knowledge generated within its domains and beyond them, as well as external sources selected by elective, conceptual, philosophical and operational affinities.

Looking back, this society could have been that initially formed by a group of the 1996 workshop, self-proclaimed the (In)Consequents. This 'Society of the (In)Consequents' was the launching pad for the Museum of the (In)Consequent Collective. This platform-museum lasted for some years (until 2001), at least as a suggestive interface on the web, but failed due to a lack of resources and the disengagement of the original group but also, more importantly, because it was ahead of its time. The socialisation of their ideals, that is, the process of absorption of their ideas in a social-cultural context, which was fundamental for its materialisation, only began in mid-2003 with the creation of a project presented to the Goethe-Institut of São Paulo. The project, named 'Permanent Forum: Art Museums between the Public and Private Domains', as a critical mediation platform, intended to promote and coordinate the debate – for at least two years – on the role of the contemporary art museum in the local cultural context where the vast majority of museums and similar institutions have been going through chronic, permanent institutional crisis.

Quais são os alicerces de um museu na virtualidade? Como este se constitui e evolui a partir destes alicerces? Como se mantém e se expande? Quais relações devem ser motivadas nos trâmites entre o real e o virtual?

Comum acordo: o foco não é a forma ou o formato ou até mesmo o suporte. Ou seja, a preocupação primeira não é com um edifício, um objeto, uma obra, um livro ou um texto – alicerces da Cultura Material – mas sim com o processo: a formatação, o desenvolvimento, as dinâmicas e a manutenção de um contexto museológico na virtualidade, em contraponto ao real, a um contexto museológico no espaço-tempo do sistema cultural local relacionado, por sua vez, a uma condição cultural globalizada.

A internet e sua interface gráfica batizada de World Wide Web, com sua simplicidade, flexibilidade e acessibilidade de uso e desenvolvimento, tornou-se o ambiente mais propício para o desenvolvimento de uma proposta de museu-laboratório na atualidade, capaz de simultaneamente corresponder às demandas locais e globais.

A trajetória do Fórum Permanente permite algumas respostas:

Quais são os alicerces de um museu na virtualidade? A sociedade. Como o museu na virtualidade se constitui e evolui a partir destes alicerces? Como se mantém e se expande? Pelos estímulos propostos pela sociedade, pelo compromisso comunitário, pelo trabalho coletivo amparados por uma estrutura que permita a comunicação, o intercâmbio e a interação entre as partes que a configuram. Por sua vez, que tipo de sociedade é esta? Uma sociedade aberta, democrática, transparente, pública, avessa à segmentação do conhecimento e, assim, à reserva de mercado das especialidades. Uma sociedade cuja missão seja a de ofertar o livre acesso à informação de qualidade e ao conhecimento gerados em seus domínios e fora deles, fontes externas selecionadas por afinidades eletivas, conceituais, filosóficas bem como operacionais.

Nos primórdios, esta sociedade poderia ter sido aquela inicialmente formada pelo grupo participante da oficina de 1996, autonomeados de *os (in)consequentes*. Esta *sociedade dos (in)consequentes* seria assim a base de lançamento para um *museu do (in)consequente coletivo*. Este museu-plataforma vingou por alguns anos (até 2001), pelo menos como interface sugestiva na internet, mas minguou por falta de recursos, dispersão da sociedade original e principalmente por estar avançada no tempo. A socialização de seus ideais, ou seja, o processo de absorção de suas ideias por um contexto sociocultural, essencial para a sua concretização, só começou a ocorrer em meados de 2003 com a elaboração do projeto apresentado ao Goethe-Institut de São Paulo *Fórum Permanente: Museus de Arte entre o Público e o Privado*, que, como plataforma de mediação crítica se propunha, pelo menos durante dois anos, incentivar e coordenar o debate acerca do papel do Museu de Arte na contemporaneidade em um contexto cultural local onde boa parte dos museus e instituições congêneres viviam (vivem) em crises institucionais crônicas, permanentes.

Time is fascinating. The two years initially proposed for the duration of the project have been multiplied. In October 2010 Fórum Permanente celebrated its seventh year of existence. The consequence and inconsequence of this enterprise shows that certain ideas resist time, and that even after a certain period of hibernation, ultimately they end up finding the right time to be activated and materialised. If at the time of its inception this 'society' was constituted by a small group – the (In)Consequents – today's Fórum Permanente's society is joined by a multitude. Not only individuals, institutions and other forms of collective organisation, but also an expanded public whose categorisation is difficult, as the site is accessed on a global scale. Fórum Permanente's society, therefore, constitutes a network or – dare we say it – a complexity. As a platform for cultural action and mediation within the meeting point/crossover between the real and the virtual, it acts on a national and international basis throughout the different layers of contemporary art. It relies on a network of partnerships with different agents in the field of art and culture, as well as foreign art institutions and cultural agencies. Its activity includes curating discursive and dialogic events, organising workshops on curatorship, coordinating research, editing a magazine, organising specialised publications, promoting events related to art institutions and contemporary art, online streaming of activities and publishing critical reports about these activities. The website www.forumpermanente.org works in a hybrid way: as lab-museum, as magazine and as live archive, by gathering projects, research, debates and dossiers, as well as making available written material and video records of the activities. The website content is published under a free license, allowing its reproduction for non-commercial purposes. The content is very useful to teachers, researchers, artists and students, amongst others.

In São Paulo, nearly all cultural institutions devoted to contemporary art have joined Fórum Permanente's network. Our activities are mainly based in São Paulo, but the platform has supported events in other cities as well, including Recife, Salvador, Madrid and Arnhem, with the aim of decentralising and achieving further outreach. Different contemporary art agents, both Brazilian and international, are involved in its activities. Having hosted more than 110 face-to-face events, whose records and reports are available in our archives, the organisation produces an average of 15 annual events, which range from lectures and workshops to meetings and seminars. The site is currently a reference both nationally and internationally. With 4,700 MB, 2,170 pages and 1,820 images, the site is accessed by approximately 320 visitors every day, who browse approximately 875 pages. These users are based in 337 cities in Brazil and 1,240 cities across the globe (2010 data). Its international reach includes Argentina, Chile, Colombia, Ecuador, Guatemala, Cuba, Mexico, Angola, Mozambique, Portugal, Korea, Sweden, Norway, England, Ireland and most mainland European countries, as well as the US and Canada. Amongst the more curious data, it is worth mentioning that Berlin is 9th in the ranking of cities with most clicks, while Lisbon is 11th, Madrid 17th and Bogota 22nd.

O tempo é fascinante. Os dois anos inicialmente pensados para a duração do projeto se multiplicaram. O Fórum Permanente completou em outubro de 2010 sete anos de vida. A consequência e inconsequência desta empreitada demonstram que certas ideias permanecem no tempo, mesmo que em hibernação por um certo tempo, acabam encontrando o momento propício para serem definitivamente ativadas, concretizadas. Se a sociedade no momento inaugural era constituída por um pequeno grupo, os (in)consequentes, hoje a Sociedade Fórum Permanente é formada por uma multidão. Não só indivíduos, instituições e outras formas de organização coletiva como também um público expandido, de difícil qualificação, uma vez que o site é mundialmente acessado. A Sociedade Fórum Permanente constituiu-se assim em uma rede e por que não, em uma complexidade. Como plataforma de ação e mediação cultural, no encontro/passagem entre o real e a virtualidade, atua nacional e internacionalmente nas diferentes instâncias do sistema da arte contemporânea. Estrutura-se em uma rede de parcerias com diferentes agentes do campo da arte e da cultura, instituições de arte e agências culturais estrangeiras. Sua ação compreende a curadoria de eventos discursivos e dialógicos, a organização de oficinas de curadoria, a coordenação de pesquisas, a edição de uma revista, a organização de publicações especializadas, a divulgação de eventos relacionados a instituições de arte e à arte contemporânea, a transmissão online de atividades e a edição de relatos críticos sobre essas atividades. O website <http://forumpermanente.org/> funciona de forma híbrida: como museu-laboratório, como revista, como arquivo vivo, acolhendo projetos, pesquisas, debates e dossiês, bem como disponibilizando textos e registros em vídeo das atividades realizadas. O conteúdo do site é publicado sob uma licença livre, permitindo sua reprodução para fins não comerciais. Sabemos que é de grande utilidade a professores, pesquisadores, artistas, estudantes, entre outros.

Em São Paulo, as instituições culturais voltadas à arte contemporânea participam desta rede. O Fórum Permanente concentra suas atividades em São Paulo, mas já apoiou eventos em outras cidades, como Recife, Salvador, Madri e Arnhem, buscando descentralizar-se. Tem envolvido em suas atividades diferentes articuladores da arte contemporânea no Brasil e do cenário internacional. Tendo realizado até aqui mais de 110 eventos presenciais cujos registros e relatos se encontram disponíveis em nosso arquivo, produz em média quinze eventos anuais, que vão de palestras e workshops a encontros e seminários. O site hoje é uma referência não só nacional como internacionalmente. Com seus 4.700 mega bits de tamanho, 2.170 páginas, 1.820 imagens, o site é acessado em média por 320 visitantes diários que folheiam 875 páginas, usuários estes provenientes de 337 cidades no Brasil e de 1.240 cidades no mundo (dados referentes a 2010). A abrangência internacional inclui países como Argentina, Chile, Colômbia, Equador, Guatemala, Cuba, México, Angola, Moçambique, Ilha da Madeira, Coreia, Suécia, Noruega, Inglaterra, Irlanda e outros países da Europa Continental, bem como os Estados Unidos e o Canadá. Há dados curiosos como o fato de Berlim ser a 9ª cidade, Lisboa a 11ª, Madrid a 17ª e Bogotá a 22ª no ranking das cidades que mais acessam o site.

Due to the longevity and consistency we have secured, we currently enjoy the possibility of introducing new challenges to Fórum Permanente, including the ongoing project to develop research with a national and international scope. Our first research has been carried out through a three-way partnership between the Brazilian Ministry of Culture, the Iberê Camargo Foundation and Fórum Permanente. This research aims to map the economy of exhibitions in Brazil over the last 10 years. Moreover, one of our most cherished wishes is now becoming a reality: the launch of our own publications based on Fórum Permanente's rich and diversified extensive discursive collection. Our aim is to publish printed editions that promote – in a focused way – the conceptual and critical framework published online by Fórum Permanente. Initially the focus would be on art museums, their institutional crisis and, as a counterpoint, contemporary art production. Through the passage of time, Fórum Permanente has broadened the debate by including topics of great importance today, such as curatorship, cultural mediation, contemporary art mega-exhibitions, the public sphere of culture, artists' residencies, accessibility and the art's market, amongst others. With the launch of the *Programa Brasil Arte Contemporânea* (Contemporary Art Brazil Programme) – the outcome of a partnership between the Ministry of Culture and the São Paulo Biennial Foundation – we had the opportunity to invest in this project by participating in the competition "Contemporary Art Publication in a Foreign Language Award". With the aim of securing the publication of Fórum Permanente's Book Collection, we presented 3 proposals, which were all successful.

Art Museum Today, *Critical Reports 1: 27th São Paulo Biennial Seminars* and *Modes of Representation of the São Paulo Biennial* are a reflection of the route our editorial approach is taking, both in terms of format and theme. The collection is presented through compilations organised by theme, publications of critical reports on the events recorded online and books promoting the debate around the institutionalisation of art, both locally and globally.

Facing the current state of art and culture globalisation, we have taken upon ourselves the commitment to publish bilingual books, starting with the English versions. However, the debate stems from the local, Brazilian reality, its cultural institutions and contemporary art.

Martin Grossmann
Series Editor
Curator-Coordinator

Com a longevidade e a consistência alcançadas, há hoje a possibilidade de lançarmos novos desafios para o Fórum Permanente. Um deles, já iniciado, é o de desenvolver pesquisas de âmbito nacional e internacional. A primeira destas pesquisas opera por meio de uma parceria tripartite entre o Ministério da Cultura, a Fundação Iberê Camargo e o Fórum Permanente. Almeja mapear a economia das exposições no Brasil nos últimos dez anos. No entanto, um desejo há muito acalentado se concretiza agora, o da organização de publicações pautadas no rico e diversificado acervo discursivo do Fórum Permanente. Imaginávamos edições tipográficas que pudessem promover, de forma concentrada, o enquadramento conceitual e de crítica cultural desenvolvido pelo Fórum Permanente em seu site em formato hipertextual. Inicialmente o foco estava nos museus de arte, sua crise institucional e ainda em seu principal contraponto, a produção de arte contemporânea. Com o passar do tempo o Fórum Permanente ampliou o debate abarcando assuntos de grande relevância atualmente, como a curadoria, a mediação cultural, as grandes mostras de arte contemporânea, a esfera pública da cultura, as residências artísticas, a acessibilidade, o mercado da arte, entre outros. Com o lançamento do Programa Brasil Arte Contemporânea, fruto da parceria entre o Ministério da Cultura e a Fundação Bienal, surgiu a oportunidade de investirmos neste projeto ao tomar parte do edital "Publicações em língua estrangeira de Arte Contemporânea". Apresentamos três propostas, todas premiadas, com o firme propósito de lançarmos a Coleção Fórum Permanente de Livros.

Museu Arte Hoje, Relatos Críticos 1: Seminários da 27ª Bienal de São Paulo, e *Modos de Representação da Bienal de São Paulo* indicam os caminhos desta linha editorial, não só pelos formatos apresentados mas pelos temas em evidência. A coleção assim se apresenta por meio de organização de coletâneas de acordo com as temáticas em debate, edições dos relatos críticos produzidos para os eventos registrados no site e livros que problematizem a institucionalização da arte, local e globalmente.

Frente à condição globalizada da arte e da cultura resolvemos assumir o compromisso de lançar livros bilíngues, encabeçados pelas versões em língua inglesa. No entanto o lugar da fala é proveniente da realidade local, brasileira, seja das instituições culturais como da arte contemporânea.

Martin Grossmann
editor da coleção
curador-coordenador

Contents

Fórum Permanente Series	4
Modes of representation of the São Paulo Biennial	15
Foreword	17
Preface	19
Introduction	23
1. Institutional Critique or Crisis?	43
2. The Curatorial Project of the 28th São Paulo Biennial	53
3. The End of the São Paulo Biennial?	57
4. The Political and Cultural Project of the São Paulo Biennial	65
5. The Biennial and the Reaffirmation of a Brazilian Artistic Avant-Garde	81
6. Art and Politics in Contemporary Art Exhibitions	87
Final considerations	97
Bibliography	99

Sumário

Coleção Fórum Permanente   5

Modos de representação da Bienal de São Paulo   111

Apresentação   113

Prefácio   115

Introdução   119

1. Crítica ou crise institucional?   141

2. O projeto curatorial da 28ª Bienal de São Paulo   151

3. O fim da Bienal de São Paulo?   155

4. O projeto político e cultural da Bienal de São Paulo   163

5. A Bienal e a reafirmação de uma vanguarda artística brasileira   179

6. Arte e política nas exposições de arte contemporânea   185

Considerações finais   195

Bibliografia   197

MODES OF REPRESENTATION OF THE SÃO PAULO BIENNIAL
THE PASSAGE FROM ARTISTIC INTERNATIONALISM TO CULTURAL GLOBALISATION

Foreword

I'm very pleased to be able to introduce the work of Vinicius Spricigo to a wider audience. Vinicius was a fellow at the RCA Curating Contemporary Art Department during his research for this publication. It was clear from his passionate engagement with issues of curating, postcolonialsm and globalisation both through his own research as well as that of the Forum Permanente, that his is a committed and original voice.

Given the pivotal role that contemporary art has played in the cultural production of Brazil and Latin America as a voice for reason, democracy and equality, it is really important that lusophone (or indeed hispanophone) work is able to circulate to the widest international audience. I am sure this publication will assist with this.

His argument is familiar – that with the development of a global public sphere and the rise of the internet have completely transformed the curatorial paradigm. However the nature of contemporary art, based as it is in the materiality of art objects, processes and performances is not easily translated into this new global medium. And on the other hand this new medium is not easily translated into a local exhibition form. His publication concentrates on the role of dialogue, and the processes of communication, the dialogic as Mikhail Bakhtin put it in his seminal publication The Dialogic Imagination.

Vinicius work poses questions about the materiality and effectivity of the curatorial dialogues which are now an ever present feature of the contemporary art sphere and asks important questions about their social function and the way the institutionalisation of contemporary art can dull its effectivity as critique.

Mark Nash
Head of Department
Curating Contemporary Art
Royal College of Art

Preface

The theme of this study is the recent changes which occurred in the modes of art mediation within the context of cultural globalisation. We start with the hypothesis that the changes which took place over the past two decades (1989-2009) must be understood in a broader context than that of the bourgeois public sphere (Habermas), whose general emphasis was the 'centralising/normalising' role played by cultural apparatuses (libraries, museums, cultural centres, etc.) managed by the State; even though the emergence of a cultural industry and a symbolic goods market characterises the autonomy of cultural production in modern societies.

Therefore, we take as a starting point the crisis of the regulating role of the Nation-State, a main point in several analysis of the globalised world. Thus, I examine the relationships between politics and culture in the ambit of the transformations occurred in curatorial practices and contemporary art exhibitions as a result of cultural globalisation processes. The standpoint taken in this thesis is the possibilities created by the emergence of a 'global' public sphere.

In the analysis of contemporary curatorial practices, I made use of the concept of institutional critique coined through studies on the artistic neo-avant-gardes of the late 1960s and early 1970s. This was taken as a theoretical base for the analysis of modes of art mediation based on democratic principles, either through horizontal processes and relations that articulate new forms of dialogue between audience and institution or through the inclusion of the so-called marginalised cultures in the global art system.

The methodology adopted for this study on the impact of globalisation on contemporary curatorial practices is confronting the history of the São Paulo Biennial (1951) with that of another art exhibition which was also created in the post-war period, the Kassel Documenta (1955). Thus the focus of this analysis is on the latest editions of these exhibitions, as they emphasise, through the restructuring of their modes of representation, the dialogic aspect of mediation by giving debates, publications and educational programmes a key role.

This investigation on contemporary art exhibitions from the late 20th century and beginning of the 21st century is justified by its contribution to the body of research on curatorial practices, providing conceptual input for a critical discussion on cultural mediation in the context of 'global' contemporary art exhibitions. Furthermore, this research raises questions about the social construction and – why not – about the institutionalisation of art knowledge.

The project submitted to the 'Contemporary Art Publication in a Foreign Language Award' transforms my PhD Thesis – developed at the School of Communication and Arts of the University of São Paulo - into a book.

The thesis entitled *Report from Another Modernity: contributions toward a critical reflection on art mediation in the context of cultural globalisation* was presented in March 2010 to an examination board formed by professors Martin Grossmann (supervisor), Teixeira Coelho (ECA-USP), Laymert Garcia dos Santos (Unicamp), Moacir dos Anjos (Joaquim Nabuco Foundation) and Miguel Chaia (PUC-SP).

The work was organised around the case studies of three editions of the Kassel Documenta (1997, 2002, 2007), as well as the 24th (1998), the 27th (2006) and the 28th (2008) editions of the São Paulo Biennial, focusing on the transformations in curatorial practices and in the institutional sphere or art from the 1960s and 1970s.

The conceptual framework was built on a dialogue between the transformations in contemporary art practices, which resulted in a review of the role of institutions as mediators between artistic production and the public, and the processes of insertion of peripheral discourses and regions in a global cultural system. The text was edited in order to focus on the crisis of the public sphere of art based on the theoretical perspectives opened by Hans Belting, and confronting this author's ideas with other theoretical references from the field of social sciences in the Latin American continent (Nestor Canclini, Renato Ortiz and Jesus Martín-Barbero). In short, the bibliographical review and methodological definitions, as well as references to the academic context in which the research was carried out, have been removed. As a result, the narrative is more fluid, taking the reader through the political and cultural project of the São Paulo Biennial as the main topic. The narrative begins with the delimitation of the discussions on art biennials in Brazil and abroad. I then look at the transformations in the public sphere of art and their impact on the São Paulo Biennial. An analysis of the Biennial as a political and cultural project supports a discussion about the changes in the modes of representation adopted by the exhibition in the global art context. Finally, the relationship between art and politics – which returned in 2010 as Moacir dos Anjos and Agnaldo Farias' theme for the curatorial project of the 29th São Paulo Biennial – is analysed taking as a reference the seminars from the 27th edition of the show (2006).

Some of the reflections developed in the thesis were presented at the International Research Forum for Graduate Students and Emerging Scholars in Austin, Texas, an academic event organised by the Art History Department of the University of Texas in collaboration with the University of the Arts in London and Essex University and published in the essay *From Artistic Internationalism to Cultural Globalisation: notes towards a critical reflection on the recent changes in the strategies of (re)presentation of the São Paulo Biennial*, at the Global Art and the Museum Project website (ZKM/Karlsruhe).[1]

The international insertion of this research was initially the result of a fellowship at the Royal College of Art's Curating Department in London between October and December 2007, under the supervision of Mark Nash, co-curator of Documenta 11. Consequently, reaffirming the contribution of this project to the department, the RCA will be the main institutional supporter for the distribution of this publication abroad.

Furthermore, this publication is related to the *Fórum Permanente de Museus de Arte; entre o público e o privado*, since the development of the PhD thesis is linked to its thematic and conceptual scope, as well as the author's personal experience as the project's associate curator between 2006-2009. I would like to thank Martin Grossmann for his enthusiasm and tenacity as *Fórum Permanente*'s coordinator, and for making the realisation of this work possible; and my co-supervisors abroad, Mark Nash (Royal College of Art) and Hans Belting (Zentrum für Kunst und Medientechnologie Karlsruhe), for their intellectual motivation and openness. These international fellowships marked, each in its own way, my trajectory in the PhD course. Also fundamental to the realisation of this research were the suggested bibliography and exchange of ideas with Jean Fisher (Royal College of Art), Michael Asbury and Isobel Whitelegg (Research Centre for Transnational Art, Identity and Nation – University of the Arts, London), Martí Peran (Universitat de Barcelona) and Andrea Buddensieg (Zentrum für Kunst und Medientechnologie Karlsruhe), as well as the support and incentive for the international trip given by – Ana Tomé (Centro Cultural da Espanha in São Paulo), Jana Binder (Goethe Institut) and Solvei Øvstebø (Bergen Kunsthall).

I would also like to thank my colleagues Marieke van Hal, Olga Fernandez, Stefano Cagol, Inês Costa Dias, Jose Filipe Costa, Rafal Niemojewski, Nuria Querol, Pamela Prado, Joaquín Barriendos, Ana Letícia Fialho, Ilana Goldstein, Gilberto Mariotti and Ana Cândido de Avelar, for their dialogue; and Liliane Benetti for helping me revise the seminars and elaborate some ideas about the relationship between the aesthetic and the political that have remained with me to this day.

This research project received the support of the *Fundação de Amparo à Pesquisa no Estado de São Paulo* (FAPESP) in the form of a doctoral scholarship awarded in September 2006 until September 2009.

---

[1] The article was later published in *The Biennal Reader*. Elena Filipovic, Marieke van Hal and Solveig Øvstebo (orgs.), by Hatje Cantz.

Introduction

Biennials and Platforms

In a talk given at the last São Paulo Biennial, Marieke van Hal, founding director of the Biennial Foundation[2] and researcher at the Curating Department of the Royal College of Art, London, spoke about the current debate on art biennials. According to her, over the last two decades, with the process of globalisation of the international art system, which so far had been restricted to the so-called great centres of modern art (New York, Paris, London and Berlin), approximately 100 contemporary art biennials emerged across the world such as the Lyon Biennale (1991); the Dak'Art Biennale (1992); the Asia Pacific Triennial (1993); the Johannesburg Biennial, SITE Santa Fe, the Gwangju Biennale (1995); the Manifesta and the Shanghai Biennale (1996); Bienal do Mercosul (1997); Berlin, Taipei and Montreal Biennials (1998); the Fukuoka Asian Art Triennial, the Liverpool and Caribbean Biennials (1999), amongst countless others.

During the meeting organised by Van Hal as part of the cycle of conferences 'Biennials, Biennials, Biennials...',[3] the prevalent point of view was that biennials were emerging precisely in places that were never considered modern art centres, especially those located in emerging regions within the globalised world's geopolitics, such as Brussels, the European Union's capital. Areas of conflict, borders and/or with socio-economic problems are also likely to host new biennials such as, for instance, the Middle East, the border between Mexico and the US, New Orleans, etc. In studies about biennials,

---

2   Independent organisation which operates as a platform to gather and promote information on biennials. More information can be found on the website: <www.biennialfoundation.org>

3   The cycle of debates entitled 'Biennials, Biennials, Biennials...' was organised by Ivo Mesquita, chief curator of the 28th São Paulo Biennial, with the collaboration of Michael Asbury, member of the research centre Transnational Arts, Identity and Nation – TrAIN, at the University of the Arts London, and Marieke van Hall. The theme of the debates was 'The Biennial Viewed from Abroad' and 'Biennials' Typologies'.

the researcher also broadly quotes (as non-Western), the African, Latin American and Asian continents, without developing, however, a deeper reflection on the differences in either the colonisation and decolonisation processes of the aforementioned, or the economic opening and accelerated modernisation of the so-called Asian Tigers and China or the situation of Eastern Europe after the end of the Soviet bloc.

At any rate, this 'biennial effect' coincided chronologically with the process of geopolitical restructuring after the fall of the Berlin Wall, in which several cities sought to reposition themselves in a new decentralised global scenario. This scenario had overcome the political Cold War polarisation between West and East, and redistributed the economic hegemonies of the US and the former Soviet Union. The world was supposedly becoming more democratic, presenting new opportunities for regions which had been hitherto considered peripheral. As Van Hal puts it:

> Looking at the statistics and at the international expansion of contemporary art biennials, one can say that many cities are convinced that the Biennial is a competitive positioning strategy on the global map. [...] Biennials operate on an artistic and cultural level, also incorporating economic and socio-political aspects.[4]

Such a statement converges with local initiatives, like the plan to create a biennial in the city of Bergen, Norway, which, in partnership with the think tank created by Van Hal, recently organised an international conference to reflect upon the role of biennials and to release the city's plans to organise a biannual visual arts event.[5]

Due to this fusion of the promotion of local cultures and the economic interests of the cities that host such exhibitions, the debates around art biennials have become politicised, spawning pro and contra groups split between the supporters of biennials as a sign of a globalised and democratic culture and the critics of a new form of colonialism linked to cultural industry and tourism. Such ideological aspects are intertwined in the debates about biennials, and there is no clear division between the reflections on the format of seasonal contemporary art exhibitions or on the effects of these exhibitions on local contexts and their projections on a globalised sphere. [6]

With regards to the definition of a typology, the biennials, according to Marieke van Hal, 'share common practices and operate in a similar manner', integrating artistic practices known as *site-specific*, in which artists develop projects *in situ* integrating

---

4   HAL, Marieke van. *The Effectiveness of the Biennial and the Biennial Effect*. Seminar presented at the Department of Curating of the Royal College of Art, London, November 2007. Unpublished text used with the author's permission.

5   The Bergen Biennial Conference took place between September 17 and 21 2009. More information can be found on the website: www.bbc2009.no

6   HAL, Marieke van. The Biennial Debate: Discussion on the Pros and Cons. FUNDAÇÃO BIENAL DE SÃO PAULO. Conferences. *28th São Paulo Biennial*, 2008. Available at: <http://www.28bienalsaopaulo.org.br>

local communities and contexts, with knowledge production platforms defined as 'horizontal'. These are configured in the most varied ways, from the organisation of debates and seminars to more radical propositions such as transforming the exhibition into an art school, as was the case of Manifesta 6.[7]

In general, these platforms create new ways of (re)presenting art, a hybrid between a museum and a space for debate. This new exhibition model emerged to confront the old Venice Biennial model based on a system of national representations inherited from the 19th century universal exhibitions such as the 'Great Exhibition of 1851', in London. In short, this kind of exhibition integrates new curatorial and artistic practices with the articulation of the most diverse discourses on contemporary art, bringing together the spheres of production and critique in the same space. Therefore, publications and archives are aspects of great interest to the biennials which emerged in the 1990s, not only as a form of documentation and discussion about the production shown, but also as a space for critical reflection on the very institutionalisation of art. In fact, a great part of the bibliography on the subject is located in the exhibition's editorial projects. It is no coincidence that the 2008 edition of the São Paulo Biennial, which aimed to reflect upon the role of the show in the context of the proliferation of biennials across the world, collected a significant number of publications which now are integrated into the collection of the Historical Archive of the Biennial Foundation.

However, the studies on the typologies of periodical contemporary art exhibitions are too recent, and it becomes difficult to precisely define this new exhibition format and its differences in relation to the institutional model inherited from modernity. The most usual way to differentiate biennials from art museums is to oppose the so-called platforms and the modernist paradigm of the 'white cube', associated with the Museum of Modern Art (MoMA) – created in 1929 in New York City -, as curator Elena Filipovic does in her analysis of the Kassel Documenta X, Manifesta and the Gwanju Biennale (South Korea) in the article 'Global White Cube'[8] , further affirmed by art historian Hans Belting when speaking of the relations between global art and the museum[9] . According to these authors, it is a question of overcoming the temporal and spatial limits, but also the ideological limits, of a universal model of aesthetic experience, as pointed out by Brian O'Doherty in a series of articles published in 1976 in the magazine Artforum and collated in the book 'Inside the White Cube'.[10] Following these authors' thoughts, one can affirm that the universalist model of the white cube would

---

7 The exhibition was cancelled in June 2006 due to divergences between the curators and the authorities of the city of Nicosia, Cyprus, located at the borders of the European Community and split between the Greek and Turkish sectors. Cf. Letter from Mai Abu ElDahab, Anton Vidokle and Florian Waldvogel, ex-curators of Manifesta 6. Available at: http://www.e-flux.com/shows/view/3270

8 FILIPOVIC, Elena. The Global White Cube. In: *The Manifesta Decade*. Brussels/Cambridge: Roomade/MIT Press, 2005, p. 63-84.

9 BELTING, Hans. Contemporary Art and the Museums in the Global Age. In: WEIBEL, Peter; BUDDENSIEG, Andrea (ed.). *Contemporary Art and the Museum*: A Global Perspective. Osfildern: Hatje Cantz, 2007, p. 22.

10 O'DOHERTY, Brian. *No Interior do Cubo Branco*; a ideologia do espaço da arte. São Paulo: Martins Fontes, 2002.

be far too limited for representing the great diversity of contemporary artistic practices and local specificities of the so-called peripheral modernities in a globalised world.

The proliferation of contemporary art biennials in the 1990s and the controversies surrounding the roles of these exhibitions in a context of cultural globalisation and reorganisation of power relations between centre and periphery are issues which have gained great prominence in the debates on contemporary art in recent years. However, according to US-based Argentinean curator Carlos Basualdo, in spite of the profusion of articles about biennials published in the media, there is a lack of critical literature about this theme and, therefore, a shortage of theoretical frameworks that would allow its historical and critical analysis. For the author, this fact confirms that the academic studies about the subject are out of step with the public exposure that art exhibitions have had since the 1990s, highlighting the imbalance between the prominent position that such exhibitions assumed in the field of contemporary art and what we can apprehend or visualise in this phenomenon.

> Shows like Documenta or the Venice Biennale have acquired an unprecedented visibility in the area of contemporary art – a field of culture that, until recently, almost exclusively interested a more or less limited group of specialists. That same visibility suddenly turns them into desirable and even, occasionally, income generating instruments for the political and corporate sectors. At the same time, it makes them anathema for the very intellectual spheres whose analytical capacity should (supposedly) help to elucidate their current meaning and possible potential. The majority of the few voices stemming from the circles of academic critics that mention these events tend to be unanimously discrediting. In most of their views, it is a case of an epiphenomenon of mass culture, of the indisputable symptoms of the assimilation of the project of the avant-garde by the culture industry. Pure and simple spectacles whose logic is nothing more than that of capitalism in its late stage; that is, the progressive suppression of the multiple system of values and its translation into a universal equivalent, namely, exchange value. In a certain way, this direction of analysis seems to imply that the oppositional nature, which characterises the critical project in modernity, would be largely foreign to these kinds of shows that are unequivocally associated with the realms of marketing and consumption. Following this line of reasoning to the end, we may conclude that the apparent lack of criteria that journalistic criticism underscores when referring to these kinds of events, [...] is nothing more than a symptom of the expiration of its traditional function in this specific stage of the development of the culture industry.[11]

Basualdo's comment, drawing and focusing on the debates that have taken place in the Northern Hemisphere, speaks about a process of contemporary art capitalisation through the association between culture and market. In the same article, the author underscores the need to think about the question of art's autonomy and its ideological aspects in the context of 'late capitalism' as a starting point to reflect on global contemporary art exhibitions. In his argument, art criticism and its relation to academia, particularly with art history, is linked to the creation of a symbolic field that

---

11 BASUALDO, Carlos. The Unstable Institution. *Manifesta Journal*, n. 2, winter 2003–spring 2004, p. 50-62. Available: www.globalartmuseum.de.

simultaneously legitimises the exchange value of artistic objects in the market and creates a critical 'differential', or use value. Therefore, the constitution of a public sphere of art is based on roles and practices which are defined and regulated by the institutions that constitute this system, namely the academia, the museum and the galleries. Thus the author is less interested in claims for the cultural democratisation of biennials and in the economic transformations of late capitalism or in global tourism, than in the formation of a critical literature that would allow us to understand the role of temporary exhibitions in questioning modern art's canons – and amongst them the notion of autonomy – and, consequently, supporting a reform of modern institutions.

The Spectacularisation of Art

In Brazil – in spite of the specificities that mark the discussion about Brazilian culture – we can find the same opposition between the discourse of curators and of academic or specialised critics, or, rather, those for or against this new type of 'unstable' artistic institution which, according to Basualdo, emerged in the mid-1980s, with the creation of the Havana Biennial (1984), and which develops in parallel to cultural globalisation processes.

In a lecture given at the symposium *São Paulo S.A. Situação #3 Estética e Política* (São Paulo INC Aesthetic and Political Situation #3), in April 2005, Otília Arantes associated the contemporary culture promoted by art exhibitions with Frederic Jameson's concept of late capitalism, through a well known text by Rosalind Krauss, 'The Cultural Logic of the Late Capitalist Museum'.[12] It is worth stressing that, in spite of placing herself in a position of resistance against the transformations over the past two decades, Arantes draws, just like Basualdo, on the principle of modern art's autonomy to speak about a market-driven culture in the current state of capitalism's development. For the author:

> ...it is a real turn that brought Brazilian culture to the heart of business – the glamorous encounter between culture, money and power –, which is expressed in what I have been calling market 'culturalism' due to the role played by culture in the new urban management, but which serves to designate this new fusion of culture and market. Of course I am not simply referring to the relationship between art and market, without whose fundamental opposition, almost always hostile but not converging, one would not hear about something like the modern autonomous artwork – as mentioned before, a paradoxical commodity. What I am referring to is this new centrality of culture in the reproduction of the capitalist world, in which the role of cultural venues, mainly museums, is becoming, in turn, equally decisive.[13]

---

12 KRAUSS, Rosalind. The Cultural Logic of the Late Capitalist Museum, *October*, v. 54, autumn 1990, p. 3-17.

13 ARANTES, Otília. A virada cultural do sistema das artes. In: SÃO PAULO S.A. SITUAÇÃO #3 ESTÉTICA E POLÍTICA, SESC São Paulo, April 2005. Available at: <http://www.sescsp.org.br>

In short, the argument highlights that – in capitalism's current state – there is a positive resolution of the modern tension between art and market through a mass culture that dissolves all social relations in the economic sphere. It is not a coincidence that the author mentions Guy Debord's text 'Society of the Spectacle', in which the *situationist* defended the thesis that social relations have been 'mediatised' and dialogic processes have been replaced by the commodity (image). A society in which 'everything that was experienced directly has been distanced in a representation'.[14] Arantes concludes, therefore, that the relations between culture and politics are at a situation where the vectors of social transformation have been annulled by late capitalism.

Otília Arantes and Carlos Basualdo's analysis of the emergence of unstable or flexible institutions at the service of a new form of cultural industry are fundamental for our study, as they cast a critical eye on the role of the 'curator' in a globalised cultural system. It seems, however, that we can go beyond this dichotomy between the pros and cons of the globalisation of contemporary art exhibitions. It is not a question of neglecting the ideological clashes involved, but an attempt to advance the discussion without becoming paralysed by the paradoxical aspects involved in the relation between culture and market. Furthermore, the theoretical challenges in thinking about contemporary artistic practices lie precisely in identifying the possibilities of critical propositions in the current context.

With regards to the relation between culture, politics and market in the contemporary world, we are interested, primarily, in confronting local experience with the discourses about globalisation produced by countries that occupied – and somehow still occupy – a central position in the international artistic circuit.

One can note, for instance, that in Arantes' discourse biennials are not highlighted. Surely, we cannot imagine that modern art museums escape the logic of this new cultural system; we are left with the option of choosing between supporting the museum as a refuge of 'great art' or the biennial as the manifestation of the market culture. In fact, even consolidated institutions such as the MoMA in New York (2004) and the Tate (2000) in London have recently concluded building works to serve the demands of this globalised cultural system.[15] But perhaps the author's choice to place museums in a central position in this market culture, taking into account the de-politicisation of the sphere of culture,[16] reveals a bit more about the specificity

---

14 DEBORD, Guy. *The Society of the Spectacle*. Paris, 1967. Available at: http://en.wikisource.org/wiki/The_Society_of_the_Spectacle

15 In 2000, the Tate, in London, opened Tate Modern, designed by Swiss architects Herzog & De Meuron, a museum whose mission was to exhibit international modern art excluding British art. The original building was renamed Tate Britain. The politics of redistributing the collection was associated with a marketing strategy and branding of the Tate by the studio Wolf Ollins. The audience and media success achieved by Tate Modern had an impact on other modern art museums such as the MoMA in New York, and the Centre Georges Pompidou, in Paris. In the same year, the Museum of Modern Art in New York initiated a refurbishment plan carried out by Japanese architect Yoshio Tanigushi, reopening its doors to the public in 2004, after remaining closed for two years.

16 De-politicisation is understood here as the decreasing participation of the State in the realm of culture over the last twenty years. This thesis was written concomitantly to various debates, at national level, on cultural policies,

of the Brazilian context. Incidentally, the epicentre of this biennial effect is the European continent, as it is not possible to identify the same proliferation of biennials in the United States, a country that hosts, for instance, the second oldest biennial on the planet: the virtually unknown Carnegie International, founded in 1896 in the city of Pittsburgh. Neither has Latin America repeated this process of 'biennialisation' of contemporary art exhibitions with the same intensity. There are only six of them in the whole continent: the Cuenca Biennial (1985 – Ecuador), the Lima Ibero-American Biennial (1997 – Peru), the Chile Triennial (2009 – Santiago), the Biennial of the End of the World (2007 – Argentina), and the Mercosul Biennial (1997 – Porto Alegre). The São Paulo Biennial was created in 1951, and is therefore treated as an exceptional case, as it is situated in the pantheon of the three main exhibitions of this kind, along with the Venice Biennale and the Kassel Documenta. Finally, there is the question of how the proliferation of biennials, as well as other temporary exhibitions, is linked to the formation of local institutions and museums and, under these circumstances, how it presents significant differences between the contexts: the American, in which such institutions are linked to societies' processes of modernisation at the beginning of the 20th century; the European, whose history of art museums is associated with a bourgeois tradition from the 19th century; and other global regions, whose integration into a globalised cultural system begins in the post-war period.

The São Paulo Biennial

In Brazil, the question of biennials has always been central for the modern art system. It is worth remembering the participation of important art critics, such as Lourival Gomes Machado and Sérgio Milliet, in the organisation of the first editions of the show, or the several texts on the theme published by Mário Pedrosa and Aracy Amaral, amongst others. Moreover, the organisation of debates is not new in the curriculum of the São Paulo Biennial. In 1982, Walter Zanini, then chief curator of the 16th São Paulo Biennial, organised the 'First Meeting of International Biennials Organisers', an event which was attended by Bernice Murphy, from the Sydney Biennial, George Boudaille, general delegate of the Paris Biennial, Luigi Carluccio, director of the Department of Visual Arts of the Venice Biennale, Rudi Fuchs, organiser of Kassel Documenta 7 and Oskar Mejia, director of the Medellin Biennial. In the minutes of the meeting, it is highlighted that this was 'the first time that this kind of meeting had been organised in the world' and there is mention of the resolution to constitute 'a provisory committee to serve as a link between the great international periodical art organisations and to consult with other similar institutions in order to establish the basis of a permanent international association', of which Walter Zanini was elected general

---

mainly regarding the National Plan for Culture, the changes in the Rouanet Law and the creation of the Brazilian Institute of Museums. The moment seems to be conducive for discussion, since in spite of (or connected to) the creation of the Ministry of Culture in 1985 and the Rouanet Law in 1991, the period which began with the redemocratisation of Brazilian society was marked by the almost complete absence of the State in the field of culture. See BARBOSA DE OLIVEIRA, Lúcia Maciel. *Que políticas culturais?* Available at: www.centrocultural.sp.gov.br

secretary.[17] It is curious to note that this initiative is similar to the endeavours of Ivo Mesquita and Marieke Van Hal quoted at the beginning of this text, anticipating them in their intent to discuss the question of art biennials. Thus, when in 2006, curator Lisette Lagnado affirmed having discarded the model of national representations[18] applied by German curator Alfons Hug in the 2002 and 2004 editions of the show, she sought to employ the format of the two editions of the Kassel Documenta that preceded the 27th edition of the São Paulo show, centralising the power of selecting artists. This was an unprecedented act in the São Paulo Biennial, since the exhibitions curated by Zanini and his successors were still organised by an international committee, involving negotiations and cultural diplomacy with international agencies and international officers. Lagnado's intention to 'keep pace with' the international art scene is noticeable in her announcement of the exhibition as a platform for presentation and debate on contemporary artistic production through a programme of international seminars, giving preference to aspects related to cultural globalisation (migration, terrorism, subjectivity, etc.) over a discussion about formal aspects of contemporary artistic production. Therefore, the main change occurred in 2006 refers not only to the exhibition model adopted but mainly to the effects of cultural globalisation and of a public sphere crisis in this exhibition, which will be explored further in this text. The period also coincides with an institutional crisis that the São Paulo Biennial has been undergoing for almost a decade. It is worth mentioning that it was precisely during this search for solutions to the crisis that the curator of the 28th São Paulo Biennial organised the conference cycle 'Biennials, Biennials, Biennials...', which analyses the typologies of biennials and their purpose and developments in different contexts.

The cycle 'Biennials, Biennials, Biennials...' prioritised different perspectives of the same phenomenon, but it did not include a Brazilian perspective on the process of 'biennialisation' of contemporary art exhibitions. After all, no Brazilian researcher, critic or curator was invited to debate that which was presented by the international speakers. As a result, we did not have a counterpart to the foreign view of the São Paulo Biennial and thus closed ourselves off to any dialogue in the attempt to write our own history.[19] This was undoubtedly senseless, given that it was a propitious moment for cultural agents from other parts of the world to have contact with existing knowledge on the history of the São Paulo Biennial, as well as for confronting a local critical reflection with foreign discourse. Although a recent phenomenon, the history

17   FUNDAÇÃO BIENAL DE SÃO PAULO. First Meeting of International Biennials' Organisers', 10 to 12 December 1981. Vilém Flusser Archive.

18   By examining the catalogues of the biennials curated by Walter Zanini, we note that in spite of adopting the principle of analogies of languages in the organisation of the 1981 show, the documentation of the exhibition still followed the division of artists by country; the alphabetical order was employed in 1983.

19   The cycle 'The São Paulo Biennial and the Brazilian Artistic Circuit – Memory and Projection', organised by Luisa Duarte, opened the activities of the 28th Biennial in June 2008 seeking to bring back the memory of the exhibition through accounts given by some agents from the Brazilian art circuit about their impressions on previous editions of the show, their opinions about the current situation and their expectations in relation to the future of the Biennial. FUNDAÇÃO BIENAL DE SÃO PAULO. Conferences. *28th São Paulo Biennial*, 2008. Available at: <http://www.28bienalsaopaulo.org.br>.

of Brazilian art already provides a basic bibliography for researchers interested in art exhibitions in Brazil and the possibility of exchange and promotion of these ideas should not have been wasted.

In this research, we have used the 'periodisation' proposed by historians Francisco Alambert and Polyana Canhête, who propose the division of the history of the São Paulo Biennial in three stages: the Museums Era (1951-1960), the Matarazzo Era (1961-1980) and the Curators Era (until 1998).[20] Created in 1951, based on the 19th century model of the Venice Biennale, the São Paulo Biennial played a decisive role in the internationalisation of Brazilian art, that is, its connection to the developments of modern art in the post-war period. This took place, according to the authors, through the insertion of abstractionism in the country, mainly through its constructive strain. From there, it established itself as the main contact of Brazilian art with the international artistic scenario, being responsible, for instance, for the presentation of Abstract Expressionism and Pop Art, in its 1957 and 1967 editions, respectively. In the 1970s, the institution faced a boycott due to the military dictatorship and reached the end of the decade in a process of self-analysis, organising, in 1979, an inexpressive retrospective show. In the following decade, with the creation of the post of chief curator, the Biennial took new routes, questioning the Venetian model of national representations and beginning to follow the logic of 'spectacularisation' of great art exhibitions, as Alambert and Canhête affirm.

The above 'periodisation' has been adopted with restrictions. Firstly, with regards to the relationship with the market, significant changes occurred in the 1980s and 1990s. The presence of an art market, which expanded during the 1970s,[21] was in fact remarkable in the Biennials curated by Sheila Leirner, followed by cultural marketing strategies which emerged in the next decade, when we can identify a reduced State patronage if compared to the dictatorship period.[22] In the Biennials curated by Walter Zanini, we can clearly note a conceptual continuity in relation to the work carried out by the curator at the Museum of Contemporary Art of the University of São Paulo (MAC-USP), as its first director, in the 1960s and 1970s.[23] Moreover, the authors do not mention the remarkable differences in the modes of representation of Brazilian art in the biennials of the 1980s and 1990s. In the 1990s, for instance, the curatorial discourse was leaning more toward the international affirmation and recognition of an existing modern tradition in Brazil, whereas the discourse in the 1980s underlined the contemporary character of Brazilian art, presented as equal to international manifestations through a curatorial approach of analogies in language.

---

20 ALAMBERT, Francisco and CANHÊTE, Polyana. *As Bienais de São Paulo: da era do museu à era dos curadores (1951-2001)*. São Paulo: Boitempo, 2004.

21 DURAND, José Carlos. Expansão do mercado de arte em São Paulo (1960-1980). In: MICELI, Sérgio. *Estado e Cultura no Brasil*. São Paulo: Difel, 1984, p. 173-207.

22 On cultural policy during the dictatorship period, as systematised in the National Policy for Culture (1985), and on the creation of organs like the Funarte, see ORTIZ, Renato. *Cultura brasileira e identidade nacional*. São Paulo: Brasiliense, 1985.

23 OBRIST, Hans U. *A brief history of curating*. Zurich/Dijon: JRP Ringier/Les presses du réel, 2008, p. 148-166.

Furthermore, although the context of the creation of the São Paulo Biennial is that of a consolidation of the idea of a Brazilian culture in the post-war period – a context shared with the creation of art museums – the idea of a 'spectacle' for a mass audience is something that has always been part of the Biennial project. It is no accident that the great names of international art have always been the main attraction, sometimes obliterating the presentation of local production, if for example we think about the confrontation between Pop Art and the New Brazilian Figuration in the mid-1960s and between Abstract Expressionism and Constructive Art in the previous decade. Many of the curatorial strategies from the 1980s were based precisely in the attempt to end the distinctions created by national representations within the exhibition space through the dependency on financial resources from international agencies responsible for each country. [24]

The Crisis of the Public Sphere of Art

In order to think about the position of the São Paulo Biennial, on the one hand, as the intersection point between a civilising and pedagogical project resulting from the proposals for the creation of modern art museums in the second half of the 1940s, and on the other, about the production of mega-events for mass audiences linked to the formation of a cultural industry and the expansion of communication media and the market of symbolic commodities, it is necessary to analyse the transformations of a bourgeois public sphere in the post-war period.

When discussing the crisis of museums and of the public sphere, Martin Grossmann proposes the idea of an anti-museum, based on the principles of the institutional critique made by the historical avant-garde and the neo avant-gardes of the 1960s, whose strategies of deconstructing the museum space sought the reintegration of art in social practices. In the article *O anti-museu* (The Anti-Museum), published in the early 1990s, he draws on the origins of modern museums in the 18th century to discuss the question of access to cultural goods, the transformations in the museum space and the concept of museum in the North American context, with the creation of the Museum of Modern Art in New York, in the late 1920s and, subsequently, with the post-modernism of the 1960s onwards. From this text, we would like to retain the existing ambivalence in the very conception of the museum as an open space and a public institution which keeps and promotes 'high culture'. According to Grossmann, this 'spirit' of the 'anti-museum', of a self-critique formed within itself:

> [...] originates in a registry act – the French decree of 1792. This document establishes the irreversible fact that museums belong to the community, that is, in principle they are

---

24 This would be another important question to consider when thinking about promoting local cultures in the context of globalisation of the cultural sphere, overcoming discussions around dependency 'through the idea that cultural behind-ness, being congenial to peripheral practices, would condemn our artists to a chronic epigonism.' Cf. FABBRINI, Ricardo N. Para uma história da Bienal de São Paulo: da arte moderna à contemporânea. In: 50 Anos de Bienal Internacional de São Paulo, *Revista USP*, n. 52, Dec 2001-Feb 2002, p.49.

public heritage. In this sense, since the French Revolution, museums and subsequently the 'high culture' they represent, have no alternative but to be subordinated to (or dependent on) its public condition. Thus the common feature of our basic reference is, without doubt, the necessary disposition of the museum towards the public.[25]

Following this line of thought, the author mentions not only the revision of a high culture through Social Sciences – particularly Cultural Studies – and through avant-garde artistic practices, but also the revision of the very idea of the public sphere in the reconstruction of modernism on North American soil in the post-war period, with the central role of the MoMA and the emergence of the Neo-Avant-Gardes. For the author, 'America is the first country to reach Modernity in full.' Therefore, the North American example would better express the contemporary and post-modern idea of culture as *medium* and consumption than the European example, i.e. still tied to a bourgeois tradition where culture is seen like something essential to the formation of individuals and democratic societies. Such a conclusion is as important in thinking of the political and cultural project of the São Paulo Biennial[26] as it is for a critical reflection on international contemporary art exhibitions.

In the narrative currently being produced, the history of biennials refers to that of French Academy 'Salons' and to the creation of public museums.[27] However, according to Martha Ward, professor of Art History at the University of Chicago, in the 1980s, when the history of art exhibitions in France from 1750 to 1914 started to be written, there was also a greater interest in universal exhibitions, such as the 'Great Exhibition of 1851', in London, and the Venice Biennale, founded in 1895.[28] Thus, it seems to us that at its core, the reflections about international contemporary art exhibitions, considered broadly with the aim of consolidating an academic discourse about the theme, are split into these two complementary processes – the emergence of a society of the spectacle and the construction of a public sphere of art, both tied to the formation of a market of symbolic goods. In her words:

> The first dimension of the history of modern art exhibitions unfolds from these beginnings, and has to do with how exhibitions have exploited, denied or confounded the view that art, and the experience of art, properly belong to a public arena. [...] The tensions between the public and private, between the collective and the individual, evolved in what seems a quite ragged fashion over the course of the nineteenth century, ragged because of the uneven development of those various spheres – civic, commercial, social – that each

25 GROSSMANN, Martin. O *Anti-Museu*. Available at: http://museologia.incubadora.fapesp.br/portal

26 From the beginning, the São Paulo Biennial project presents this ambiguity of being situated between two exhibition models, the Salon and the Art Fair, or, as Martin Grossmann affirms about museums, between the Temple and the Showroom.

27 In 1737, the Salon, in Paris, linked to the Royal Academy of Painting and Sculpture, a division of the Royal Academy of Arts, opened its doors to the public before the creation of museums that came with the French Revolution and the 1792 decree.

28 WARD, Martha. What's Important about the History of Modern Art Exhibitions? In: GREENBERG, Reesa; FERGUSON, Bruce W.; NAIRNE, Sandy (ed.). *Thinking about Exhibitions*. London/New York: Routledge, 1996, p. 451-464.

> came to have a stake in displaying art. Yet it's not hard to see that by the end of the
> century, with the maturation of the art market and of a consumer culture, the concept
> 'exhibition' had quite lost any specificity it might once have had as a civic form of public
> arena. [...] As exhibitions transgressed that wall in bourgeois life between public and
> private, societal and domestic, becoming seemingly all pervasive yet also increasingly
> differentiated, what needs tracing are the consequences this had for the experience of
> art as commercial, individual or critical engagement.[29]

Contemporary thought on art exhibitions therefore involves – according to the author – a reflection on the interdependence of two seemingly contradictory aspects of the visibility of the public sphere: that of the possibility of constructing a social space for artistic experience and another tied to the formation of a consumer culture. In other words, it is necessary to think about the construction of a public sphere and of a critical culture intimately related to the creation of a market of symbolic goods.

If we refer to such a distant period when quoting Ward, we do so in order to recover a little of the genesis of the history of art exhibitions before the post-war period. Furthermore, our hypothesis focuses on the idea of a crisis of the public sphere in bourgeois art, whose formation began, according to Jürgen Habermas, in the second half of the 18th century. Thus, we must question this relationship between art and public space. The 'habermasian' public sphere is configured as the place of 'publicity' of art. Here 'publicity' refers to the presentation of artworks to critical commentary, that is, its presence in the space of public opinion formation. According to Habermas, public space as the place for communicative action is a modern invention, the foundation of an emancipation project against the feudal order. It is worth pointing out, however, that this project presented an ambiguity regarding the governmental intervention in the private sphere of economic activity and in the appropriation of the sphere's activities by private companies. These are the Structural Changes in the public sphere analysed by the author in the 1960s. [30]

This retrospective gaze helps us to avoid the apparent opposition between a critical culture and a market culture present in Alambert and Canhête's thesis, in which there is a shift from a museological model of 'spectacularisation' of the São Paulo Biennial in the 1980s. The very exposure of art to public judgement was only made possible at the moment it became a commodity and, therefore, the question of art's autonomy has always been paradoxical in relation to political and economic power. It is worth stressing that the project of development of Brazilian society has been tied to the expansion of communication media as agents for national integration. It is not a coincidence that centralising and dictatorial governments as well as the local bourgeoisie invested in its consolidation during the 20th century.

It would be more precise to affirm, therefore, that our research is not configured as a narrative about the history of art exhibitions, but, rather, it seeks to reflect upon

---

29 Ibid., p. 455.

30 HABERMAS, Jürgen. *Mudança Estrutural da Esfera Pública*. Rio de Janeiro, Tempo Brasileiro, 1984.

the conditions for the possibility of critical propositions in the current context. Thus, instead of characterising the period 1951-1988 as a succession of stages, like Alambert and Canhête do, we are interested in thinking about the constitution and development of an institutional model tied to the expansion of the market of symbolic goods and to the formation of a cultural industry. Initially this had strong participation from the State and other political forces linked to the process of development of Brazilian society between the 1950s and 1970s and, later, sought to define other positioning strategies in relation to the challenges and possibilities which emerged with globalisation processes.

When, at the end of the millennium, we observe the gradual withdrawal of the State as a regulating agent and funder of culture, in great part due to the impact of the economic crisis of the 1970s and the neoliberal hegemony that marked public administration in the following decades, the Biennial, according to Teixeira Coelho, should have revisited its role as the 'official symbol of international Brazil', in a context of cultural globalisation and 'dismantling' of its initial idea, that is, the construction of a Brazilian art in dialogue with international avant-garde art.

Professor Teixeira Coelho's viewpoint in relation to the São Paulo Biennial project addresses another central question in our research: the internationalisation of Brazilian art in the post-war period. In his article, when referring to a text by critic Olney Krüse for the 1975 Biennial catalogue, he affirms that 'visual art in Brazil has expressly and repeatedly manifested the desire to become international, since the beginning of the 20th century – which means incorporating the innovations created abroad and elevating itself to a level that would allow it to establish a dialogue under equal conditions with foreign art'. However, in spite of the Biennial's continuous effort to be the official symbol of this project of internationalisation of a modern Brazil to consolidate the local artistic system and integrate modern Brazilian and Latin American art into the international circuit, it does not seem to us 'that the two-way process of internationalisation, pursued in the early 1950s (exhibiting international art to Brazilian artists, or to the Brazilian audience, and exhibiting Brazilian art to international critics, museums and curators), was successful. Krüse's text points to the question of copying foreign models and to the problem of constructing a representation of Brazilian art with international projection, such as was observed in North American art of the same period. Thus, Teixeira Coelho states:

> The São Paulo Biennial, since its foundation, has not only ignored, but dismantled this cultural aspect of art's nationalisation in the name of globalisation (or of a type of art that affirms itself as national in order to be able to affirm itself as a global model) which was prevalent abroad, and preferred to follow the route of an internationalism that wasn't based on a national platform.[31]

---

31 COELHO NETTO, José Teixeira. Bienal de São Paulo: o suave desmanche de uma idéia. In: 50 Anos de Bienal Internacional de São Paulo, *Revista USP*, n. 52, December 2001-February 2002, p. 87.

As a result of this 'dismantling', we could note, therefore, the difficulty of Brazilian art in affirming itself in the context of globalisation and suppression of national identities since the 1990s. Therefore the role of the São Paulo Biennial as the symbol of global Brazilian art becomes questionable. Unsurprisingly, during the same decade one observes a great number of exhibitions abroad devoted to the representation of Brazilian and Latin American art.[32] Moreover, if the role of the Biennial was limited to the projection of an international representation of Brazilian art, we must also question its role in the consolidation of local institutions and, more broadly, in the construction of a public sphere of art in Brazil.[33]

The Global Turn in the São Paulo Biennial

This case study of the São Paulo Biennial focuses on the analysis of the transformations in curatorial practices and the institutional sphere of art from the 1960s and 1970s onwards. Thus, we employ the concept of 'institutional critique' coined in studies about the artistic neo-avant-gardes of the late 1960s and early 1970s as a theoretical reference in the analysis of contemporary curatorial projects that claim a democratisation of art, either through horizontal processes and relations that articulate new forms of dialogue between audience and institution or through the inclusion of the so-called marginalised cultures in the global artistic system. Considering the relations between the institutional critique of the 1960s and 1970s and contemporary curatorial practices, Olga Fernandez affirms that the term institutional critique vaguely designates all kinds of operations in which cultural agents act critically, seeking to modify the system of production, distribution and reception of artworks. Although the genealogy of the term refers to artistic practices and debates from the 1960s, the concept of institutional critique was formulated in the shift from a European critical interpretation linked to the School of Frankfurt and to the historical avant-gardes of the early 20th century, proposed by Peter Bürger in his book *Theory of the Avant-Garde* (1974), to the North American art history and critical debate, when this book was translated into English ten years later. The first response to the English translation was by Benjamin Buchloh in the article *Theorizing the Avant-Garde*, published in the magazine *Art in America*, in November 1984. The debate between Bürger and Buchloh would later be resumed by Hal Foster in the book *The Return of the Real* (1996), and, finally, in 2005, the term institutional critique returned to the artistic debate about contemporary production with Andrea Fraser's article *From the Critique of Institutions to an Institution of Critique*, published in the magazine *Artforum*

---

32 FIALHO, Ana Letícia. O Brasil na coleção do MoMA: análise da inserção da arte brasileira numa instituição internacional. In: PRIMEIRO SIMPÓSIO INTERNACIONAL DO PAÇO DAS ARTES, August 2005. Available at: www.forumpermanente.org

33 Fórum Permanente is particularly interested in these themes, having published, at the beginning of 2006, the series of interviews 'Institutions and Brazilian Art' by Martin Grossmann and edited by Vinicius Spricigo, as a result of a study and cultural exchange trip to Germany promoted by the Goethe Institut in São Paulo with Martin Grossmann, Laymert Garcia dos Santos, Lisette Lagnado, Paulo Sérgio Duarte, Marcelo Araújo, Fernando Cocchiarale and Rejane Cintrão. Available at: www.forumpermanente.org

in September 2005. Fernandez traces these comings and goings of the idea of institutional critique with the aim of affirming that the term initially addresses the debates around the relationship of art and life posited by the 'new avant-gardes', but returns to the artistic scenario in the mid-1990s in a context of evaluation of the possibility of a critical art. [34]

In this context, the conceptual construction of this work was established through the dialogue between the transformations in contemporary curatorial practices, resulting from a revision of the role of bourgeois institutions as mediators between artistic production and audience, and the processes of insertion of peripheral regions and discourses in a global cultural system. This discussion about the demands and the viability of an institutional critique in the contemporary context is linked to the biennials curated by Walter Zanini in the 1980s. The first Biennial curator was responsible for re-presenting a panorama of the main avant-garde manifestations from the 1960s and 1970s, whose public reception had been thwarted by the boycott of the 1969 Biennial and by overlooking the reformulation proposals for this exhibition presented by philosopher Vilém Flusser in the early 1970s.[35] Obviously we cannot consider the 'cultural void' of the 1970s in absolute terms. Much of the international artistic production and the experiences with new technologies in this decade were presented to the Brazilian public by the São Paulo Biennial and the Museum of Contemporary Art of the University of São Paulo. The idea of 'void', which somehow returns to the 28th edition of the Biennial is, therefore, linked to the absence of a cultural project capable of offering viable alternatives to replace the institution's original project, linked to the creation of a museum of modern art based on the New York MoMA model, which had already reached its limitations by the 1960s. In this sense, it would be important to consider how the historical nuclei kept being regarded, in the 1990s, as valuable contributions to the fulfilment of existing gaps in the collections of local museums, but, on the other hand, started to be criticised for allocating great amounts of financial resources to the organisation of temporary shows that could instead have been spent on the acquisition of artworks for museum collections. At any rate, when we analyse Walter Zanini's Biennials we cannot identify the same form of institutional critique that was characterised in the European and North American contexts, since Zanini's work was characterised much more by an effort to bridge a gap in the project of institutionalisation of Brazilian art and by the expansion of his previous work at the MAC-USP. Thus, we are ultimately interested in revising the hegemonic perspective linked to the term 'institutional critique', whose genealogy is found in the clash between the North American post-pop artistic production and the critique of cultural industry by the Frankfurt School; taking into account that its use in thinking the specificities of conceptual art in Latin America is often problematic.[36]

---

34 FERNANDEZ, Olga. Institutional Critique: Two Deaths and Three Resurrections. Unpublished text used with the author's permission.

35 Cf. RAMIRO, Mário. Salto para um mundo cheio de deuses, *Ars*, n. 10, 2007, p. 32-37.

36 Ver FERNANDEZ, Olga. Institutional Critique: Two Deaths and Three Resurrections. Unpublished text used with the author's permission.

Thus we begin from the history and political and cultural project of the São Paulo Biennial in order to subsequently analyse the 'global turn' of the past two decades. In the São Paulo Biennial, this turn occurred in 1998, when Paulo Herkenhoff organised an exhibition of great interest to us, as it achieved recognition and legitimisation of a local discourse in relation to the global artistic scenario.

It is worth mentioning that we have adopted the distinction made by historian Hans Belting between the terms 'contemporary art' and 'global art' in our research. According to him, contemporary art can be identified with artistic production derived from modern art, as a second modernity. In principle, he refers in a general manner to the developments which occurred after Pop Art, *Arte Povera*, New Realism and, primarily, Conceptual Art, amongst other artistic movements from the 1960s and 1970s known as neo-avant-gardes. For Hans Belting, this Western notion of post-modern art often insists on a modern chronology and art history, and on the concept of artistic avant-garde. In his words:

> beyond the West, contemporary art has a very different meaning that is slowly also seeping into the Western art scene. There, it is hailed as a liberation from modernism's heritage and is identified with local art currents of recent origin. In such terms, it offers revolt against both art history, with its Western-based meaning, and against ethnic traditions, which seem like prisons for local culture in a global world.[37]

In this sense, global art, a recent phenomenon dating back no more than twenty years, would open up the opportunity of including 'other modernities' in art history's narrative, and would also allow the revision of the idea of avant-garde from the study of artworks created 'outside' so-called Western modernism.

In this text, the term internationalism refers, therefore, to the period initiated in the post-war and until the end of the Cold War and the fall of the Berlin Wall in 1989. Furthermore, it points to a so-called Western system, whose central axis is situated in the Northern Hemisphere (Europe and United States), with Latin America considered, – when Western – a peripheral region, the so-called Third World. The same differentiation between centre and periphery is present in the proposition of an international artistic language, that is, this concept emerges from the so-called 'legitimising' centres of modern art, those that define symbolically and economically the validation criteria for the international artistic production. In the differentiation between centre and periphery, the idea that the Northern Hemisphere produces hegemonies in the ambit of culture and disseminates them to the Southern Hemisphere is implicit, and the condition of constructing representations in peripheral countries that would reverberate in hegemonic centres is precarious. As such, there is a one-way relationship between centre and periphery, in which discourses follow a single direction. We start with the hypothesis that a global cultural system, initiated in the mid-1980s and consolidated

---

37 BELTING, Hans. Contemporary Art and the Museums in the Global Age. In: WEIBEL, Peter and BUDDENSIEG, Andrea (ed.). *Contemporary Art and the Museum*: A Global Perspective. Osfildern: Hatje Cantz, 2007, p. 22.

in the following decade, seeks to redefine the relationships between centre and periphery, therefore creating a new (seemingly decentralised) map for global art. Thus, through the study of the 'global turn' in international contemporary art exhibitions, we will discuss not only the transformations, but also the permanence of hierarchies in the geopolitics of contemporary art exhibitions.

The global perspective proposed by Belting can be translated into the Brazilian context. Firstly, Latin America, differently from Africa and Asia in what regards the development of modern art, already maintains a long-term dialogue with the 'West'. This way, this 'exteriority' that situates Brazil outside the developments of modern international art seems problematic, for it reduces the very understanding of modernity to a dualist thought of opposition between centre and periphery. Furthermore, under a historical perspective, the independence of Latin America takes place in the 19th century, differently from the other European colonies whose liberation movements only happen in the post-war period. Therefore, the issue of Eurocentrism and colonialism is already present in a critical literature developed in Latin America during the 20th century which, paradoxically, does not integrate the so-called Cultural Studies developed in the United States and in the United Kingdom. It would be necessary, therefore, to consider the Brazilian position, more specifically the position of the São Paulo Biennial, in this new geopolitics of art institutions in the globalised world, questioning its mechanisms of hierarchy and maintenance of differences between centre and periphery, underlining, ultimately, the way in which Brazilian art and its institutions sought to affirm a language and to take a position in relation to the so-called Western model by the mid-20th century.[38]

There are still some questions to be asked about the role of contemporary art exhibitions as mediators of the so-called peripheral cultures in a globalised system. Firstly, would the history of art exhibitions really be written from a revision of the Eurocentric interpretation of modern art history that post-colonial discourses supposedly propose to criticise?

As previously mentioned, the genealogy of biennials has been drawn from the salons and universal exhibitions of the 19th century, therefore it dates back to colonial times, in the same way as a history of art based on a narrative of the development of the modern form. Would not this maintenance of a narrative that excludes the exhibitions originated outside the modern art centres be reinforcing a discourse that reaffirms the same uneven relations between centre and periphery? In other words, how to reposition, for example, the São Paulo and Havana biennials in the map of contemporary art exhibitions? What do these pioneering experiences that took place in Latin America mean to the geopolitics of art institutions?

These are some of the questions that can guide an investigation about contemporary art exhibitions at the end of the 20th century and the beginning of the 21st century,

---

38 Cf. OITICICA, Hélio. Esquema Geral da Nova Objetividade. In: MUSEU DE ARTE MODERNA DO RIO DE JANEIRO. Catalogue of the exhibition *Nova Objetividade Brasileira*, April 1967.

whose results would make a conceptual contribution to a critical discussion about 'global' contemporary art exhibitions.

Finally, it is worth mentioning that many of the questions raised about cultural globalisation by contemporary art exhibitions, mainly those linked to processes of cultural hybridisation, have theoretical references coming from studies on modernism in Latin America. However, the works of authors such as Néstor Garcia Canclini, Renato Ortiz and Jesús Martín-Barbero are not included in the bibliography on the theme, since the critical literature on post-colonialism was constituted in the Anglo-Saxon context. Thus, it is precisely at this point of intersection between the studies on contemporary art exhibitions organised abroad and the studies about Brazilian and Latin American culture that this research contributes to a critical discourse about the São Paulo Biennial, in the context of the 'biennialisation' of contemporary art exhibitions. This work seeks to take the first step towards bridging the gap of a critical literature in Portuguese about biennials, as well as to address the inclusion of other perspectives in the construction of a discourse about contemporary art exhibitions.

The aim of this analysis is to discuss the way in which the question of 'updating' Brazilian art in relation to the international developments of modern art can be reinterpreted in the current context, in which processes of cultural interdependence in a globalised world are discussed. Thus, in order to analyse the way in which the São Paulo Biennial has treated the question of cultural identity in relation to the foreign context, we will draw on the work of three authors who study Latin American cultures based on theories of post-modernity, namely, Renato Ortiz, Jesús Martín-Barbero and Néstor García Canclini. According to these authors, in Latin American countries, generally speaking, modernism is part of a project of construction of a national culture. More specifically, the issue of national identity was a theme which remained valid in the debates about Brazilian culture until the 1980s, when the national-popular was reviewed based on its ideological aspects.[39]

Over the last two decades, multidisciplinary perspectives emerged to consider Latin American cultures, in tandem with the Cultural Studies developed in the United States and the United Kingdom. Following these, the authors mentioned above have developed new analysis of the concepts of national-popular and reconsidered the processes of construction and deconstruction of local cultures and their relationship with a 'high culture' originated in the hegemonic centres. This is a broader way of reviewing the theories about modernity after the transformations that have taken place since the 1980s, seeking new interpretations of modernism in peripheral countries and the relationships these countries established with modern art's hegemonic centres.

When analysing cultural mediations in Latin America, Martín-Barbero, Canclini and Ortiz employ a new vocabulary in the ambit of Social Sciences. Terms such as 'imperialism', 'colonialism', 'underdevelopment', 'dependency' and 'modernisation', amongst

---

39 Cf. CHAUI, Marilena. *Seminários*. São Paulo: Brasiliense, 1983. (O Nacional e o Popular na Cultura Brasileira)

others, are replaced by other themes such as globalisation, cultural hybridisation, migrations, etc. There is, as a result, a greater approximation of the reflections on Latin American cultural identity with Cultural Studies and the post-colonial discourses that became a conceptual paradigm for curatorial studies and for the analysis of contemporary art exhibitions in the Anglo-Saxon context. If on one hand these discourses contribute to overcome the binary thinking that attributes essentialist definitions to popular culture and avant-garde art terms, without taking into account the social mediations responsible for the valorisation of each of these categories within the universe of culture, on the other, one argues that overcoming this binary thinking implies another kind of colonialism, which paralyses the resistance potential of power relations between centre and periphery.[40]

Thus, we will see how these authors can help us in the interpretation of the relationship between Brazilian art and abroad within the ambit of the São Paulo Biennial, rethinking the tensions involved in the cultural confrontation between the so-called peripheral regions and the hegemonic centres in the context of cultural globalisation. The aim is to employ the concepts of dislocation and lack of synchronicity related to the culture of peripheral countries in order to analyse the relationship between the São Paulo Biennial and the international artistic circuit. We will begin with the revision of the public reception of the 28th edition of the Biennial, in order to subsequently discuss its project initiated in the 1950s, as well as the transformations occurred in the modes of representation after the rejection, from the 1980s onwards, of the national representation model. If, from this decade onwards, the terms 'national' and 'international', 'popular' and 'erudite', 'centre' and 'periphery' were gradually becoming irrelevant to explain the insertion of Brazilian art in a globalised context, our interest is in identifying which discourses and strategies were used by curators to present local cultures in a global system. After all, it is a question of revising certain interpretations about modernisation, cultural interdependence and Brazilian art in dialogue with the transformations which have occurred in the São Paulo Biennial as a result of cultural globalisation processes.

Therefore, in order to understand the way in which the São Paulo Biennial treated the relationship between Brazilian and international art at the beginning and, later, the problem of representing hybrid cultural forms, we will recap on a little of its history since its creation, in 1951, until the 24th Biennial, in 1998, an edition of the show in which the modernist paradigm was employed as curatorial axis to affirm the relevance of a Brazilian artistic production projected internationally. The main objective here is to analyse the way in which, from the 1990s onwards, the question of Brazilian art is redefined within a new global dynamics of the cultural system, in which the main issue shifted from the definition of a national identity in dialogue with international currents to a geopolitics of institutions, in which the role of curators as cultural mediators became notably renowned. Such a passage from artistic internationalism to cultural globalisation will be analysed from a contextual perspective, in which the

---

40   Cf. SHORAT, Ella; STAM, Robert. *Crítica da imagem eurocêntrica*. São Paulo: Cosac Naify, 2006.

production of meanings in the global art system is constructed within intermediation tools and discursive platforms instead of from a narrative based in the formal development of modern art. This paradigm shift also addresses a new understanding of the public sphere, which reconfigures forms of attributing meaning and legitimising within the field of visual arts, focusing on the relationship between the different agents involved in the process of knowledge production at the expense of a discourse turned to artworks.

Finally, we are interested in finding out to what extent this new dynamics of global art affects Brazilian institutions in general and the São Paulo Biennial in particular. The difficulties in constituting a public sphere of art in a peripheral context are often viewed as inconsistent with the image that Brazilian art has achieved abroad and raise suspicions about the democratising effects of cultural globalisation. There is, as discussed in the introduction of this text, a binary opposition between the idea of museum formed during modernity and the flexible institutions that emerged with globalisation over the past twenty years. Such a perspective understands the formation of a globalised public sphere as opposed to the one created with the arrival of modern society and, consequently, situates contemporary curatorial practices and the use of the internet in the construction of art knowledge as something that would be inserted in a 'logic of the spectacle'. However, the question remains unasked: can the global public sphere create the conditions for the possibility of a critical thinking in the current context?

1. Institutional Critique or Crisis?

This text was written after the closure of the 28th edition of the São Paulo Biennial, in December 2008. The exhibition, according to the curators' report presented to the Biennial Foundation board in April 2009, was considered a success from the viewpoint of attendance and critique. For curators Ivo Mesquita and Ana Paula Cohen, the triumph of the enterprise is endorsed by the number of visitors, 'approximately 162 thousand visitors in 37 days', and by the 'great number of texts, interviews and reviews received by the 28th Biennial, as well as large coverage in various electronic media'. The report also highlights the different reception of the São Paulo Biennial in the Brazilian and international press. This is what the curators' text says:

> Whilst the first, with significant and gratifying exceptions, makes a fuss about general impressions and specific issues without seeing, trying to analyse or understand the project as a whole, independently of its qualities and problems, the second receives the 28th Biennial as a demonstration of energy and vitality of the traditional São Paulo Biennial for its investment in a risky, provoking project, which opens a radical debate instead of keeping its comfortable position as a consolidated institution. For the international press, the 28th SPB represents a proposal to recover contemporary art exhibitions as spaces of reflection and experimentation, a kind of laboratory for artistic practices and thinking today. It is perceived as an effort to reclaim the exhibition's pioneering role in the debate and promotion of contemporary art and, to this end, it called upon a group of qualified artists, curators, critics and academics who activated the space and the memory of the institution itself, as well as questioned the biennial model and system in the international circuit.[41]

In fact, in the local press, the exhibition sparked great polemic and discussion about the possibilities of articulating self-reflection under the leadership of the figure of an 'independent curator' within Brazilian art exhibitions and cultural institutions. The

---

41 MESQUITA, Ivo; COHEN, Ana Paula. *Relatório da curadoria da 28ª Bienal de São Paulo*. Available at: www.forumpermanente.org

constant financial and political crises that have devastated important art museums in the country (the most notorious case is the Museum of Art of São Paulo) and the Biennial Foundation itself are indicative of the precariousness of Brazil's institutional context. Thus, we have the impression that a critical culture would not be viable due to the fragility of the institutions that promote culture in the country. Therefore, the vulnerability of the local art system, which still struggles to become consolidated, would preclude the possibility of an 'institutional critique'. In this way, important names in the national art circuit, such as Aracy Amaral, Paulo Sérgio Duarte and Jorge Coli, interpreted the Biennial's 'void' as a 'lack' (of ideas, of a project, of a position, etc.) and indirectly corroborated the position taken by *Folha de S. Paulo* journalist Fabio Cypriano in the text *Um acordo de cavalheiros em vivo contato* (A Gentlemen's Agreement in Living Contact), published on the Fórum Permanente website. By shifting the discussion from the field of aesthetics to the field of 'ethics', they ended up underlining the curator's 'omission' in relation to the institutional crisis that the Biennial was undergoing.

Therefore the curatorial project of the 28th São Paulo Biennial sparked a series of questions. Put in schematic form, these questions would be the following: how does one configure this space for a critique of the institution or for the self-reflection about the art field in the Brazilian institutional context? What is the role of the curators in this local context and its projection within a globalised art circuit? How do we translate conceptual projects into long-term public policies? What are the effects of the image of Brazilian art that the Biennial helped create abroad in the consolidation of local institutions? And, finally, how do we re-politicise contemporary art exhibitions bearing in mind the several mediations that take place in this field?

Confirming what Ivo Mesquita and Ana Paula Cohen stated, amongst the researchers at the Royal College of Art[42], little was said about the 'permanent state of crisis of the São Paulo Biennial'[43], and expectations were high in relation to the 'Biennial of the Void', as this edition was labelled by journalist Fabio Cypriano in the magazine *Frieze*.[44] To a certain extent, these reflections on contemporary curatorial practices and the concept of institutional critique, which are now presented in the form of a case study of the São Paulo Biennial, are also marked by this mismatch between an 'image' of the institution abroad and the precariousness of a public space for presenting and discussing contemporary art in Brazil.

To mention a few other examples, in 2006, artist Cildo Meireles decided not to participate in the 27th Biennial after the reinstatement of ex-banker Edemar Cid Ferreira

---

42 The researcher was in London for a PhD fellowship when Ivo Mesquita's name was announced for the post of curator of the 28th edition of the Biennial.

43 According to sociologist and professor Miguel Chaia, 'one of the main features of the São Paulo Biennial is its condition of crisis. A state of crisis could be, in theory, the fundamental vocation of the Biennial'. A BIENAL DE SÃO PAULO E O MEIO ARTÍSTICO BRASILEIRO: MEMÓRIA E PROJEÇÃO", Auditório do Museu de Arte Contemporânea – MAC/USP, July 2008.

44 CYPRIANO, Fábio. A void in São Paulo. *Frieze*, November 2007. Available at: www.frieze.com

– accused by the public prosecution office of fraudulent management of the bank Santos – to the Biennial Foundation board. The catalogues of this exhibition were published only two years after the conclusion of the show and President Manoel Pires da Costa was re-elected even after accounting problems emerged during his previous mandate. Besides this, several professionals refused the invitation to assume the post of chief curator of the 28th Biennial, as there was the suspicion that there would not be enough funds or time to realise the exhibition. All these were problems linked to the current crisis that had more exposure in the local press.[45]

In order to recall part of the history of this crisis, we can point out the moments in which the institution was under suspicion and in which the Biennial's role was questioned. In fact, the political and cultural project of the São Paulo Biennial emerged in a turbulent moment, of economic, political and aesthetic transformation in the post-war period. In the words of Oliveira Alves, in that period:

> A new world order was articulated in relation to a new attitude from the ruling classes, as well as intellectuals and artists. The decades of national development, with a national project run by a national bourgeoisie, were left behind. In the post-war period, the rules of the international power game changed, and capitalism started to propose a transnational or organised development.[46]

The creation of the Museum of Modern Art and the São Paulo Biennial was therefore situated in the broader context of Brazil's involvement in the transformations of global economy, which meant the approximation with one of the hegemonic powers of the Cold War, the United States. Alves also highlights the role of the cultural expansion policy of the US State Department in the formation of a modern art museum funded by the private sector, based on a cooperation policy between the local bourgeoisie and foreign capital. As we will verify further ahead, Francisco Matarazzo Sobrinho's – the Ciccillo – initiative was interpreted by many as a defeat to North American cultural imperialism. The impasses between the construction of a national culture and the adoption of models created in hegemonic centres, which were already topics of interest to Brazilian intellectuals by the first half of the 20th century acquired new features with the consolidation and expansion of the developmentist project in the post-war period.[47]

What backed up the São Paulo Biennial project in its early years was its connection with a civilising and pedagogical project inherited from an European bourgeois tradition, based on the construction of a public sphere of art and, consequently, promoting access to cultural goods. Thus, when the Biennial completed ten years, it reaffirmed

---

45 The articles about the Biennial crisis published in the local press are gathered in the dossier *Fundação Bienal: transparência em evidência*. Available at: www.forumpermanente.org

46 ALVES, Rita de Oliveira. Bienal de São Paulo: impacto na cultura brasileira, *São Paulo em Perspectiva*, v. 15. n. 3, 2001, p. 18-28.

47 Cf. ASBURY, Michael. The Bienal de São Paulo, Between Nationalism and Internationalism. In: *Espaço Aberto/Espaço Fechado*: sites for sculpture in modern Brazil. Henry Moore Institute, 2006.

its initial function of putting Brazilian art in contact with the artistic developments of the post-war period, seeking to collaborate, in this way, with the development on Brazilian soil of *formal* research on abstract art – mainly Concrete and Neo-Concrete art. At that moment, in spite of the comments that would be made by Olney Krüse in the 1970s, the contemporary character of the Brazilian Concrete avant-garde was affirmed in relation to the North American abstractionism, even if that hinted at its European colonial influence or precluded it from criticising the developments of the modern project from within.

Thus, according to Alambert and Canhête,[48] the first moment of crisis in the São Paulo Biennial project happened in 1961, when the then director of the São Paulo Museum of Modern Art, Mario Pedrosa, helped to write a document that would create the Biennial Foundation, a public institution that would organise the biennial exhibition independently from the Museum.

In 1961, the Biennial became an autonomous entity when President Jânio Quadros authorised Mario Pedrosa, then secretary of the National Culture Council, to turn it into a public institution by law. Turned into a foundation, the São Paulo Biennial would be able to start receiving funds from the Mayor and from the State Government for organising the exhibition. Until then, the exhibition at Ibirapuera was basically funded by private initiatives.[49]

Thus, the split between the São Paulo Biennial and the MAM resulted in the depoliticisation of the institution. This fact is considered by many agents in the Brazilian art circuit, amongst them Ivo Mesquita himself, as a detour from the social aims of the exhibition in its initial years. On the other hand, it is worth remembering that the lack of a clear definition of the role played by each of these institutions since their inception was not a programmatic choice. As curator Ivo Mesquita points out, none of these institutions know precisely what their 'mission' is, which results in the lack of a clear definition of their roles within this system.

> [...] ultimately, before being institutional, political, economic, artistic, etc. the crisis of the Biennial is a vocational one. The Biennial gradually lost its function. First, it was linked to a museum, until 1962. Its purposes were beyond those established in Lourival's (Gomes Machado. 1st Biennial of the São Paulo Museum of Modern Art, 1951), that is, to insert São Paulo into the international scene and to put Brazilian artists in living contact with what was being produced internationally. The Biennial did that, but there were also other aims, of a more internal character: one of them was to form the museum's collection. [...] And the other one was the Historical Hub, the opportunity to bring great museological exhibitions on the avant-garde movements to São Paulo. At the moment it breaks with

---

48 ALAMBERT, Francisco; CANHÊTE, Polyana. *As Bienais de São Paulo*: da era do museu à era dos curadores (1951-2001). São Paulo: Boitempo, 2004.

49 ALVES, Rita de Oliveira. Bienal de São Paulo: impacto na cultura brasileira, *São Paulo em Perspectiva*, v. 15, n. 3, 2001, p. 18-28.

the museum and is transformed into a Foundation, the Biennial loses its pedagogical function – and the problem is created.[50]

After losing its collection to the University of São Paulo, the São Paulo Museum of Modern Art continued forming a new collection without relying on a physical space suitable for its presentation. Paradoxically, its most important project is the realisation of a periodical exhibition that takes place biennially (in the years between the São Paulo biennial) entitled 'Panorama of Brazilian Art'. In turn, over the last decade, the Biennial, which occupies the gigantic Pavilion Ciccillo Matarazzo, was not capable of maintaining the periodicity of the main show (due to the gap between the 1998-2002 editions and the void of 2008), or even organising other activities in the intervals between biennials, such as the National Biennials of the 1970s.

The vocational and institutional crisis of the São Paulo Biennial cannot be generalised like the case of other institutions. With the exception of the Pinacoteca do Estado de São Paulo, the main museums in the city (MASP, MAM and MAC) have at least one kind of problem to overcome, either in relation to their installations or their management model. In this case, the cultural circuit becomes more vulnerable to the actions of managers and/or curators capable of organising temporary events (using public resources) with strong public appeal, as was the case of the *Mostra do Redescobrimento* (Rediscovery Show), further aggravating the crisis of museums that compete for insufficient funds from the private sector. But what really interests us in this discussion is the fact that this appeal for the democratisation of art (often linking the ideas of mediation and education) becomes prevalent.

Contradictorily, the Biennial would become, alongside modern architecture and *Cinema Novo*, as Teixeira Coelho suggests, the official symbol of Brazil during the dictatorship established in 1964. Until 1975, the Biennial Foundation was presided over by its creator Francisco Matarazzo Sobrinho and maybe the greatest crisis undergone by the institution happened when he vacated the presidency for health reasons. From that moment on, the credibility of the institution became interdependent on the figure of the 'curator', which was established in the 1980s, a decade which saw the expressive increase in the participation of the public sector in the show's funding, as Rita de Oliveira Alves affirms. Thus, the highs and lows of the Biennial Foundation in the following decades would start to share the public attention with the polemic surrounding the curatorial axis adopted by this new cultural agent that in the 1990s became the show's central figure.[51]

In a conference held ten years after his experience as the curator of the 24th São Paulo Biennial, Paulo Herkenhoff underlined the institutional conditions that allowed

---

50 HIRSZMAN, Maria; MOLINA, Camila. "Bienal do Vazio" começa no dia 25 com proposta ousada, *O Estado de S.Paulo*, 2nd October 2008.

51 Cf. CHIARELLI, Tadeu. As funções do curador, o Museu de Arte Moderna de São Paulo e o Grupo de Estudos de Curadoria do MAM. In: CHAIMOVICH, Felipe (org.). *Grupo de Estudos de Curadoria do Museu de Arte Moderna de São Paulo*. 2. ed. São Paulo: MAM, 2008, p. 14.

the realisation of his curatorial project, considered by many one of the most important exhibitions in the history of the Biennial.[52] After a period of crisis at the beginning of the 1990s, the Biennial Foundation invested in administrative, technical and professional requirements to match international standards, with the aim of restoring its institutional credibility and being able to host the work of renowned artists such as Kasimir Malevitch, Edward Munch, Paul Klee, Alberto Giacometti, Andy Warhol, Marcel Broodthaers, Richard Long, Bruce Nauman, Gerhard Richter, Eva Hesse, Louise Bourgeois, Anish Kapoor and Jeff Wall, amongst others. The Biennial pavilion at the Ibirapuera Park was refurbished and the president Edemar Cid Ferreira announced the (unrealised) plans of architect Oscan Niemeyer to transform the original building, expanding and modernising the exhibition spaces. According to Ferreira's strategic vision, the Biennial would again become a mega-event of contemporary art and the exhibition's historic hub should include names that would attract great public attention. There was also the intention of changing the public image of the Biennial, seen as 'elitist' by the inhabitants of the São Paulo periphery. (One of the conciliating strategies of the Biennial Foundation was to invite a group of graffiti artists to show their work on the building's façade, which at that time was already targeted by taggers.)

Taking as a reference that which was announced to the local press, from the viewpoint of the institution, this represented a combination of an affirmative museological perspective focused on the formation of the audience and on the democratisation of the arts, and a new kind of mediation based on cultural marketing.[53] This moment coincided with a movement of refusal of state control in the sphere of culture, which prevailed during the dictatorship period (1964-1984), and with the creation of the fiscal incentive laws, which would establish new forms of cultural action in the context of the neoliberal politics of the 1990s.[54]

Considering all these aspects and the fact that the Biennial has for a long time been the main institution responsible for the internationalisation of Brazilian art, the moment seemed appropriate to increase the visibility of Brazilian art in the country and abroad. This cultural management model focused on mega-exhibitions has, however, led the Biennial Foundation into a cul-de-sac. The creation of *Associação Brasil* +500 and the realisation of the *Mostra do Redescobrimento – Brasil 500 anos* (The Rediscovery Show – Brazil 500 Years)[55] precluded the realisation of the Biennial in 2000,

---

52 HERKENHOFF, Paulo. Bienal 1998, princípios e processos. *Trópico*, 2008. Available at: http://pphp.uol.com.br/tropico/

53 LANDMANN, Julio. A BIENAL DE SÃO PAULO E O MEIO ARTÍSTICO BRASILEIRO: MEMÓRIA E PROJEÇÃO", Auditório do Museu de Arte Contemporânea – MAC/USP, October 2008.

54 The Fiscal Incentive Law n. 8.3131 created by the Minister of Culture Sérgio Paulo Rouanet was approved by National Congress in 1991. It was a reformulation of the Sarney Law of 1986, made extinct at the beginning of president Fernando Collor de Mello's term (1990-1992).

55 Taking place at the Ibirapuera Park, in São Paulo, between 7 April and 23 September 2000, the Rediscovery Exhibition was visited by 1.8 million people. Cf. BARROS, Stella Teixeira de. Males de nascença. In: 50 Anos de Bienal Internacional de São Paulo, *Revista USP*, n. 52,. Dec/Feb 2001-2002, p. 64-71.

under the curatorship of Ivo Mesquita. The reason stated was a lack of funds and institutional apparatus for both exhibitions, since the *Mostra do Redescobrimento* was the largest art exhibition ever organised in Brazil, occupying great part of the complex planned by Niemeyer at the Ibirapuera Park, totalling 60 thousand square meters, which consumed a great part of private sector resources allocated through the Rouanet Law. Ferreira's project, which turned the *Associação* into Brasil Connects, also included travelling versions of the show which were exhibited in cities such as Buenos Aires, Lisbon, London and Paris, before reaching the Guggenheim in New York, in March 2002, one year after having organised the Brazilian representation at the Venice Biennale in partnership with the Guggenheim Foundation, which was then announcing plans to open a 'concession' in Rio de Janeiro.

Although the target of several critiques, it was this cultural management model based on the realisation of mega-exhibitions, the so-called 'blockbusters' that allowed curator Paulo Herkenhoff to organise a biennial considered as a reference for this kind of show both in Brazil and abroad, making a mark on the 1990s and inserting Brazilian art into a globalised system. Thus, the blockbuster exhibitions of the 1990s, in spite of their 'spectacular' appeal, were linked to the idea of the affirmation of Brazilian art in a global cultural system. In a broader context, that decade in Brazil witnessed the dismantling of the institutional structure created by the military regime during the President Fernando Collor de Mello's term (1990-1992), followed by the neoliberal policies of his successors Itamar Franco (1992-1994) and Fernando Henrique Cardoso (1994-2002), with reduced funding for the Ministry of Culture and cultural policies restricted to the cultural incentive laws, a situation which remained practically unchanged until Luiz Inácio 'Lula' da Silva's presidency.[56]

Thus, the last two editions of the São Paulo Biennial can be situated within a process of revision of this system of 'cultural management' created in the 1990s, as well as in the overcoming of a sense of lagging behind left by the 2002 and 2004 editions (25th and 26th), under the direction of a foreign curator, Alfons Hug, in which the historic hubs of the São Paulo Biennial were made extinct and the Venetian model of national representations became imperative again. In an interview published in the national press, Ivo Mesquita affirmed that the problem of the Biennial was not its exhibition model, but the administration of the institution. According to the curator, Júlio Landmann (the former president of the Biennial Foundation) helped to create a professional and decentralised management structure which allowed for a curatorial autonomy and the success of the work of Paulo Herkenhoff in 1998.[57] However, Mesquita states that 'today, the Foundation does not have a similar structure'.[58] Thus, whereas before there was the impossibility of affirming itself as an institution with long-term public policies

---

56 Cf. BARBOSA DE OLIVEIRA, Lúcia Maciel. *Que políticas culturais?* Available at: www.centrocultural.sp.gov.br.

57 Cf. HERKENHOFF, Paulo. Bienal 1998, princípios e processos. *Trópico*, 2008. http://pphp.uol.com.br/tropico/

58 CYPRIANO, Fábio, GONÇALVES, Marcos Augusto. Interview with Ivo Mesquita. *Folha de S.Paulo*, 22nd October 2008.

and broad social outreach, when entering the new globalised cultural system, would the São Paulo Biennial be capable of providing a panorama or of proposing a discussion around contemporary art production (facing the competition with numerous exhibitions of the biennial type that emerged across the world)? Would it be capable of creating any kind of expectation in relation to formal innovations in the aesthetic field or the concept of art from a local perspective? Or even of proposing initiatives to develop, in Brazil, a viable model for an international exhibition connected to the art market or to the cultural industry and tourism? In short, would the São Paulo Biennial be capable of redefining its role in the current context?

Further to this assessment of the crisis of the São Paulo Biennial, we can advance beyond an apparent dichotomy between the curatorial discourse and the specialised critique around the event's last edition. It seems to us that the ambivalence between that which is more innovative and, at the same time, precarious is the reflex of a structural question of our modernity which dates back to the country's process of development in the second half of the 20th century, integrating our cultural life today. The central problem would then be how to confront a modernity which was established on the periphery of capitalism, but which, at the same time, presented itself so vulnerably. How could we understand the seemingly absurd fact of the formulation of a radical curatorial proposal within a deficient institutional context (and why not say peripheral)?

The question would therefore be the possibility of an institutional critique in a peripheral context, that is, the 'critique of the institutionalisation of critique' appears in this debate as an important point whilst considering the role of the São Paulo Biennial today.

The attentive reader will note that we are dealing with two seemingly distinct meanings for the term 'critique'. The first regards the public commentary, which is disseminated through mass communication media. It relates to the 'publicity of art'[59] , the formation of public opinion through critical commentary and debates that take place in the public sphere. The second, institutional critique, regards a new way of presenting and discussing the artistic production which emerged with the neo-avant-gardes of the 1960s and became institutionalised with the so-called platforms and the proliferation of biennials and other periodical contemporary art exhibitions in the 1990s.

By mentioning this polemic about the transformations in the public sphere of art, our intention is not to place the critique as public commentary in opposition to the processes of deconstruction and reorganisation of forms of production and socialisation of meanings that take place within the scope of institutionalised information systems in the field of culture, namely, the self-reflection that emerges within the institution, when curators organise platforms for debate and discussion as part of their curatorial proposals, or seek other forms of confronting the instrumentalisation of the art

---

59 HABERMAS, Jürgen. *Mudança Estrutural da Esfera Pública*. Rio de Janeiro: Tempo Brasileiro, 1984.

system. Our analysis attempts to understand precisely these transformations in the public sphere of art that begin with the exhibitions of the 1960s and become prominent after the cultural globalisation of the last two decades.

According to Jean Gallard,[60] in the field of art criticism we have been observing a crisis of the public sphere which was configured from the emergence of mass communication media. According to the French critic, the printed media has not been offering space for intellectual reflections and the superficiality of cultural journalism prevails. The same concern regarding the transformation in the mediums of art criticism and its impact on the production of knowledge about contemporary artistic practices today is present in an article by professor of the Fine Arts Department of the University of São Paulo Sônia Salzstein, in which she talks about the absence of periodicals dedicated to the public discussion about art in Brazil, compromising the autonomy of this critical reflection as it links theoretical production to the dynamics of art exhibitions and to the investment of public and/or private institutions via the publication of catalogues.[61]

Thus, corroborating not only Ivo Mesquita's affirmation, but also the opposition between academia and platforms, of which we have been speaking from the beginning of this text, Joaquín Barriendos comments that the 'specialised'[62] critique could not deal with the representation void and with a new type of more direct and participative critique. In this sense, the silence of the 'official' critique – who finds it difficult to deal with the transformations occurred in the public sphere of art from the last decade of the 20th century – followed the Void.[63] As such, the silence of the critics before the Void of the São Paulo Biennial would not be provoked solely by the absence of communication channels between intellectuals and the public, but also by the difficulty in understanding the functioning of knowledge production platforms and the conceptual redefinitions in the field of art history. Furthermore, it regards the political positioning of certain cultural agents that seek the maintenance of institutionalised forms of knowledge, a position which ultimately resists the loss of spaces conquered within and without academia.

---

60 GROSSMANN, Martin. Interview with Jean Gallard. Available at: www.forumpermanente.org.

61 Cf. SALZSTEIN, Sônia. Transformações na esfera da crítica. *Ars*, n. 1, 2003, p. 84-9.

62 In the case of the Brazilian art system, the researcher and professor Rita de Oliveira Alves associates the emergence of art criticism, which would be articulated from the creation of modern art museums and the São Paulo Biennial during the post-war period, to the institutionalisation of academic life and to the intellectuals linked to the University of São Paulo. It is a critical reflection in which the scientific and academic criteria, institutionalised by universities, are applied to art knowledge. Cf. ALVES, Rita de Oliveira. Bienal de São Paulo: impacto na cultura brasileira, *São Paulo em Perspectiva*, v. 15. n. 3, 2001, p. 18-28.

63 BARRIENDOS, Joaquín; SPRICIGO, Vinicius. HORROR VACUI: Crítica institucional y suspensión (temporal) del sistema internacional del arte. Una conversación con Ivo Mesquita sobre la 28ava Bienal de São Paulo. *Estudios Visuales*, n. 6, Barcelona, December 2008, p. 144.

2. The Curatorial Project of the 28th São Paulo Biennial

The curatorial project of the 28th São Paulo Biennial was presented to the public as a critique of the Biennial itself, questioning its image as one of the most important art institutions in Brazil and one of the three main contemporary art exhibitions in the world, alongside the Venice Biennale and the Kassel Documenta. The project was characterised, therefore, as a self-reflection at the heart of the Biennial through the temporary suspension of the flux of global artists and artworks produced by a mega-exhibition of contemporary art such as the São Paulo Biennial. The 'quarantine' proposed by Mesquita would consequently be an opportunity to stop and reflect upon the very acceleration imposed by a globalised and dynamic cultural system.

During the first press conference after his nomination, Ivo Mesquita stated that the São Paulo Biennial had achieved its initial aim of consolidating the local art system of projection of Brazilian art abroad and raised a series of questions:

> What is the role played by the Biennial today, as a pioneering institution in the country and abroad, since these circuits have grown and become professionalised, and are now part of a globalised cultural system? [...] How can the São Paulo Biennial reassess this cultural phenomenon that is propagated in historic centres (Venice, for instance) as well as in cities which until recently were considered marginalised (Shanghai, for instance) in the same way? What critical role can the São Paulo Biennial play in an age of consumerism and cultural tourism? In what way can it contribute productively to the framing of this debate based on its history and experience as the first institution of its kind outside hegemonic centres? Systematising a reflection about biennials today, reassessing its qualities and aims, reviewing its agenda and functions, can represent a possibility for the São Paulo Biennial to reclaim a role amongst the many and diverse periodical visual arts exhibitions that populate the world in the 21st century.[64]

---

64 Text accessed on the official website of the São Paulo Biennial in January 2007.

Therefore, within curatorial discourse the Biennial appears as a reference amongst global contemporary art exhibitions and serves as a paradigm and model for other shows of this kind. Thus, according to curators Ivo Mesquita and Ana Paula Cohen, this would be the moment to convert the exhibition into a platform for reflection and debate about the biennials system in the international art circuit,[65] taking as a reference the history of the São Paulo Biennial itself, through a political strategy of reactivation of its memory and archive.[66]

The initiative of the 28th São Paulo Biennial to reflect upon its own history is pertinent and even necessary. Until 2001, the book *As Bienais de São Paulo* (The São Paulo Biennials),[67] by Leonor Amarante, was the only publication available on the theme; in this same year a special edition on the theme was published to celebrate the 50th anniversary of the first São Paulo Biennial.[68] However, the book, as well as the exhibition *50 anos de Bienal de São Paulo* (50 Years of the São Paulo Biennial), refrained from elaborating a critical perspective about its history by making concessions to a celebratory agenda. In 2003, the book *As Bienais de São Paulo: da era dos museus à era dos curadores* (The São Paulo Biennials: from the museums era to the curators era), by Francisco Alambert and Polyana Canhête, was published, presenting the same biographical tone as its predecessors.[69] Thus, the meagre Portuguese language bibliography today consists of: texts published in the local press, including articles by Aracy Amaral, Mário Pedrosa, Annateresa Fabris, Vilém Flusser, Walter Zanini, amongst others; a dossier containing thirteen articles compiled in the 52nd edition of the *Revista USP*;[70] and studies linked to abstractionism or to Brazilian art history.[71] Furthermore, as in Brazil the history of art exhibitions has not yet become an independent research area, the academic research on the subject offers quite a fragmented vision of the history of the Biennial, covering subjects according to specific approaches or analysing particular editions. The only broader doctoral thesis about the theme was written by Rita Alves Oliveira, titled *A Bienal de São Paulo: forma histórica e produção cultural* (The São Paulo Biennial: historic form and cultural production).[72]

In this context, the cycle of debates '*A Bienal de São Paulo e o Meio Artístico Brasileiro – Memória e Projeção*' (The São Paulo Biennial and the Brazilian Artistic Circuit –

---

65 MESQUITA, Ivo; COHEN, Ana Paula. Introduction. In: FUNDAÇÃO BIENAL DE SÃO PAULO. Exhibition Guide *Em vivo contato, 28ª Bienal de São Paulo*, 2008.

66 The Wanda Svevo Historic Archive, initially called Historic Archives of Contemporary Art, was created in 1954 by Wanda Svevo, Secretary of the São Paulo Museum of Modern Art.

67 AMARANTE, Leonor. *As Bienais de São Paulo, 1951-1987*. São Paulo: Projeto, 1989.

68 FARIAS, Agnaldo (ed.). *50 Anos de Bienal de São Paulo*. São Paulo: Fundação Bienal, 2001.

69 ALAMBERT, Francisco; CANHÊTE, Polyana. *As Bienais de São Paulo*: da era do museu à era dos curadores (1951-2001). São Paulo: Boitempo, 2004.

70 Cinqüenta anos de Bienal Internacional de São Paulo. *Revista USP*, n. 52, Dec/Feb 2001-2002.

71 Ver REBOLLO, Lisbeth. *As Bienais e a abstração*. São Paulo: Museu Lasar Segall, 1978; AMARAL, Aracy. *Arte Construtiva no Brasil*. São Paulo: Melhoramentos, 1998.

72 OLIVEIRA, Rita C. A. *A Bienal de São Paulo: forma histórica e produção cultural*. Tese (Doutorado em Ciências Sociais), Pontifícia Universidade Católica de São Paulo, 2001.

Memory and Projection), organised by Luisa Duarte, which opened the activities of the 28th Biennial in June 2008, favoured the retrieving of the exhibition's memory through the statements of some agents of the Brazilian art circuit about their impressions of previous editions of the show, their opinions on the current situation and their expectations in relation to the Biennial's future. The aim of this cycle was, based on the answers to the questions posed by the organiser, to supply the Wanda Svevo Historical Archive with an audiovisual collection that would complement the existing documentation consisting of exhibition catalogues, thus creating a compilation of its own history, a diagnosis of the present and a set of perspectives in relation to the future. These agents sought to provide the public with a 'chronicle' about the history of the Biennial, and to undertake a 'consultation of opinions' about its crisis and its impasses, which supplied the data for formatting an internal document directed at the Biennial Foundation Council.[73]

Therefore, the question raised by the curators of the 28th Biennial was: how to retrieve the existing critical wealth in the Wanda Svevo Archive and reactivate it in the current context? In an interview given in November 2008, Ivo Mesquita stated that the aim of the 28th Biennial was to draw attention to its historical archive as a political strategy to transcend the limits of the exhibition through the retrieving of its memory and of the rediscovery of critical thinking in Latin America, thus contributing to a reflection about the 'biennial model':

> Since the beginning it was clear to us that the curatorial proposal intended to create a reflection about biennials: about this Biennial in relation to other biennials and about the global system of biennials in today's world. The Wanda Svevo Historical Archive was a fundamental piece in this sense, because it is where all the references to support a reflection and a debate around the Biennial brand, to put it this way, were taken from. But in the process of implementing this idea, we encountered a few problems. Initially, we had opted to use the idea of the archive as the very centre of all curatorial activities, that is, we did not start with the idea of exhibiting part of the archive on the third floor of the building, but to impregnate all activities with the idea of archives. Thus, in the beginning, the archive proposal was meant to be more than a centre specialised in biennials. On the other hand, all documents about the history of the São Paulo Biennial and the history of contemporary art and some documents of the (São Paulo) Museum of Modern Art are in the Wanda Svevo Historical Archive. Starting from these limitations, we thought that it would be timely to go beyond the mere documentation of the São Paulo Biennial. [...] we thought about the idea of transforming the archive into a centre about biennials, an archive about biennials across the world. It is important to point out that this idea can be expanded to the debates and contributions in the catalogues.[74]

---

73 CYPRIANO, Fábio. *Um acordo de cavalheiros em vivo contato*. Available at: www.forumpermanente.org.

74 BARRIENDOS, Joaquín; SPRICIGO, Vinicius. HORROR VACUI: Crítica institucional y suspensión (temporal) del sistema internacional del arte. Una conversación con Ivo Mesquita sobre la 28ava Bienal de São Paulo. *Estudios Visuales*, n. 6, Barcelona, December 2008, p. 139-163.

The concrete result of the project was a Reading Area in the format of a flexible archive[75] built on the third floor of the Biennial pavilion,[76] including an exhibition space, a library with catalogues of several biennials and regular exhibitions all over the world, and an auditorium for conferences and debates. The second floor of the Ciccillo Matarazzo pavilion was empty and the ground floor was, at first, to be made into a public courtyard, as in the original Niemeyer design, which proposed 'a new relation between the Biennial and its surroundings – the park, the city – opening itself as the agora in the Greek polis tradition, a space for meetings, confrontations and disagreements'.[77] After all, it was all about converting the Oscar Niemeyer project into an architectural metaphor of the curatorial proposal, making explicit the public dimension of the building and housing a process of critical reflection about the Biennial institution.

The architectural metaphor adopted by the curators of the 28th Biennial is the same as that of the opening of modern museums to the general public, expressed through transparency and the use of glass in modern architecture and by the aim for integrating public and private spaces. According to Martin Grossmann, the Crystal Palace Project, which came to house the Great Exhibition of 1851, is an element in the formation of self-criticism of the modern museum and a metaphor for the global paradigm of the information society.[78] However, criticism of the 'white cube' has demonstrated the paradoxical aspect of its autonomy and the connections between universalism and colonialism. Broadly speaking, the issue of the democratisation of public access to cultural goods was never resolved in the architectural and modern institutional point of view. It is also known that the Biennial was attended by a somewhat insignificant portion of the population of the city of São Paulo, as the official numbers given by the Biennial Foundation are below 10% of the total number of inhabitants of the city, and are much less significant if we consider the central role of this exhibition in Brazil and Latin America.

---

75   System created by Ana Paula Cohen in the Istmo project.   http://www.forumpermanente.org/.rede/proj-istmo/.

76   The Ciccillo Matarazzo Pavilion, former Pavilion of Industries, was designed by Oscar Niemeyer and has been the venue of the São Paulo Biennial since its 4th edition, in 1957. The building is part of an architectural complex in the Ibirapuera Park, inaugurated in 1953, for the celebration of the city of São Paulo's 400th anniversary.

77   MESQUITA, Ivo; COHEN, Ana Paula. Introdução. In: FUNDAÇÃO BIENAL DE SÃO PAULO. Exhibition Guide. *Em vivo contato, 28ª Bienal de São Paulo*, 2008.

78   The author highlights that such an architectural paradigm would be used by modern art museums in the 20th century as a substitute for the neoclassic model. GROSSMANN, Martin. O *Anti-Museu*. Available at: http://museologia.incubadora.fapesp.br

3. The End of the São Paulo Biennial?

We take the arguments about the 'end' or the 'crisis' of the São Paulo Biennial political and cultural project and the 'empty space' used as an aesthetical strategy or institutional critique to question the premise that was the starting point for the curators of the 28th São Paulo Biennial. It is certain that the Biennial had (and still has) a fundamental role in the promotion of Brazilian art abroad. Nevertheless, São Paulo continues to be in a peripheral situation within the system of global art, as it has not consolidated itself as a place of legitimisation of contemporary artistic production. The discourse produced locally does not reverberate internationally, and the recognition of our artists is linked to the dynamics of a relationship between the northern and southern hemispheres, for which the validation criteria are defined in terms of a hegemonic culture. Although cultural globalisation creates opportunities for visibility of peripheral art productions, it is, after all, the expansion of 'Western' modernity. The effort of the São Paulo Biennial was always to put Brazilian art in 'contact' with the European and North American artistic avant-gardes. It is thus notable that in the São Paulo Biennial's successive attempts to 'keep up' with what was happening abroad, there are traces of our colonial history that demonstrate the fragility of our institutions beyond their material dimension, also expressed in the 'dependency' of the internationalist discourses in art history. In other words, in the geopolitics of art knowledge, the participation of Latin America remains limited, as we still do not have a voice in a global public sphere. In this sense, one critical approach of the curatorial discourses that affirm the importance of local art production in its global projection proves itself to be necessary both in terms of the analysis of the curatorial project of the last Biennial and the role of the institution in the definition of notions of identity in Brazilian art.

Looking back briefly at the history of the São Paulo Biennial narrated by Francisco

Alambert and Polyana Canhête,[79] we have, in the 1950s, the biennials by Lourival Gomes Machado and Sérgio Milliet, marked by the confrontation between the constructive trend of Brazilian (and Latin American) art, that started with the first Biennial (1951), and North American abstract expressionism, which reached prominence in an international context, being presented in the Kassel Documenta II (1959) as the international language of modern art in the post-war period. In 1957, while sharing the same exhibition space during the 4th Biennial, national production was already presented, according to the authors, on equal terms to the international avant-garde from the post-war period. In order to justify this argument, they quote a positive comment by Mário Pedrosa, who directed the last Biennial of the São Paulo Museum of Modern Art in 1961, about the affirmation of Brazilian art (painting) in the face of several international art movements.[80] However, the initial project of modernisation and internationalisation of Brazilian art proposed by the São Paulo Biennial was put into question after the separation of the Museum of Modern Art exhibition and the creation of the Biennial Foundation at the beginning of the 1960s. That moment became a turning point in the history of the São Paulo Biennial – a split from its initial project, due to the breaking up of the São Paulo Museum of Modern Art (MAM) and the detachment from the progressive cultural trends bonded to the intellectuals linked to the MAM, according to Alembert and Canhête.

In the following decade a break occurred between this progressive thought in the arts and the demands for social transformation, particularly due to the toughening of the military regime after 1968.[81] The fact that intellectuals such as Mário Pedrosa left the project reinforced the link between the State and the Biennial Foundation, which would become an object of great interest to the dictatorial regime, as it was, as Teixeira Coelho said, a symbol of modern Brazil that was much less troublesome than architecture and *Cinema Novo* – as those are 'left-wing' – and, therefore, much more 'convenient' for cultural policy after the 1964 Brazilian military coup.[82]

Such a statement is consistent with the analysis of Lúcia de Oliveira on the relations between cultural policies and authoritarianism in Brazil. According to the author, the cultural undertakings of the post-war era, including the Biennial and the MAM in São Paulo, were in search of some autonomy in relation to certain governmental bodies,

---

79 ALAMBERT, Francisco; CANHÊTE, Polyana. *As Bienais de São Paulo*: da era do museu à era dos curadores (1951–2001). São Paulo: Boitempo, 2004.

80 Cf. PEDROSA, Mário. Pintura brasileira e gosto internacional. In: ARANTES, Otília (org.). *Acadêmicos e modernos*. São Paulo: Edusp, 1998, p. 279–83.

81 It is worth mentioning that Pedrosa was a declared *Trotskyite* and the assertion of Brazilian art at that moment was articulating itself in critical confrontation with North American cultural imperialism. Moreover, at the time in question the left-wing cultural hegemony was popular. According to Roberto Schwarz, the repression of the military regime was initially focused on social movements and left-wing groups, which allowed the freedom of cultural manifestations until the promulgation of the Institutional Act Number Five, in December 1968. SCHWARZ, Roberto. *Cultura e Política*. São Paulo: Paz e Terra, 2001.

82 COELHO NETTO, José Teixeira. Bienal de São Paulo: o suave desmanche de uma idéia. In: 50 Anos de Bienal Internacional de São Paulo, *Revista USP*, n. 52, Dec/Feb 2001-2002, p. 78–91.

counting on sponsorships associated with the development of international capitalism. Nevertheless, after the rise of the authoritarian State, which would promote, at the end of the 1960s, an abrupt cut in the artistic manifestations linked to the hegemonic left-wing culture, exactly the opposite occurred:

> Cultural policy was also perceived as a fundamental instrument of governmental action for the construction and maintenance of a homogeneous, integrated nation, resting on the pillars of safety and development that guided the National project designed by the military government. The document 'National Cultural Policy', from 1975, systematised a federal cultural policy. Systematic actions were adopted and many bodies were created for its accomplishment, such as Embrafilme and Funarte, and councils were created to legally sustain the governmental actions.[83]

In this way, in the 1970s the discussion about the relation between politics and culture did not revolve around the bond between culture and a civilisation project, or with the driving forces of social transformation, that is, there was no more discussion of a critical culture. The main theme of the artistic debate became the fight against authoritarianism.

In the 1970s, the Biennial would suffer the effects of the boycott headed by Mário Pedrosa during the 10th Biennial, in 1969, as a strategy against the military dictatorship.[84] In this way, the Biennial, as an 'official emblem of the country'[85], became the target of a boycott by artists and intellectuals, due to the breakdown between the institution and the driving forces of social and political transformations that legitimised its inaugural undertakings. It is no wonder that this phase was marked in the history of Brazilian culture as a period of 'cultural void'. This term, coined by the journalist Zuenir Ventura[86], expressed the disappointment caused by the detachment of the modernisation process from the ideals of emancipation, according to which the democratic policy was a natural consequence of economic growth. This association had caused the idea of modernisation to receive political support from several left-wing intellectuals.

In an article published in the dossier about the São Paulo Biennial's 50 years, edited by *Revista USP*, the philosopher Ricardo Fabbrini makes an important statement about the 'end of the avant-garde utopias' in the 1970s. Here I quote the author's comment on the role of the internationalisation of Brazilian art in its first phase:

> The Biennial contributed [...] to disseminating the imaginary realm of the avant-garde in Brazil: the belief that art had a prospective role, a power to anticipate a new reality in

---

83 Cf. BARBOSA DE OLIVEIRA, Lúcia Maciel. *Que políticas culturais?* Available at: www.centrocultural.sp.gov.br.

84 Cf. AMARAL, Aracy. A Bienal se organiza assim... (1961). In: Arte e meio artístico: entre a feijoada e o x-burguer (1961-1981). São Paulo: Nobel, 1983, p. 155-156.

85 COELHO NETTO, José Teixeira. Bienal de São Paulo: o suave desmanche de uma idéia. *Revista da USP*, São Paulo, Dec/Jan-Feb 2001-2002, p. 83.

86 VENTURA, Zuenir. A crise da cultura brasileira. *Visão*, 1971.

> the artistic form and aesthetical attitude. It is true that this belief in the power of art to transform reality, or, as they said then, 'to contribute to a change of thought and impulse in men and women who would change the world', was in crisis in Europe from the 1930s. In Brazil, however, because of its historical foundation, such belief persisted, although in a diffuse way as is customary among us, and even more so among certain critics and artists than among the public in general, until the 9th Biennial, in 1967, the year Costa and Silva took over power and incited censorship [...] dissociating once and for all, and also among us, art and utopia.[87]

This long quotation is valuable for two reasons. First, differently from Alambert and Canhête, Fabbrini links the rupture of the São Paulo Biennial political and cultural project with the 1964 military coup. In addition, the author highlights the association between the idea of cultural void and the end of the avant-garde utopias. Thus, the idea of 'void' associated with the 'deficiency' of intermediation between the cultural realm and the social and political spheres raises as an important question in the discussion about the 'politicisation' of the São Paulo Biennial.

With regards to the impact of this de-politicisation in the constitution of a public sphere and in the criticism of the over-spectacular nature of global exhibitions of contemporary art, the arguments lay on the dissolution of the boundary between the public and the private, originating from the intervention of the State in the cultural sphere through its instrumentalisation. The instrumentalisation of art and culture is a central aspect in Jürgen Habermas' analysis of the changes in the post-war public sphere[88]; however, the Brazilian case is different from that of a European state of social democratic welfare, or from the cultural imperialism promoted by the North American State Department during the Cold War. In Brazil, the instrumentalisation of culture in the 1970s occurred through a plan of national integration and development initiated on a democratic basis in the 1950s. However, its direction would be undertaken by an authoritarian State in the following decade.

Such a change in the course of the Brazilian development project triggered doubts regarding the model for national and international integration promoted by the São Paulo Biennial. According to Alambert and Canhête, the São Paulo Biennial, conducted by Ciccillo Matarazzo until the mid-1970s, would move towards a period of crisis and loss of international prestige, ending the decade with a series of reformulations in its organisational model, such as the creation of the Arts and Culture Council (in 1977), which would fill the gap left by the absence of an artistic director, who would later be substituted by the curator. Still in the same period, many editions of the National Biennial, created as a pre-Biennial, in 1970, were carried out, with the aim of selecting artists to represent Brazil. The national biennials were part of this series of attempts to reformulate the São Paulo Biennial, all of which culminated in the realisation of a Latin American Biennial, in 1978.

---

87 FABBRINI, Ricardo N. Para uma história da Bienal de São Paulo: da arte moderna à contemporânea. In: 50 Anos de Bienal Internacional de São Paulo, *Revista USP*, n. 52, Dec/Feb 2001–2002, p. 50.

88 Cf. HABERMAS, Jürgen. *Mudança Estrutural da Esfera Pública*. Rio de Janeiro: Tempo Brasileiro, 1984.

It is also worth mentioning that it was at this time that Olney Krüse wrote about the problem of constructing a Brazilian art, in a text revisited by Professor Teixeira Coelho for the discussion of the dissolution of the original Biennial idea.

> Social and political problems are everywhere. The 'economic miracle' at the beginning of the 1970s, when Brazil became triple champion of the World Cup, is dead and buried. The corruption in the system implemented by the military government is widespread, but they still control the country with an iron fist. There is nothing more natural than an art critic writing what Krüse wrote. His words, however, were not words that the Biennial – official emblem of an international Brazil – was used to. Krüse said what many thought at the time: that the Biennial, no doubt, had been important, but that a lot of what was being done in Brazilian art or in Brazil since then was nothing but a mere copy of the imported foreign model, and that art in Brazil had forgotten that maybe it was worth trying to be Brazilian or, in any event, link itself to this cultural reality. Those are things that the Biennial had never heard or said officially and that, above all, had never been heard by the Biennial's 'audience' – and for which the Biennial was, indeed, partly responsible, contrary to what the critic said (or dissimulated).[89]

These facts indicate that in the 1970s the São Paulo Biennial's representation model – based on the relationships between national and international art – was in crisis, alongside its civilising and pedagogical project built in the context of post-war developmentalism.

However, the cultural void should not be interpreted in absolute terms. Surely we cannot ignore the changes that took place during this period. From the 1960s to the 1970s we saw significant changes in contemporary aesthetic practices. Despite the idea of the end of the avant-garde utopias, the neo-avant-gardes were at their peak, and their presence in the Brazilian art scene would be remarkable until the beginning of the 1980s, particularly in the Biennials curated by Walter Zanini. If the great visibility of the São Paulo Biennial as an 'official symbol' prevented works involving any type of protest from being exhibited – a reason that led to many artists adhering to the boycott – spaces such as the Museum of Contemporary Art (MAC) were responsible for presenting the neo-avant-garde production of the time.[90] Therefore, the idea of 'cultural void' does not mean the loss of art's critical potential itself but the 'de-politicisation' of the art and culture debate in the art of the São Paulo Biennial. This was partly due to the censorship imposed by the regime, but also Ciccillo Matarazzo's bureaucratic and centralising administration. As a matter of fact, according to British researcher Isobel Whitelegg, despite the censorship and the boycott, the 1973 Biennial presented several projects linked to art and technology in a section

---

89 COELHO NETTO, José Teixeira. Bienal de São Paulo: o suave desmanche de uma ideia. In: 50 Anos de Bienal Internacional de São Paulo, *Revista USP*, n. 52, dec/feb 2001-2002, p. 78-91.

90 Cf. OBRIST, Hans Ulrich. Interview with Walter Zanini. In: *A brief history of curating*. Zurich/Dijon: JRP Ringier/Les presses du réel, 2008, p. 148-66.

entitled 'Art and Communication'.[91] According to researcher Ricardo Mendes, the curatorship of this section was linked to the project presented to the São Paulo Biennial by philosopher Vilém Flusser, which was partially put into effect on the exhibition's tenth edition.[92] The project, whose documentation can be found on the Vilém Flusser Archives of the Berlin University of the Arts, was also revisited by the artist and professor at the University of São Paulo (USP) Mário Ramiro in his article *Salto para um mundo cheio de deuses* (Jump to a World Full of Gods),[93] where the author examines the exchange of letters between the philosopher in Europe and the Biennial Foundation. Ramiro analyses the philosopher's reviewed proposal from the point of view of an inversion of relationships between centre and periphery, where the event in Brazil could be turned into a model for other international contemporary art exhibitions.

The departure point of the proposal, initially submitted to a conference hosted by the Association of International Art Critics (AICA) in 1971, was that the crisis in the art world was not associated with artistic production but rather with art mediation processes. In general terms, based on the point of view that art exhibitions were monodirectional devices or arrangements, in which meanings were attributed in a relationship based on the artistic object, the philosopher's proposal consisted of shifting the focus from objects to processes aimed at sharing information between multidisciplinary groups composed of artists, critics and theorists, among others, involving a number of different institutions including schools, laboratories, factories, etc. The proposal explicitly aimed to remove the aesthetic production processes from an environment restricted to specialists in order to integrate a broader audience through dialogue processes. It is no surprise that the project proposed by Flusser caught the attention of artist Mário Ramiro as something which could be revisited in the history of the São Paulo Biennial under the cultural void discussion from the perspective of the discursive shift of the 1990s, when art exhibitions were turned into platforms for the production of knowledge. Ramiro observes how Flusser's theoretical discourse makes an early shift from the premise of a civilising process, that is, the construction of a national project, to the possibilities of articulating new relationships between centre and periphery. His repertoire anticipates the issues of the information society, which currently permeate discussions on contemporary curatorial practices and global art exhibitions.

However, these documents, and Ramiro and Mendes' articles, also lead to the conclusion that the Biennial did not fully incorporate Flusser's proposals, not for the political reasons one would imagine, but due to financial and administrative reasons. In the Art and Communication section of the 1973 Biennial there were only two artists proposed by Flusser: Fred Forest and Eric McLuhan. At the end of 1972, Flusser disconnected

---

91 WHITELEGG, Isobel. Reading the archives of an unseen biennial: Sao Paulo 1973. In: BIENAIS, BIENAIS, BIENAIS... 28th São Paulo Biennial, November 2008.

92 MENDES, Ricardo. Bienal de São Paulo 1973 – Flusser como curador: uma experiência inconclusa. Available at <www.fotoplus.com>

93 RAMIRO, Mário. Salto para um mundo cheio de deuses. *Ars*, n. 10, 2007, p. 32-7.

himself from the Biennial Foundation after a heated exchange of letters with the president. The relationship was resumed in the early 1980s by means of an invitation from the first São Paulo Biennial curator Walter Zanini to participate in a series of conferences at the 18th Biennial. Also based on the idea of Art and Communication, the 1981 Biennial put into practice – under a set of more favourable conditions – several redevelopments that were already contained in Flusser's proposal. These were aimed at a greater integration between the exhibition and its audience and included artistic manifestations which broadened the limits of art.[94]

The lack of these discussions about art mediation in the debates promoted by the 28th São Paulo Biennial reveals the difficulties faced by curators Ivo Mesquita and Ana Paula Cohen in recovering and reactivating a critical thought which would allow the broadening of the debate around the Biennial beyond the chronicle of its own history and the incipient affirmation of its central position in a global map of the arts. The aim was to accomplish a multidisciplinary dialogue which would finally deepen the discussion on the 'spectacularisation' of the show beyond the issue of cultural consumerism, by intensifying the analysis of the ambivalent aspects of the construction of modernity in a peripheral context. These aspects are revealed by means of radical propositions – with the potential to serve as a model abroad – produced within a precarious institutional context but in permanent critical state, as claimed by Vilém Flusser.

In this sense, the labelling of the 28th São Paulo Biennial as the 'Biennial of the Void' by the press was very appropriate, despite its curators' protests and the decision to adopt architecture as the symbol of modernity's utopias and dead-ends. In addition to the lack of articulation between the invited international commissions and the local art scene, the idea of transforming the pavilion's ground floor into a public square was neglected not only by not following through with the idea of removing the entrance windows on the ground floor (for budgetary reasons) but also by the heavy security arrangements set up after the opening event, when a group of people graffitied (tagged) the empty space on the second floor.

After this incident, the curators defined the protest as a criminal act and barbarism against the city's cultural heritage. The exhibition adopted a heavy security apparatus similar to those in international airports after the 9/11 attacks. This was the central argument of Fabio Cypriano's critique[95] commissioned by the platform Fórum Permanente, which questioned the legitimacy of Ivo Mesquita's curatorial project. The

---

94 The association made through language principles based in a contemporary interpretation of art, adopted by Walter Zanini in the 1981 and 1983 biennials, triggered, according to the curator, an inversion of the relationships between north and south as it placed South American artists in direct connection with artists from around the world. ZANINI, Walter. Account of a Consultation Meeting Amongst Critics of Latin America Art, coordinated by Aracy Amaral, in which the maintenance of an International Biennial was favoured against a Latin American Biennial, 1980. Vilém Flusser Archives.

95 CYPRIANO, Fábio. Um acordo de cavalheiros em vivo contato. Fórum Permanente de Museus de Arte. Available at: www.forumpermanente.org.

incident was also mentioned by architect Ligia Nobre, co-founder of the social organisation Exo Experimental, a research platform in the field of art and urbanism in the city of São Paulo, which operated between 2002 and 2007. Highlighting the contradictions between discourse and practice, she questions: 'the Bienal labelled the taggers criminals, and Cohen disqualified them as 'those people from the periphery' during the press conference. This is not quite the kind of 'living contact' promised by her and Mesquita. If the 28th Biennial claimed to be a public space of social inclusion, should it not be open precisely to 'those people from the periphery'?[96]

This episode during the exhibition's opening event is a symptom of a situation of crisis in the public sphere, which had already come to the surface in the previous show. Going back to the debate, Renato Janine Ribeiro commented on the present situation at the public square Praça da Sé in downtown São Paulo, an important gathering point for political protests in the 1980s such as the Diretas Já movement, which after 20 years of military dictatorship demanded direct presidential elections. Renovated by the public administration, the square lost its social dynamic and became a place where the most visible type of 'participation' was 'tagging'.[97] Another example of an impasse in São Paulo's modernising process is the avenue Luis Carlos Berrini. When seen from the *favela* (slum) located across River Pinheiros, the avenue reflects the extreme social and educational gap in Brazil. This avenue is an urban paradigm in terms of protection and control, as discussed by Spanish artist Antoni Muntadas, who talks about the relationship between the end of the public sphere and the sentiment of fear, which leads to the setting up of fences, gates and surveillance systems.[98] The opposite comparison would be that which Brian Holmes called the 'urbanisation of blindness', a phrase he coined when he realised that the protests in Paris in 2005 did not interrupt the flow of tourists or the city's cultural life.[99] In 2006, during the preparation of the 27th Biennial, a group known as the PCC (First Command of the Capital) – whose imprisoned leaders run drug trafficking through mobile phones from inside prison – attacked police stations and public transport, resulting in the suspension of everyday activities in a city of 18 million inhabitants.

---

96 NOBRE, Ligia. Taggers get into "living contact" with vacant São Paulo Bienal. *Art Review*, 4 November 2008.

97 SEMINÁRIO RECONSTRUÇÃO, 27th São Paulo Biennial, June 2006. Available at: www.forumpermanente.org.

98 O SOCIAL NA ARTE; ENTRE A ÉTICA E A ESTÉTICA, School of Communications and Arts of the University of São Paulo, August 2008. Available at: www.forumpermanente.org.

99 HOLMES, Brian. Beyond the global 1000. CIMAM ANNUAL CONFERENCE, Pinacoteca of the State of São Paulo, November 2005. Available at: www.forumpermanente.org.

4. The Political and Cultural Project of the São Paulo Biennial

The main question arising from the 'Biennial of the Void' was the link between the crisis faced by the institution and the crisis represented by the paradigms of modern architecture.[100] Questioned on how she would fill in the Biennial's empty floor, artist Ana Maria Tavares said:

> The Void is only an illusion. There is no 'emptying' that could take us to ground zero or that could annul or cancel all meanings. As opposed to what appearances reveal, the Void unravels structures, but what do we do with them? How do we transform them into issues that are really pertinent?
>
> How can we prevent the Void from being just the lack of something? We need another gesture able to radicalise the experience in order to instate critical awareness. Therefore, by emptying the Biennial Pavilion we see before us the Brazilian modernist architecture and its utopias. And it seems to me that this was left aside in the discussions about the Biennial. [...] Where do we look? Where are we going? The educational project is anchored to the idea that, if we do not include the context, if we do not question it, we will always be held hostage by our own history or depend on the history that reaches us from far away. [101]

The quote is worth mentioning as it tells us how the experience of architecture through the void became a metaphor for the limits of the modern experience in Brazil and of the São Paulo Biennial's cultural and political project, which started in the 1950s. As previously pointed out, these are two signs of a Brazilian civilising project. We could,

---

100 LIND, Maria. Interview with Rubens Mano. In: FUNDAÇÃO BIENAL DE SÃO PAULO. Exhibition guide. *Em vivo contato, 28th São Paulo Biennial*, 2008.

101 TAVARES, Ana M. Account. In: Artistas dizem como preencheriam o andar vazio da Bienal. *Folha de S.Paulo*, 22 October 2008.

therefore, claim that the prevalence of art museums designed under the reign of modern architecture is a privileged means for the construction of the public sphere[102] at the expense of other spaces for debate, or the creation of debate and critical opinion or even other forms of mediation which could arise in the scope of visual arts. This issue had already been raised in several critiques on art museums as – to a certain extent – such a paradigm is linked to the defence of the artwork's autonomy, whose Eurocentric perspective was criticised by the 1960s' neo-avant-garde.

In Brazil, the creation of art museums is concurrent with the advent of modern architecture.[103] Even though the National Museum of Fine Arts in Rio de Janeiro and the Pinacoteca of the State of São Paulo occupy buildings of eclectic and neo-classic architecture built between the end of the 19th century and beginning of the 20th, these institutions were not consolidated until the 1940s when the first plans for the creation of museums of modern art in these cities were made. Additionally, according to critic Mário Pedrosa's argument, during this formative stage of Brazilian modernism, between the Week of Modern Art and the first Biennial, modern architecture was the only modern cultural manifestation which had reached a social dimension in a broader sense.[104]

However, even though the links between museums and modern architecture in Brazil date back to the first half of the 20th century, the first cases of ambitious projects for the implementation of art museums were the construction of the Museum of Art of São Paulo (MASP), designed by Lina Bo Bardi, inaugurated in 1968, and the Museum of Modern Art (MAM) in Rio de Janeiro, designed by Affonso Reidy, concluded in 1962. It is extremely interesting to observe that the architectural complex projected by Niemeyer at the Ibirapuera Park, which currently houses the Museum of Modern Art (MAM), the Museum of Contemporary Art (MAC) and the Biennial Foundation was not built to this end. In fact, the architect's project did not include a museum, as the pavilions (State Pavilion, Nations Pavilion and Industry Pavilion) were designed to host fairs. Therefore, the Oca is the only place originally designed as a space for temporary

---

102 One example of the contradictions of Modernity discussed in this text is the fencing of the Brazilian Sculpture Museum, a building designed by Paulo Mendes da Rocha whose project was aimed at reactivating the dialogue between cultural spaces and public life through architecture. Cf. SPERLING, David. Museu Brasileiro da Escultura, utopia de um território contínuo. *Arquitextos*, n. 18 November 2001. Available at: http://www.vitruvius.com.br. See also: As arquiteturas de museus contemporâneos como agentes no sistema da arte. Available at: www.forumpermanente.org

103 Even when compared to other Latin American countries, the emergence of art museums in Brazil was late. The National Museum of Fine Arts in Rio de Janeiro was officially created in 1937 and shared its space on the Rio Branco Avenue, in Rio's city centre, with the National School of Fine Arts until 1976, when the latter was linked to the Federal University of Rio de Janeiro. The Pinacoteca do Estado de São Paulo, despite being regulated since 1911, only fully adopted the Praça da Luz building, in São Paulo's city centre, projected initially to house the Lyceum of Arts and Craft, in 1946, sharing the space with the latter until the 1980s. Cf. GROSSMANN, Martin. Uma cronologia para o museu de arte. Available at http://museologia.incubadora.fapesp.br. See also AMARAL, Aracy. A Pinacoteca do Estado. In: *Textos do Trópico de Capricórnio*: artigos e ensaios (1980-2005) – V. 2: *Artigos e ensaios (1980-2005): Circuitos de arte na América Latina e no Brasil*. São Paulo: Editora 34, 2006, p. 175-94.

104 Cf. PEDROSA, Mário. Entre a Semana e as Bienais. In: AMARAL, Aracy (org.). *Mundo, Homem, Arte em Crise*. 2. ed. São Paulo: Perspectiva, 1986 (1975), p. 273.

art exhibitions. Since its second edition (1953), the Biennial has taken place in the Industry Pavilion (on this occasion it also took place in the Nations Pavilion, subsequently renamed as Ciccillo Matarazzo Pavilion). In the 1970s the Museum of Modern Art adopted a space under the park's *marquise*, which was adapted by Lina Bo Bardi in the following decade.[105]

Even though the relationship between modern architecture and art museums gradually changed during the post-war years, according to historian Valerie Fraser, the idea that museums had an important role to play in the formation of a national identity was not a general consensus. It is not a coincidence that the project of Brasília, the new national capital inaugurated in the 1960s, did not include a national museum.[106]

In this sense, it seems to me that it would be possible to interpret an architectural metaphor as a critique of the institution's project itself and the exhibition's role in the formulation of notions of identity for Brazilian art, which were linked to the developmentalism and cultural internationalisation that are representative of that decade.[107] Therefore, in the following pages we will discuss the ambivalence of the construction of a national project through an international modernity and the incessant search for the affirmation of Brazilian art before the eyes of the international artistic avant-garde. This constant tension between national and foreign – representative of Brazilian and Latin American modernism – consistently reappears throughout the 20th century and gains a new dimension with the processes of cultural globalisation in the last two decades.

Brazilian modernism, founded by the Modern Art Week, was the departure point of a national culture project in search of the 'Brazilian-ness' of our art. Whilst in Central Europe, modernism questioned local specificities and urged for a universal 'myth', in Brazil the modernist movement raised the question of a truly Brazilian art. In a 1980s article entitled *Da Antropofagia à Tropicália* (From Anthropophagy to Tropicalia), Carlos Zílio reassesses the issue of national versus popular from the perspective of the visual arts. The author states that 'paradoxically, internationalist modern art explodes and leads Brazilian culture into self-questioning'.[108] From this perspective, European modernism was seen as a critical model for the reflection on national culture and its links to European colonialism.

---

105   NELSON, Adele. Creating History: definitions of the avant-garde at the second São Paulo Biennial. In: INTERNATIONAL RESEARCH FORUM FOR GRADUATE STUDENTS AND EMERGING SCHOLARS. Department of Art and Art History, University of Texas, 6-8 November 2009.

106   FRASER, Valerie. Brasília: uma capital nacional sem um museu nacional. www.forumpermanente.org.

107   The first outcome of the Biennial in the local art scene was to promote the emergence of two constructive art movements in Brazil. As a matter of fact, Hélio Oiticica, an artist who left these movements, is responsible for the theorisation of a Brazilian avant-garde and the aesthetic experimentalist conditions in a peripheral context which have established – until now – a framework for the analysis of Brazilian art's internationalisation process and modern art's different outcomes after the emergence of a mass popular culture in Brazil. Cf. OITICICA. Hélio. Esquema Geral da Nova Objetividade Brasileira. In: *Hélio Oiticica*. Rio de Janeiro: Centro de Artes Hélio Oiticica, 1992. (Exhibition catalogue)

108   ZILIO, Carlos. Da Antropofagia à Tropicália. In: NOVAES, Adauto. *O nacional e o popular na cultural brasileira*: artes plásticas e literatura. São Paulo: Brasiliense, 1983, p. 14.

Also known as the Week of 22, the Modern Art Week was, according to Mário Pedrosa, the result of an initiative by local artists in a provincial environment aimed at catching, and focussing the attention of the local elite – the 'coffee barons' – on what was happening abroad in terms of culture.[109] In addition to the shock provoked in a provincial elitist context, the Week of Modern Art acted as a counter-point for a colonial culture rooted in Rio de Janeiro. The imperial capital and capital of the Republic until the foundation of Brasília, the city of Rio de Janeiro was the home of traditional institutions such as the National School of Fine Arts, former Imperial Academy of Fine Arts, which was created in the 19th century and in 1937 became the National Museum of Fine Arts. These institutions had been built under a predominantly French cultural influence,[110] which was the result of the artistic missions initiated shortly after the arrival of the Royal Family in Brazil in 1808. In this academic context, the Salons were the primary means of giving visibility to artistic production. Albeit academic, the artistic scene was cosmopolitan if compared to the provincialism of the context of the Modern Art Week in São Paulo, as described by Mário Pedrosa.

During the period when modern art starts to enjoy a public dimension in Brazil, we also see the rise of the debate around Brazilian cultural identity, the overcoming of 'being behind' in relation to the modern European world and the state of dependency in relation to Western models. The aim was to outline the first cultural strategies for overcoming the established hierarchies between centre and periphery, which required from artists and intellectuals an articulation of modernising proposals for the arts and culture, designed from a local perspective. According to historian Aracy Amaral, the search for national identity in this period meant the search for a popular tradition. In her own words:

> From the beginning of the 20th century, the concern all over Latin America was the search for cultural roots or identity affirmation, which provoked in the so-called erudite artists an approximation to that which was considered popular, not only in terms of themes but also in their efforts to absorb formal elements that contained a certain authenticity, which to them, throughout the decades, had seemed to be important as a way of expressing this continent's representative reality. [111]

Since then, the term national-popular established itself as the keyword for the definition of a Brazilian and a Latin American culture.

However, despite these artists' search for popular sources capable of conferring artistic production links with the Brazilian social-cultural reality, the outcomes of this enterprise, which began in the early 1920s, were incipient in terms of the establishment of institutions capable of promoting access to Modern Art in a broader way, claims art

---

109 PEDROSA, Mário. Entre a Semana e as Bienais. In: AMARAL, Aracy (org.). *Mundo, Homem, Arte em Crise*. 2. ed. São Paulo: Perspectiva, 1986 (1975), p. 273.

110 FRASER, Valerie. Brasília: uma capital nacional sem um museu nacional. www.forumpermanente.org.

111 AMARAL, Aracy. O popular como matriz. In: *Textos do Trópico de Capricórnio*: artigos e ensaios (1980-2005) – V. 2: Circuitos de arte na América Latina e no Brasil. São Paulo: Editora 34, 2006, p. 30.

critic Sônia Salzstein. In her article *Uma Dinâmica da Arte Brasileira* (Dynamics of Brazilian Art), the author claims that the efforts to overcome local provincialism and to articulate internationalisation strategies during that modernist phase were more strongly related to the formal speculations developed by artists such as Tarsila do Amaral, rather than institutional initiatives or governmental support.[112]

Corroborating this argument, Mário Pedrosa claims that in the period between the Modern Art Week and the first São Paulo Biennial, modern architecture was the first cultural manifestation to reach a social dimension in a broader sense, which reinforces the idea that by means of architecture the State (authoritarian and centralising) began the promotion of a modern culture in Brazil.[113] According to Francisco Alambert and Polyana Canhête:[114]

> Following the same train of thought, which puts visual sensibility and modern architecture at the forefront of historical change, the period from the 1930s to 1940s, sees the rise of the architect as a central figure. After the 1930 revolution, the State began to intervene in culture and, particularly, in architecture [...]. Lúcio Costa is the central figure here, mainly after promoting the 38th Salon of the National School of Fine Arts in 1931 in which, for the first time since the Modern Art Week, the modernist avant-garde and modern art are presented to the public. The State plays a central role in this reorganisation of post-1930 modernism.[115]

In this context of modern architecture's growing visibility at the end of the first half of the 20th century, the city of São Paulo stirred up the dispute for cultural hegemony with Rio de Janeiro through a process of institutionalisation and internationalisation of artistic and cultural productions which culminated in the foundation of the Museum of Modern Art (MAM) in 1947 and the creation of an Art Biennial.[116]

During the post-war period, changes in the international scene led to significant changes in the whole of Latin America. The new world order established after the end of the Second World War left behind nationalistic ideas linked to authoritarian and fascist nations and brought a new wave of internationalisation marked in the West by so-called democratic and anti-communist principles.[117] This is also the period in which the United States rose to become the new hegemonic economy, as well

---

112 SALZSTEIN, Sônia. Uma dinâmica da arte brasileira: modernidade, instituições, instância pública. In: BASBAUM, Ricardo. *Arte Contemporânea Brasileira*: texturas, dicções, ficções, estratégias. Rio de Janeiro: Contra Capa, 2001, p. 392.

113 PEDROSA, Mário. Entre a Semana e as Bienais. In: AMARAL, Aracy (org.). *Mundo, Homem, Arte em Crise*. 2. ed. São Paulo: Perspectiva, 1986 (1975), p. 273.

114 ALAMBERT, Francisco; CANHÊTE, Polyana. *As Bienais de São Paulo*: da era do museu à era dos curadores (1951-2001). São Paulo: Boitempo, 2004.

115 ALAMBERT, Francisco; CANHÊTE, Polyana. *As Bienais de São Paulo*: da era do museu à era dos curadores (1951-2001). São Paulo: Boitempo, 2004, p. 22.

116 Idem.

117 Cf. OLIVEIRA, Rita Alves. Bienal de São Paulo: impacto na cultura brasileira. *São Paulo em Perspectiva*, v. 15. n. 3, 2001, p 18.

as the nation defending the civilising values stemming from European modernity. The heart of Western art rapidly shifted from Central Europe to New York. This reconfiguration of the geopolitics of the arts would have an impact on Latin American countries, especially in Brazil and particularly in São Paulo, a city which was aiming to secure itself the position of one of the world's capitals of modern art. In the post-war period, the debate around the definition of Brazilian art changed its tone. In an effort to overcome a situation of colonial dependency, Brazilian modern art started searching for its local specificity, adopting a supposedly 'universal' model in line with the internationalist trend in modern art which became hegemonic at the time, with abstractionism and painting as its main driving forces. The idea of a situation of cultural dependency – inherited from the relationships between centre and periphery dating back to the colonial period and the importation of artistic canons – was now intertwined with questions of cultural imperialism and the North American hegemony during the Cold War.[118]

Quoting a celebrated text from Mário Pedrosa on the impacts of the São Paulo Biennial, the authors Francisco Alambert and Polyana Canhête revisited the idea that the main 'virtue' of this exhibition was to break with the 'provincial isolationism' in Brazil. In the article, written in 1975, Pedrosa states that:

> It provided an international meeting in our land, allowing Brazilian artists and audiences to have direct contact with the 'newest' and most audacious production in the world. For many, this was a good thing, but for others a bad thing. In fact, like in every live phenomenon, there is a good and a bad side, a positive aspect and a negative or contradictory aspect. As a matter of fact, the contact was inevitable, given that no country – and ours in particular - could develop itself under an autocratic isolationism closed to foreign influences and to trade with the outside world. The international mercantilism that 'discovered' Brazil dragged along, since its first days, the international sea traffic, which was exclusively founded on the laws of piracy, exploring it incessantly and monopolistically as a colony until it was handed to the more intensive, systematic and wise exploitation of today's imperialism. Even this incessant exploitation – from its inception until today - had and still has its positive aspects. [119]

The idea of overcoming colonial relationships through the perspective of an artistic internationalism after 1945 was also explained by Lourival Gomes Machado, the first artistic director of the São Paulo Biennial: 'by its own definition, the Biennial should fulfil two main tasks: instead of confronting Brazilian art with art around the world, allow living contact, and, at the same time, allow São Paulo to achieve a position of international artistic centre'.[120] It is no coincidence that these words became the

---

118 BELTING, Hans. *O fim da história da arte*: uma revisão dez anos depois. São Paulo: Cosac Naify, 2006, p. 51-8.

119 PEDROSA, Mário. A Bienal de cá pra lá. In: AMARAL, Aracy (org.). *Mundo, Homem, Arte em Crise*. 2. ed. São Paulo: Perspectiva: 1986, p. 254-6.

120 MACHADO, Lourival Gomes. Apresentação. In: FUNDAÇÃO BIENAL DE SÃO PAULO. *1st Museum of Modern Art of São Paulo Biennial Catalogue*, 1951, p. 14.

slogan of last year's edition of the Biennial. In this sense, the São Paulo Biennial was searching – in the cultural field – to break with a situation of dependency, defining the specificities of local production and promoting its inclusion in the international scene. According to Mário Pedrosa, given its alignment with public policies aimed at the affirmation of modern art and with post-war North American cultural diplomacy, the São Paulo Biennial's political and cultural project was a crucial step towards the modernisation of the Brazilian artistic system and the insertion of the country in the international scene, for better or worse, as the author claimed in his article *A Bienal de cá pra lá* (Biennial from here to there).[121]

According to this rationale, we can conclude therefore that the São Paulo Biennial was created as a cultural event which was aimed at securing an eminent position for the city within the international system, which responded to the parameters under the perspectives of the international centres who legitimised modern art. However, as a local institution situated in a peripheral context, it needed to adopt a 'universal' discourse in order to legitimise itself within a national identity construction project. The São Paulo Biennial's aim was to create a point of contact between international and Brazilian art by defining the specificities of the latter and confirming its relevance in relation to that which was happening around the world. Therefore, Pedrosa's quote highlights the positive aspects of a post-colonial situation, the overcoming of 'regionalisms' and 'localisms' and the country's integration into the modern world through its two main hubs: São Paulo and Rio de Janeiro. Additionally, the establishment of a market of symbolic goods takes place at the same time as the show, created in line with the Venice Biennial example, emerges as an event for the masses. This is the reason why, in order to analyse the São Paulo Biennial in the 1980s, Mário Pedrosa compares it to art fairs.[122] In this sense, the creation of museums in the city of São Paulo happened simultaneously with the rise of the cultural industry and, despite criticising the commodity and entertainment rationale, the biennial cannot escape it.

Since its first edition, the São Paulo Biennial has encouraged a highly politicised debate around an 'imperialist' cultural policy stemming from the United States. According to Alambert and Canhête:

> During the Cold War, the United States designed a Pan-American project that defined culture (and the arts in particular) as one of its divisions. The magnate Nelson Rockefeller, as he was called at the time, (who owned amongst other companies, Standard Oil, the largest oil company in the world) was nominated to run the Inter-American Affairs Office, an agency directly linked to the Department of State, whose specific mission was to promote culture and friendship ties between North America and South America. This

---

121 PEDROSA, Mário. A Bienal de cá pra lá. In: AMARAL, Aracy (org.). *Mundo, Homem, Arte em Crise*. 2. ed. São Paulo: Perspectiva, 1986 (1975), p. 254-6.

122 Idem.

programme's output was extraordinarily important for the creation of the biennials and for the development of certain aspects of the Brazilian arts and culture from then on.[123]

According to the author, the controversy surrounding the support offered by North American governmental agencies to the São Paulo Biennial and the character of Nelson Rockefeller was so huge that political militants protested outside the Trianon building during the opening of the first Biennial in 1951. The exhibition was condemned as the 'expression of the bourgeois downfall'; an argument used by the modernist architect Vilanova Artigas in a critique published by the local press.[124] The facts listed by the author indicated that:

> Within the debate between left and right (or more precisely between what was considered progressive art or not) there was a subdivision which opposed those who defended the Constructivist, Geometric Abstractionism and the painters and critics linked to the informal Abstractionism or Tachisme (as Mário Pedrosa would prefer). The issue was beyond aesthetic paradigms as it was about ideological control in the Cold War context.[125]

Nevertheless, the migration of abstractionism to the Americas certainly meant an ideological reconfiguration of the presumptions formulated by the historical avant-garde on the European continent.[126] At this point, what is interesting to us is the politicisation around the internationalisation of Brazilian art and a revision of the question of national-popular surrounding mass culture.

The Brazilian art museums founded in the mid-20th century are part of a moment of consolidation of a modernisation and industrialisation project in the country, 'when we saw the large scale modernisation of our cultural environment. The foundations of this modernisation were a wide governmental plan aimed at economic growth and the revitalisation of social life'.[127] According to Renato Ortiz this was a period of deep contradiction in the heart of the processes of cultural autonomy and industrialisation of symbolic markets. In the author's opinion, the period between the 1940s and the early 1970s saw the fulfilment of a national construction project and the formation of a cultural industry.[128]

---

123   ALAMBERT, Francisco; CANHÊTE, Polyana. *As Bienais de São Paulo*: da era do museu à era dos curadores (1951-2001). São Paulo: Boitempo, 2004, p. 28.

124   In the same line of thought, Michael Asbury states that 'for the North American governmental agencies [...] the event [Biennial] offered a good opportunity for economic infiltration through the strengthening of cultural ties'. ASBURY, Michael. The Bienal de São Paulo: between nationalism and internationalism. In: *Espaço aberto/Espaço fechado*: sites for sculpture in modern Brazil. Henry Moore Institute, 2006.

125   ALAMBERT, Francisco; CANHÊTE, Polyana. *As Bienais de São Paulo*: da era do museu à era dos curadores (1951-2001). São Paulo: Boitempo, 2004, p. 45.

126   Cf. BRITO, Ronaldo. *Neoconcretismo*. Vértice e ruptura do projeto construtivo brasileiro. São Paulo: Cosac Naify, 1999.

127   SALZSTEIN, Sônia. Uma dinâmica da arte brasileira: modernidade, instituições, instância pública. In: BASBAUM, Ricardo. *Arte Contemporânea Brasileira*: texturas, dicções, ficções, estratégias. Rio de Janeiro: Contra Capa, 2001, p. 396.

128   ORTIZ, Renato. *A moderna tradição brasileira*: cultura brasileira e indústria cultural. 5. ed. São Paulo: Brasiliense, 1994.

Therefore, in many aspects, the history of the São Paulo Biennial belongs to the period of consolidation of the developmentalist project after the rise of nationalist and identity discourses in Latin America at the beginning of the 20th century. The São Paulo Biennial's specific project was the result of the progressive ideas of Italo-Brazilian businessman Francisco 'Ciccillo' Matarazzo Sobrinho, founder of the Museum of Modern Art (MAM) in São Paulo[129] and of the city's situation in the post-war period, as São Paulo was situated at the heart of the country's aspirations towards modernisation and industrialisation.[130]

It was also a moment of transformation in the sphere of art criticism, in which names linked to the modernist movement of the first half of the 20th century, such as Sérgio Milliet and Lourival Gomes Machado, who curated the first editions of the Biennial, shared the art scene with a new generation of art critics, among whom the name of Mário Pedrosa stands out. According to art historian Glória Ferreira, the 1950s are a moment of:

> Shifting of the artistic debate from the ideological premise – in which there's the convergence of the idea of 'updating' and the demand for the emergence of a particular identity – to the formal aesthetic premise favouring a universal language of the arts, which rather than being regionalist or subordinated to national traditions, is above all committed to building the country [...] This shift towards a critical interpretation of modern art history – not as a model for modernisation or an attempt to find national traits in works from the past but as a way of understanding its dynamic – is representative of 1950s art criticism.[131]

In fact, during the post-war years, there is an ideological reconfiguration around the modernist discourse in Brazil. The critical discourse gradually moves away from the national theme and the search for a cultural identity in popular traditions to increasingly focus on the autonomy of artistic production and universal aesthetics linked to post-war abstract painting. According to Mário Pedrosa, in 1975 the main impact of the São Paulo Biennial on Brazilian art was to break with localisms and put Brazil in contact with the post-1945 artistic avant-garde.[132] Pedrosa claims that the Biennial provided Brazilian art – as a point of contact between the Brazilian artistic environment and the international system – with a continuous update in relation to that which was happening around the world. Furthermore, in the 1950s the city of São Paulo was at the heart of a process of industrialisation, modernisation and economic

---

129 The Museum of Modern Art (MAM) in São Paulo, founded by Ciccillo Matarazzo in 1948, promoted the first Biennials. In 1962, with the creation of the São Paulo Biennial Foundation, MAM was extinct and its collection was donated to the University of São Paulo.

130 Today the city is amongst the largest metropolitan regions in the world and it personifies the contradictions of 'a country condemned to modernity', in Mário Pedrosa's words.

131 FERREIRA, Glória (org.). *Crítica de arte no Brasil*: temáticas contemporâneas. Rio de Janeiro: Funarte, 2006.

132 PEDROSA, Mário. A Bienal de cá pra lá. In: AMARAL, Aracy (org.). *Mundo, Homem, Arte em Crise*. 2. ed. São Paulo: Perspectiva, 1986, p. 254-6.

growth, which lasted until the early 1970s. The Biennial of São Paulo is also associated to the emergence of mass culture in Brazil and this is why the main figure behind it, Ciccillo Matarazzo, was also the president of the Brazilian Comedy Theatre (TBC) and co-founder of the cinema company Companhia Cinematográfica Vera Cruz.[133] It is therefore within this context of the internationalisation of modern art and the construction of a modern Brazilian society that we have the creation of the São Paulo Biennial.

In the book *A Moderna Tradição Brasileira* (The Modern Brazilian Tradition), Ricardo Ortiz states that modernism in Brazil is connected to a project of national construction.[134] For a country that, within the same century, became independent from Portugal (1822), abolished slavery (1888) and established a republican regime (1889), modernity represented the possibility of breaking with the colonial past and the subjugation to European control by means of a modernisation process focused on industrialisation and the reorganisation of the economy.

To become a modern nation meant achieving economic and cultural autonomy, as well as sovereignty and political independence.[135]

It is worth mentioning an initial remark in Ortiz's book in which the author talks about the politicisation of the cultural debate in Brazil. In his opinion, the connection between modernism and national identity meant that the discussion around culture also became a way of discussing the nation's future:

> The national identity dilemma led Latin American intellectuals to understand the cultural sphere (national culture, popular culture, imperialism and cultural colonialism) as something intrinsically linked to political issues. To discuss culture was also to discuss politics. The theme of identity encompassed the dilemmas and hopes related to the construction of the nation.[136]

When discussing the idea of a cultural void, we pointed out the links between the São Paulo Biennial and the image of a modern Brazil and the issues created when

---

133   AMARAL, Aracy. Bienais ou da impossibilidade de reter o tempo. *Revista USP*, São Paulo, Dec/Jan/Feb 2001-2002, p. 19.

134   The Brazilian anthropologist's thesis, which defends that the emergence of a mass popular culture meant the redefinition of national and popular concepts, is situated within a folkloric tradition, beginning at the end of the 19th century, which reads the popular as traditional, and another, more politicised tradition, which emerges in the 1950s, connected to the Superior Institute of Brazilian Studies (ISEB) and the Centres for Popular Culture (CPC). Cf. ORTIZ, Renato. *A moderna tradição brasileira*: cultura brasileira e indústria cultural. 5. ed. São Paulo: Brasiliense, 1994.

135   Even though Brazil is considered a unique case within the Latin American context, the formation of States and national cultures via modernisation processes was a phenomenon that occurred simultaneously in several Latin American countries in the first half of the 20th century. Therefore, we analyse Latin American modernism in a broader sense, trying to point out, when possible, the specificities of the Brazilian case.

136   ORTIZ, Renato. Cultural Studies. Essay written in response to a questionnaire put together by researchers of the University of Stanford, EUA.

the cultural effervescence of the 1960s was followed by a period of cultural 'instrumentalisation' imposed by the dictatorial State. According to Renato Ortiz, during the dictatorship the Brazilian State was the main modernising agent and driver of cultural production. It is important to note that censorship in Brazil, which started in 1969, acted on a hegemonic left-wing culture in the 1960s, while the State promoted mass culture as a fundamental aspect of national integration. In this sense, Renato Ortiz's work analyses the way in which the consolidation of a market of symbolic goods and the establishment of a cultural industry between the 1940s and 1970s were crucial for the creation of a hegemonic culture necessary to integrate the nation as a whole by overcoming localisms and regionalisms. Therefore, it is important to point out that the Biennial became the symbol of a modern Brazilian nation and the target of boycotts from left-wing intellectuals and artists against the military dictatorship. The issue of the 'national' remained present in the debate around culture of that time. However, it now began to encompass elements against authoritarianism. [137]

As a consequence of the decade's political dilemmas, we saw the emergence, within the scope of the São Paulo Biennial, of questions regarding the project of modernisation and internationalisation of Brazilian art. Whilst the consolidation of a cultural industry in Brazil redefined the issue of national-popular culture and de-politicised the previous debate, we saw the arrival of new critics to the cultural market and the spectacularisation of the information society.[138] The idea of a national-popular culture revisited through the emergence of a cultural industry and the creation of a market of symbolic goods is worth mentioning as it allows us to rethink the issue of Latin American cultural identity. This route was taken by Jesús Martín-Barbero, another exponent of Latin American Cultural Studies.

Martín-Barbero understands modernisation as a political action promoted by the State with the support of the elite and the national bourgeoisie in view of transforming traditional societies.[139] Latin American modernisation processes were carried out by centralising and authoritarian governments – in Brazil, the *Estado Novo* (New State)[140] that invested in the infrastructure necessary for the industrialisation and urbanisation of cities. The main objective of modernisation in Latin American countries was,

137 Cf. ORTIZ, Renato. *A moderna tradição brasileira*: cultura brasileira e indústria cultural. 5. ed. São Paulo: Brasiliense, 1994.

138 It is interesting noting that it was only in the second half of the 1960s that the first texts about mass culture in Brazil were written and the works of authors linked to the School of Frankfurt were translated. Cf. ORTIZ, Renato. *A moderna tradição brasileira*: cultura brasileira e indústria cultural. 5. ed. São Paulo: Brasiliense, 1994, p. 164-5.

139 In 1992, historian Raymundo Faoro presented a conference at the Institute of Advanced Studies (IEA) entitled "A questão nacional: a modernização" (National question: modernisation), in which he defends the idea that modernisation in Brazil did not result in the achievement of modernity. Two hundred years after the emergence of independence movements in the Latin American continent, we still have not discovered the 'clue to the natural law of development'. According to Faoro, we live, therefore, in an eternal process of modernisation guided by the elites, who by self-denomination are progressive or modernising – without ever reaching a modernity, which encompasses all fields of our society. RAYMUNDO, Faoro. A questão nacional: a modernização. *Estudos Avançados*, v. 6, n. 14, São Paulo, Jan-Apr 1992.

140 After a coup, President Getúlio Vargas launched the Estado Novo in 1937, which was a dictatorial political regime, which lasted until 1945.

according to Martín-Barbero, to break with colonial ties in which peripheral contexts were seen as raw-material suppliers and consumers of manufactured products.[141]

In the political-economic realm, the tactics used to break with the colonial dependency of central countries were, therefore, the substitution of imports and the creation of national markets.[142] However, these national markets 'were only possible if adjusted to the needs and demands of the international market'. Jesús Martín-Barbero highlights the ambivalence of Latin American modernity. In his opinion, in the cultural field, the process of becoming a nation in the modern sense and of creating its own cultural identity led traditional societies to follow in the footsteps of European societies towards the modern world by adopting the hegemonic discourse as a reference to validate their results.[143]

In the specific field of visual arts, author Ferreira Gullar used the topic of autonomy and dependency to contest modern art's Universalist myth and to discuss the meanings of the concept of artistic avant-garde in the Brazilian context. In a series of articles published in the magazine *Civilização Brasileira* in 1965, Gullar revised his 'Theory of the Non Object' in an attempt to understand modern art's structural transformations in light of social changes by claiming that the question of modern art's autonomy is relative in peripheral countries. Therefore, the 'definition of avant-garde art in a developing country must derive from an examination of the country's own social and cultural features but never from the mechanical acceptance or transferral of avant-garde concepts valid in developed countries'.[144]

It is widely known that the *Neoconcrete Manifest* written by Gullar denounced a detour in Brazilian Concrete Art. However, Gullar's assessment of the relationships between avant-garde and development, inspired by the Theories of Dependency in vogue in the 1960s, also incorporated the discussion around the relationships between centre and periphery in which a neo-colonial tie was established as peripheral countries adopted a concept of artistic avant-garde from central countries. In a broader sense, modernity itself meant one of the developmental stages reached by European and North American societies, which would become the ideal model to be followed by the modernising agents in Latin America. Despite the 'evolutionist' view of history, this idea of dependency allowed the understanding that the relationships between centre and periphery were part of the capitalist development logic.

However, this type of access dependent on modernity would bring to light not only the inequalities on which the capitalist development is based but also the 'a-synchrony'

---

141 In the cultural sphere, the same situation of dependency is expressed when a peripheral culture is seen as ethnographic material and a country 'lives off the importation of foreign cultural production'. Cf. Roland Corbisier quoted by ORTIZ, Renato. *Mundialização e cultura*. São Paulo: Brasiliense, 2000, p. 93.

142 MARTÍN-BARBERO, Jesús. *Dos meios às mediações*: comunicação, cultura e hegemonia. 2. ed. Rio de Janeiro: Editora UFRJ, 2001, p. 227.

143 MARTÍN-BARBERO, Jesús. *Dos meios às mediações*: comunicação, cultura e hegemonia. 2. ed. Rio de Janeiro: Editora UFRJ, 2001, p. 226-30.

144 GULLAR, Ferreira. *Vanguarda e subdesenvolvimento*. Rio de Janeiro: Civilização Brasileira, 1969, p. 78.

through which Latin America lives and realises its modernisation.[145] In this sense, modernisation in itself would not allow an egalitarian access to the modern world, given that 'becoming modern' would also depend on the synchronisation with the development of international capitalism. The unequal access to the developments of the greatest modern capitals defined our cultural identity. Therefore, modernisation in peripheral contexts was not in tune with the European matrix and, as a result, the mismatch defined our cultural differences. Modernity was understood as a developmental stage and our 'behind-ness' in relation to a process in operation in central countries resulted in the maintenance of a situation of dependency that began in colonial times. This way of understanding the relationship between peripheral countries and hegemonic centres, based on an economic and cultural dependency and very present during the 1960s and 1970s, was the theoretical foundation of the doubts around the possibilities of the actual existence of critical art in underdeveloped countries, as they were called at the time.

Therefore, as well as the idea of dependency, the 'behind-ness' which formed our modernity was another question present in the works of authors who studied Brazilian culture and a decisive factor in the relationship between national identity and the outside world.

> If it is true that different national foundations take different routes and have different rhythms we could also say that this diversity – since the 1930s – went through a fundamental and full re-adjustment. The possibility of founding nations, in the modern sense, includes the establishment of national markets and these, in turn, were only possible due to their adjustment to the needs and demands of the international market. However, this dependent form of accessing modernity brought to light not only 'unequal development' – the inequality upon which capitalism is based – but also the 'simultaneous discontinuity' by means of which Latin America lives and realises its modernisation. [...] The non-contemporaneity that we talked about must be clearly distinguished from the idea of a constitutional 'behind-ness', that is, of a behind-ness turned into the key to explaining cultural differences. This is an idea manifested in two versions. The first one believes that the originality of Latin American countries and Latin America as a whole is constituted by factors that go beyond the capitalist development rationale. The other sees modernisation as the recovery of lost time, and, therefore, identifies development with the definitive 'no longer being what we used to be' to ultimately become modern. The discontinuity that we are trying to establish here is a different approach, which allows us to break with both the a-historic and culturalist model and the paradigm of accumulative rationale whose aim is to unify and subsume the different social-historical temporalities at the same time. Therefore, we can understand what this 'lagging behind' represented in terms of historical difference, not in terms of time being withheld, but in relation to a behind-ness which was historically produced, [...] the difference, the cultural heterogeneity – despite this behind-ness – in the multiplicity of the different temporalities: of the indigenous, of the black man, of the white man and of time deriving from their miscegenation.[146]

---

145 MARTÍN-BARBERO, Jesús. *Dos meios às mediações*: comunicação, cultura e hegemonia. 2. ed. Rio de Janeiro: Editora UFRJ, 2001, p. 225.

146 MARTÍN-BARBERO, Jesús. *Dos meios às mediações*: comunicação, cultura e hegemonia. 2. ed. Rio de Janeiro: Editora UFRJ, 2001, p. 225-6.

My intention in quoting this lengthy extract is to highlight the way in which the author analyses the idea of modernity in the periphery of capitalism by using the notion of diachrony (temporal discontinuity). Martín-Barbero proposed a Latin American modernity that cannot be reduced to imitation, and defended a differential that goes beyond the idea of 'behind-ness'. In this sense, the author avoids the mistake of thinking that central countries have an 'ideal' modernism, and adopting an evolutionist view of history in which the destiny of Brazilian civilisation is to reach a certain stage. Therefore, our 'lack of timing' and 'cultural difference' should not necessarily be seen as a form of dependency in relation to central countries, or as an epigonal version of metropolitan developments.

Néstor Canclini uses the spatial element (the idea of 'out-of-place') to create alternative to dependency theories, according to which, despite the numerous modernisation waves of the 19th and 20th centuries, we were yet to meet the criteria of a 'European modernity' and, therefore, our modernity would be seen as 'a delayed and deficient echo of central countries'.[147] Nevertheless, if the rupture with the colonial past relied on modernity, this was something coming from abroad and placed in the Brazilian context. According to the author, modernity presented itself for us as an 'out-of-place' and 'out-of-time' idea. 'Out of time' because it meant we were lagging behind in relation to the level of development in European countries. 'Out-of-place' because its displacement to peripheral countries was seen as a 'form of adopting foreign ideas improperly',[148] claims Canclini, who borrows one of the most important interpretations on the relationship of our economic dependency as a peripheral country – stemming from colonialism – and the importation of symbolic models produced by central countries, which Roberto Schwarz developed in the field of literary criticism.[149]

According to the analysis of Jesús Martín-Barbero, Renato Ortiz and Néstor Canclini, we can conclude that, in general terms, the concept of modernisation in Latin American countries was paradoxically aimed at securing their entry into the modern world within a European matrix via the construction of a national project. The contradictions and problems of this process of building a national project and participating in an international modernity were widely present in the debates on Brazilian and Latin American culture throughout the 20th century.

---

147 CANCLINI, Néstor. *Culturas híbridas*: estratégias para entrar e sair da modernidade. 2. ed. São Paulo: Edusp, 2003, p. 67.

148 Ibidem, p. 77.

149 In this text, 'Misplaced ideas', originally published as the introduction to the book *Ao Vencedor as Batatas* (Potatoes to the Winner) about Machado de Assis, the author claims that our singularity is the decentralisation of our ideas in relation to their use in Europe. A concept such as Modernism, for instance, has a particular sense and use in Brazil, different from its meaning and application in Europe. In his own words 'throughout its social reproduction, Brazil tirelessly places and replaces European ideas, always in an improper sense'. This hypothesis was formulated based on the importation of liberal ideas to Brazil in the 19th century. Here liberalism was not an ideology such as in Europe, but rather an 'ornament' and justification for a relationship of Clientelism between landowners and free men. In this period, the decentralisation of ideas was our singularity. In the economic sphere, the author saw the Brazilian dependency on slavery and international capitalism as the historical reasons behind this misplacement of liberal ideas. SCHWARZ, Roberto. As ideias fora do lugar. In: *Cultura e Política*. São Paulo: Paz e Terra, 2001.

In Brazil, the self-understanding of a situation of cultural dependency led artists and intellectuals to question the established hierarchies between centre and periphery and the dynamics of copying foreign models. The foundation of a Brazilian modern art and our own cultural identity – which integrated the nation as a whole – was an ideal that went hand-in-hand with the ongoing developmentalist project and reached its heyday at the beginning of the 1960s. The cultural effervescence of the beginning of this decade, with the new architecture of Brasília, *Cinema Novo* (New Cinema) and Neoconcretism created the image of a modern Brazil aspiring to international recognition as one of the world's modern capitals. In this context, the São Paulo Biennial secured its place alongside the most important contemporary art shows, such as the Kassel Documenta and the Venice Biennial. However, the political dilemmas and the economic crisis of the 1970s marked the start of a period of institutional and vocational crisis connected to the initial project for the internationalisation of Brazilian art. The emergence of new artistic languages in the 1980s, stemming from Conceptual Art, would raise even more doubts around the mode of representation and the modernist discourse in which the Brazilian art identity was defined. Furthermore, due to the processes of cultural globalisation, the expansion of modernism beyond the standards established by artistic internationalism had an impact on the São Paulo Biennial as it triggered a 'representation crisis' in which the conventional opposing factors (local/global, centre/periphery, modern/traditional, etc.) seemed to have become obsolete.[150]

Despite the different points of view one can adopt in relation to Brazilian culture in the context of cultural globalisation, there is a common idea about Latin American modernity: the fact that we have designed another modernity, and another history, marked by the influence of 19th century European colonialism and 20th century North American cultural imperialism. To a certain extent, this is the argument that justified the inclusion of the São Paulo Biennial in the dynamics of global art, articulated in different ways in the projects and discourses of curators Nelson Aguilar (1994-1996), Paulo Herkenhoff (1998) and Lisette Lagnado (2007).

---

150 Néstor Canclini is one of the authors who questions the dualist point of view and defends a hybrid culture composed by the fusion of 'the erudite, the popular and the mainstream' – which appears to be predominant in the current era of cultural globalisation and denotes a rupture with the previous idea of internationalisation. CANCLINI, Néstor. *Culturas híbridas*: estratégias para entrar e sair da modernidade. 2. ed. São Paulo: Edusp, 2003, p.19.

5. The Biennial and the Reaffirmation of a Brazilian Artistic Avant-Garde

The changes that took place in the São Paulo Biennial in the 1990s indicate that the institution tried to remove itself from the perspective influenced by the discourses originated at the hegemonic contemporary art centres. Turning instead to its own history, the São Paulo Biennial examined its modernist roots in an attempt to question its relationship with Europe and the United States under the terms introduced by Oswald de Andrade in his *Anthropophagic Manifest* of 1928.[151] At least this was the method used in 1998 by curator Paulo Herkenhoff in order to maximise the show as a place for the affirmation of Brazilian art. In his words, 'The 'Anthropophagy' is one of the first concepts of Brazilian culture to be included in the international grammar of arts'[152]. The curator confronted the public with and offered an alternative to the interpretation of art history based on the criteria defined as 'Western', which neglected the multiplicity of existing modernisms and created excluding parameters for the art system.[153] In his use of the term 'Anthropophagy', Herkenhoff does not intend to again discuss the way in which Brazilian culture assimilated the European matrix through a process of 'hybridisation', but rather, more importantly, he tries to rectify a Eurocentric art history, which was not able to incorporate avant-garde works from peripheral regions in

---

151 The *Manifest* was inspired by a Tupi ritual which consisted of devouring the enemy tribe's bravest warriors with the aim of absorbing the opponent's vital force. Transferred to the field of culture the concept of antropophagy became a metaphor for the relation which the Brazilian culture established with the European matrix. Often associated with the exotic or primitive character of cannibalism, the term reflects a specific position for the development of an artistic avant-garde in the context of the re-discovery of the Brazilian modern tradition in 1960s by the *Tropicalista* Movement. According to Hélio Oiticica, the experimentalism that represents our modernism can be understood as the process of creation of a Brazilian artistic language, including other international languages, such as Pop Art and *Nouveaux Réalistes* (New Realism), headed by French critic Pierre Restany.

152 HERKENHOFF, Paulo. Bienal 1998, princípios e processos. *Trópico*, April 2008. http://pphp.uol.com.br/tropico/

153 HERKENHOFF, Paulo. Foreword. FUNDAÇÃO BIENAL DE SÃO PAULO. Catalogue of the *24th São Paulo Biennial. Núcleo histórico*: antropofagia e histórias de canibalismos. São Paulo, 2008, p. 22.

its narrative. Therefore it is not only about the inclusion of Brazilian art on a global art map, but also the revision and broadening of the concept of artistic internationalism beyond the parameters defined by hegemonic centres.

A few years before, in the 22nd Biennial, curator Nelson Aguilar had already organised special rooms to exhibit Hélio Oiticica, Lygia Clark and Mira Schendel with the aim of highlighting the quality of local artists, inserting them on the same level other equally prestigious national representations.[154] This is why Aguilar chose the rupture with traditional means of support and the de-materialisation of the art object as a theme for his biennials. In contrast to Herkenhoff's historical approach – which turned to the origins of the symbolic exchange between Brazil and Europe and the relationships of 'otherness' between colonised and coloniser – his predecessor, as chief-curator of the São Paulo Biennial, explicitly makes reference to the 1970s' neo-avant-garde and to one of the first publications on Conceptual Art by North American critic Lucy Lippard, published in 1973.[155] By examining the de-materialisation of art at the end of the millennium, Aguilar uncovers a 'blind spot' in the neo-avant-garde narrative and claims a revision of a Conceptual Art genealogy from Pop Art to North American Minimalism. After all, one of the most renowned publications on Conceptual Art – published as a chronology of the de-materialisation of artworks – did not include any of the artists selected by Aguilar, or other names, such as Cildo Meireles, Antonio Manuel, Arthur Barrio etc.

These projects, therefore, were clearly attempting to invert the power relations that legitimised certain artists within a historical narrative. The curator used the São Paulo Biennial's international prestige to rectify the Eurocentric perspective of art history. Other post-colonial strategies of the period included the reduction of the number of artists for each national representation, balancing, at least numerically, the presence of each country in the exhibitions, and the organisation of exhibitions by geographical regions. In these exhibitions a curatorial team was responsible for the selection of the artists who represented the cultural production from the five continents or other

154 Nelson Aguilar adopted the concept of 'rupture with traditional means of support' in order to question the traditional Fine Art categories and the notion of artwork by confronting modernism's Western canons and art's universalist notion. The curator therefore chose Hélio Oiticica, Lygia Clark and Mira Schendel as key representatives of the national production for the 22nd São Paulo Biennial. Lygia Clark and Mira Schendel represented Brazil in the 1968 Venice Biennial, but at that point they did not achieve the recognition or status amongst the greatest names of the international art scene. Following a retrospective exhibition which took place in Rotterdam, Paris, Barcelona, Lisbon and Minneapolis, ten years after his death in 1980, Hélio Oiticica began to enjoy some visibility outside Brazil, with his works being exhibited at the Documenta X (1997), alongside Lygia Clark, and at the Tate Modern (2007). However, there still remain doubts around the impact of the insertion of only a few Brazilian artists' names in the international circuit so Brazilian art can be recognised and enjoy a systematic presence outside the country and also the benefits of building an image of Brazilian art abroad for the consolidation of the local art system. Cf. FIALHO, Ana Letícia. Mercado de Artes: global e desigual, *Trópico*, 2005.

155 LIPPARD, Lucy. *Six years: the dematerialization of art object from 1966 to 1972*. New York: Praeger, 1973.

geopolitical divisions. These exhibitions began to show the role of curators as cultural mediators[156] in a globalised system and also the hierarchies between centre and periphery, which were being reconfigured after the end of the Cold War. For instance, Nelson Aguilar invited Mari Carmen Ramírez, US-based Puerto Rican, and Frenchman Jean Hubert Martin, to be in charge of the representations of Latin America and Africa/Australasia respectively. Paulo Herkenhoff, on the other hand, opted for curators originally from or based in the localities in question to be responsible for the selection of representative artists for certain regions. Furthermore he chose one Brazilian curator (Ivo Mesquita) to be in charge of the US/Canada exhibition and one Muslim curator and one Jewish curator to work together in the Middle East section.

However, being in no condition to continue this strategy due to the institutional crisis the São Paulo Biennial went through in the beginning of the 21st century, the strategy was resumed only years later, when Hélio Oiticica was chosen as conceptual paradigm for the 27th São Paulo Biennial and the artist's writings formed the theoretical framework to be used as reference in the curatorial project presented by Lisette Lagnado to the São Paulo Biennial Foundation in 2007. In her own words:

> When I received the invitation to write a draft project for the 27th São Paulo Biennial, my departure point was the idea that Oiticica's work had already been widely promoted. His writings, however, were still unknown to the greater public. I had detected that since the 1990s several artists (Rirkrit Tiravanija being one of many) were doing exactly what Oiticica had proclaimed in relation to 'participation'. However, Oiticica does not belong to the Eurocentric bibliography. Therefore, the initial idea was to work with Oiticica's manuscripts as 'art theory' [...]. Oiticica's 'Environmental Programme' was selected as the conceptual paradigm of the 27th São Paulo Biennial with the aim of putting into action his repertoire as a 'proposer', to demonstrate that his experimentalism should be recognised as a 'political' programme, as well as aesthetical. Nicolas Bourriaud ended his term at the Palais de Tokyo without including Oiticica even though Oiticica's 'Environmental Programme' is political when compared to the 'relational aesthetics' formulated by Bourriaud. Oiticica never used the words 'interactivity' or 'relational' (terms used extensively by Lygia Clark); for him, participation was environmental. I came up with a device capable of inverting the flow of influences: thousands of Oiticica's manuscripts formed an updated standpoint from which we could follow the phenomenon of culture and its outcomes in the social and anthropological field.[157]

Oiticica's reaffirmation in the international art scene – now seen from a point of view no longer based on his artworks but on his writings and critical propositions – facilitated a new revision of the Eurocentric perspectives. These had been formulated in

---

156 The curator as cultural mediator should, therefore, act as an 'agent' of the so-called peripheral cultures, creating more democratic spaces in which specific cultural groups can be represented and art forms which were previously marginalised are valued. Cf. RAMÍREZ, Mari Carmen. Brokering Identities: Art curators and the politics of cultural representation. In: GREENBERG, Reesa; FERGUSON, Bruce W.; NAIRNE, Sandy (ed.). Thinking About Exhibitions. London/New York: Routledge, 1996, p.22.

157 LAGNADO, Lisette. O 'além da arte' de Hélio Oiticica, *Trópico*, 2007. http://pphp.uol.com.br/tropico/

the context of 1990s' contemporary art, mainly those around the concepts of installation and public participation – which are interconnected themes – as a shift from traditional means of support to the three-dimensional, which places the spectator in an immersive and active situation within the context of artistic experience. This critical confrontation also allowed for the updating of Brazilian art in relation to changes which were happening in the field of art in the Northern Hemisphere.

Therefore, the participation of French critic and curator Nicolas Bourriaud in the 27th São Paulo Biennial's seminars – invited by its co-curator Rosa Martínez – took place almost ten years after the publication of his *Relational Aesthetics*.[158] Bourriaud's 'relational aesthetics' was presented in 1995 in the form of articles published in magazines and catalogues, which were later compiled in a single volume that was published in 1998. In these articles, the author defines an aesthetical theory in order to analyse the artistic production of the 1990s, emphasising their relevance and originality with the aim of removing them from the shadow of 1960s' art history. According to Rosa Martínez:

> [...] in the field of art, 'relational aesthetics' became a sort of orthodoxy where interactive and collaborative processes attempted to erase the traditional division between the artist who produces objects and the spectators as passive consumers of visual messages. According to 'relational aesthetics', the interaction of subjectivities is essential for the production of new forms of sociability.[159]

In 2006, the writings of the French curator were still not well-known in Brazil and internationally consolidated artists such as Dominique González-Foster, Rirkrit Tiravanija and Thomas Hirschhorn were showcased at the São Paulo Biennial with an air of novelty.[160]

However, despite the prominence of this concept in the sphere of art criticism, Nicolas Bourriaud's propositions were the target of wide criticism. French philosopher Jacques Rancière suggests, as we will examine below, that relational aesthetics excludes the idea of conflict, therefore, it proposes a depoliticised art with the pretence of being critical.[161] This argument is revised and further examined by Claire Bishop in her article 'Antagonism and Relational Aesthetics'.[162] Another criticism of Bourriaud's proposition talks about the genealogy of the concept of participating spectators in art, according to Lagnado. In fact, redefining the blood lineage of concepts that are key to the understanding of contemporary art helps us to better understand the place

---

158 BOURRIAUD, Nicolas. *Relational Aesthetics*. Paris: Les Presses du Réel, 2000.

159 SEMINÁRIO TROCAS, 27th São Paulo Biennial, October 2006. Available at: www.forumpermanente.org.

160 According to the curator, even the work of Marcel Broodthaers was presented again at the Biennial because it had not been assimilated in the local scene. Cf. Interview with Lisette Lagnado at *Fórum Permanente*. Available at www.forumpermanente.org

161 RANCIÈRE, Jacques. A Política da Arte e seus Paradoxos Contemporâneos. In: SÃO PAULO S.A. SITUAÇÃO #3 ESTÉTICA E POLÍTICA, SESC São Paulo, April 2005. Available at: <http://www.sescsp.org.br>.

162 BISHOP, Claire. Antagonism and Relational Aesthetics. *October*, n. 110, Fall 2004, p. 51-79.

of Brazilian production in a conceptual scheme defined by Western art history and its redevelopments in the context of cultural globalisation.

According to social scientist Ana Letícia Fialho, even though Bourriaud's ideas are only at an early stage – based on a point of view that focuses on his own work with a selected group of artists, as opposed to a broader historical and geographical perspective – the object of the analysis is pertinent. Commenting on Bourriaud's participation at the 27th São Paulo Biennial, the author highlights, for instance, the existing links between the critical thought in France and Lisette Lagnado's curatorial proposal. According to Fialho, the ideas of 'living together' and 'art's potential to transform social space and human relations' are key questions for both. However, from a geopolitical point of view, there are some disagreements:

> Lagnado's position in defending Oiticica's historical importance and the contemporary character of his ideas, and Bourriaud's position, which does not recognise such importance [...] are determined by the context in which they operate. Bourriaud's 'mistake' in not including Oiticica in his repertoire is only another example that art history and art criticism written in the 1990s ignored to a great extent research materials developed outside the central axis by artists from the 'zones of silence'. Unfortunately, that which is said or published in this central axis has more repercussions in the international contemporary art circuit, even though the zones of silence and their agents, every once in a while, manage to make themselves heard. [163]

It is worthwhile analysing the way in which the 27th São Paulo Biennial's project positioned itself in relation to discourses originated in hegemonic centres. With a theme inspired by the lectures conducted by Roland Barthes at the Collège de France in 1976 and 1977, the 27th Biennial launched – several months before the exhibition opened in October 2006 – a programme of international seminars in which the curatorial team (Cristina Freire, Jochen Volz, José Roca, Rosa Martínez and Adriano Pedrosa), headed by Lagnado, allowed the public to have access to the ideas which led to the conception of the show.[164] The aim was to include in the Biennial project a debate platform for 'political' discussion (on a daily life level) in which the transposition of frontiers between the public sphere of art and the public sphere of politics would establish a programme of self-criticism and deconstruction of these institutions' limits. In 2006, during the 27th São Paulo Biennial, Claire Bishop took part in a debate hosted by the School of Communication and Arts of the University of São Paulo and organised by *Fórum Permanente*, entitled *O Social na Arte; Entre a Ética e a Estética* (The Social in Art: between Ethics and Aesthetics). Antoni Muntadas, Sônia Salzstein and Paula Trope also participated in the seminar which showcased different points of view of several international and Brazilian artists and critics on the topic. Bishop's presentation in São Paulo focused on the difference between critical art and politically engaged

---

163 Cf. FIALHO, Ana Letícia. Account of Nicolas Bourriaud's lecture. SEMINÁRIO TROCAS, 27th São Paulo Biennial, October 2006. Available at: www.forumpermanente.org

164 PEDROSA, Adriano. Como curar junto. In: LAGNADO, Lisette; PEDROSA, Adriano (org.). *27ª Bienal de São Paulo: como viver junto*. São Paulo: Fundação Bienal, 2006, p. 84.

art by summarising the ideas in her article 'The Social Turn: Collaboration and Its Discontents'.[165] The reason behind her visit to Brazil was her interest in the artworks exhibited at the 27th São Paulo Biennial, which in her opinion was an example that changes were happening in the field of contemporary art, which she called a 'Social Turn'. According to her, the main aspects of this turn were not the changes in curatorial practices reflected in the growing inclusion of documentation and social intervention in the context of contemporary art exhibitions. Bishop's interest was in a set of issues specific to the field of art history and criticism. Therefore, the 'Social Turn' refers to the ways in which artists and 'actual people' collaborate with the 'marginalised other' or a 'non-specialised audience' in which artists abandon the artwork considered as an object for consumption in order to adapt procedural and collaborative practices. Therefore, she sees synchrony between that which was happening in the British context and in Brazil, as many works presented in the Biennial curated by Lisette Lagnado, such as those by Eloise Cartonera, Superflex, Taller Popular de Serigrafía, Long March Project, as well as Antoni Muntadas, could have been included, according to Bishop, in this expanded field of relational practices.[166]

Therefore, the 'social turn' in contemporary art led artists to meet the so-called marginalised communities and to reach the peripheral regions of the largest urban centres, turning names such as Hélio Oiticica into 'compulsory' references for this new generation. It is worth noting that at the same time there was a reconfiguration of the geopolitical panorama after the fall of the Berlin Wall, an event crucial to the understanding of the context of this 'retrospective' that marked the end of the 20th century and the beginning of the 21st.

---

165 BISHOP, Claire. The Social Turn: Collaboration and its Discontents. *Artforum*, February 2006, p. 179-85.

166 Taking into consideration the expected differences, the same movement happened in the Iberian-American region, at least according to what we can deduce from the cultural policies adopted by the Spanish Agency for International Cooperation and the artists' exchanges and exhibitions in the city of São Paulo. In this debate, artist Antoni Muntadas decided to present one of his works entitled 'Fear', which was a 'television intervention' based on the production of a video which compiled interviews with people who experience the daily tension of frontier regions. According to Muntadas, the work is a television archive with interviews and documentary and journalistic material on the idea of fear in the frontier between Mexico and the United States. The video reveals how fear is translated into emotions, which are revealed on both sides of the frontier as cultural and sociological constructions based on politics and economics. The project was originally created for the exhibition *Site_05 / Interventions* and broadcasted between August and November 2005 in Tijuana, San Diego, Mexico City and Washington, connecting different power centres. 'Fear' is part of a larger project entitled 'On Translation', which began in 1994. Showcased at the Kassel Documenta in 1997 'On Translation: The Internet Project' examined the ideological aspects of the use of technologies. According to the artist 'the system for the exchange of intentions improves the understanding amongst people. However, the problem is which language should be used?' As in the children's game 'Chinese Whispers', the message is sent to several translation systems (in different languages) and is represented in the form of a spiral addressing issues related to the change of senses in translation processes. The artist also highlights the presentation aspects of the project during the Documenta X. The first was the use of Goethe-Instituts' network around the world for the translation - which examines the translation process linked to the institutional role of the diffusion of German language and culture – and secondly the differences in the use of technologies in each place, both in terms of the access that these places have to digital technologies and the influence of multinational companies in the promotion of these technologies. It is worth mentioning that often these artistic projects receive the financial support of telecommunication companies.

6. Art and Politics in Contemporary Art Exhibitions

The cultural globalisation processes of the last decade changed contemporary art's institutionalised spaces, as well as symbolic production processes under the same scope. By questioning the meanings of contemporary art 'mega-exhibitions', Argentinean critic Carlos Basualdo highlights the (in)visibility of biennials, that is, the paradox between their increasing visibility in the art scene and the lack of critical literature about this phenomenon.[167] In short, Basualdo proposes an 'Anthropology of Art', a reflection on the changes in the different agents' roles (museums, critics, market, etc.) with the aim of revisiting the historical concept of autonomy of art and, consequently, of critical activity understood as a discourse produced after the artwork. According to the author, these changes started in the 1960s with the emergence of the figure of the independent curator and site-specific art practices but were only later consolidated with the proliferation of biennials in the last twenty years.

From the end of the 1980s, the relationships between artistic production and public space were reconfigured and the limits of art concepts and the public sphere were expanded, a phenomenon that raised several issues to be addressed by art history. In this context of reconfiguration of Western art history's canons, part of the artistic production of the 1990s revisited the avant-garde movements of the 1960s and 1970s, following the advent of Pop Art, such as Minimalism, Conceptual Art and *Arte Povera*, which are amongst the most notable cases. In broad terms, the idea was to recover what French art historian Jean-François Chevrier defined as the 'passage from art objects to public thing', which took place at the end of the 1960s. This new form of public art which emerged during the last decade of the 20th century attempted to produce or document new forms of sociability and, for that reason, wanted to free itself from the institutional limits of art, by acting directly in the public space. According to curator Martí Peran, this was a response to contemporary art's 'reality urgency',

---

[167] BASUALDO, Carlos. The Unstable Institution. *MJ-Manifesta Journal*, n. 2, winter 2003-spring 2004, p. 50-62. Available at www.globalartmuseum.de

which was reflected in the 'multiplication of strategies within contemporary art aimed at going back to reality as opposed to using any form of autonomous tradition' and the emergence of a type of 'art concerned with documenting the limits of reality or inserting itself in the gaps of the social body and experimenting with mechanisms for the occasional construction of real experiences'.[168]

Therefore, going back to the artistic production of the 1960s was an attempt to modify traditional art spaces (the workshop, the gallery, the museum), brought along by the artistic production coined as Process-based or Conceptual Art. The 1960s saw the consolidation of the Documenta as one of the major international contemporary art exhibitions. Its 5th edition, in 1972, under Harald Szeemann's curatorship, marked a shift in the presentation modes of modern art, in which the exhibition space became the 'specific site', where artistic activity took place. It was a critical reflection on contemporary art and the outcomes of post-war modernism. The feeling that something totally new was beginning to happen was also evident. The change involved more than the existing art history narrative, it also encompassed the exhibition format and the relations between all art spaces (museum, gallery and workshop). According to French art critic Jean-François Chevrier, during these two decades, a critical culture rose from within artistic practices as the dematerialisation of the artistic object was articulated as a refusal to the system of capitalist production. This would later resonate in the criticism of the civilising project inherent to the expansion of the capitalist system itself. The dematerialisation of the object questioned the whole system of production, distribution and reception of artworks and, consequently, the whole social organisation in which a certain historic point of view and a certain post-war definition of modern art in the post-war period were established.[169]

Szeemann was the first Documenta curator to propose a shift in the idea of the museum as a space for the exhibition of artworks by presenting, according to Catherine David, his synthesis of the main artistic schools of the time in the form of an 'event', which corresponded to the idea of 'forms' and 'attitudes'.[170] Certainly, the previous edition of Documenta had already pointed out that the museum model adopted by its

---

168 Here are some examples: 1. Cartography and records of existing dynamics in projects curated by Martí Peran himself such as 'Post-it City: Occasional Urbanities', a cartography and documentation project on the different uses of the public space; 2. The construction of platforms so 'reality can speak', such as the portal designed by Antoni Abad; 3. Artistic practices under the label of relational aesthetics aimed at the construction of 'events'. SPRICIGO, Vinicius. Report of Martí Peran's workshop – *Curar e criticar: novos modos da crítica de arte* (Curate and Review: New Modes of Art Critique – at the School of Communication and Arts of the University of São Paulo, April 2007. Available at: <http://www.forumpermanente.org>. Cf. PERAN, Martí. *Presente continuo*. Producción artística y construcción de realidad (un apéndice). Catalunha: Eumo Editorial, 2006.

169 CHEVRIER, Jean-François. *The Year 1967 – From Art Objects to Public Things*: Or Variations on the Conquest of Space. Barcelona: Fundació Antoni Tàpies, 1997.

170 Catherine David refers to the exhibition *'When attitudes become form: live in your head'*, organised by Szeemann in 1969 at Kunsthalle Bern, which by emphasising art's process-based aspects anticipates his work at Documenta 5. DAVID, Catherine. *Documenta 10 Exhibition Guide*. Ostfildern-Ruit: Hatje Cantz, 1997. Cf. OBRIST, Hans Ulrich. Interview with Harald Szeemann. In: *A brief history of curating*. Zurich/Dijon: JRP Ringier/Les presses du réel, 2008, p. 80-100.

founders, Arnold Bode and Werner Haftmann, presented signs of wear and incompatibility with the developments of the North American art of the time.[171] Furthermore, political protests and the presentation of Minimalism and Pop Art at Documenta 4 showed that it was somehow difficult to predicate 'abstraction as the universal language' of modern art and the '100 day museum' format, adopted for the exhibition since Documenta 2, in 1959. However, by emphasising the process-based aspect of art in the 1960s and 1970s, Szeemann questioned the post-war modernist narrative and the traditional museum exhibition format.[172] Documenta's 5th edition was responsible - to a certain extent – for the recovery of other interpretations of modern art, linked to Dadaism and Russian Constructivism – which had been left out of the reconstruction of modern traditions in the post-war years – [173] by presenting a panorama of the main artistic avant-gardes of the 1960s, which were responsible for the shift from object to 'public things'.

The Year 1967: From Art Objects to Public Things: Or Variations on the Conquest of Space is an expanded version of the seminar *L'Année 1967: L'object d'art et la chose publique* (The Year 1967: The Art Object and the Public Thing) presented by Jean-François Chevrier at the Fundació Antoni Tàpies in Barcelona, in which the author addresses the relationship between poetics and politics and the tension between art objects and artistic activity at the end of the 1960s.[174] In this book, Chevrier guides the reader through the process of transformation of art objects into public things during the 1960s, when every day objects took over the place of 'artworks' in museums and exhibitions.[175] The French art historian examines the issue of the art object in the 1960s, that is, the way in which several avant-garde artistic movements revisited the questions raised by historical avant-gardes, particularly Dadaism and Constructivism.

Chevrier starts his analysis by looking at Pop Art's re-examination of Marcel Duchamp's *ready-mades* in order to reintroduce the debate around modernist and literalist art in relation to the issue of the autonomy of art. It is widely known that

---

171   It is worth noting that, according to Walter Grasskamp and Hans Belting, during the post-war years North American Abstract Expressionism imposed itself as a universal artistic language with the help of US financial intervention in the European continent (Marshall Plan). The criticism against abstraction as universal artistic language, from the perspective of the first editions of Documenta and the São Paulo Biennial, is important in the context of this study. BELTING, Hans. Arte Ocidental: a intervenção dos Estados Unidos na Modernidade do pós-guerra. In: *O fim da história da arte*: uma revisão dez anos depois. São Paulo: Cosac Naify, 2006, p. 59-84. GRASSKAMP, Walter. The museum and other success stories in cultural globalisation. CIMAM ANNUAL CONFERENCE, Pinacoteca of the State of São Paulo, November 2005. Available at: www.forumpermanente.org

172   It is worth mentioning that Szeemann's Documenta did not redefine the directions taken by Documenta. According to Catherine David, 'the subsequent editions tried to conciliate an aesthetic demand and the impositions of the cultural industry, as well as – shortly afterwards – the new economic and geopolitical status of Germany and Europe in the context of globalisation'. DAVID, Catherine. Introduction. In; DOCUMENTA. *Documenta 10 Exhibition Guide*. Ostfildern-Ruit: Hatje Cantz, 1997, p. 7.

173   Cf. GUILBALT, Serge (ed.). *Reconstructing modernism*: art in New York, Paris, and Montreal, 1945-1964. Cambridge: The MIT Press, 1990.

174   CHEVRIER, Jean-François. *The Year 1967 From Art Objects to Public Things*: Or Variations on the Conquest of Space. Barcelona: Fundació Antoni Tàpies, 1997.

175   Ibidem, p. 119.

in the 1960s artists contested the hegemony of the 'modernist painting', initially through Pop Art, but more decisively through Minimalism and Conceptual Art. In this period, we see the disappearance of modernist canons and the opening up to new developments in artistic practices. This collision between Modernist Art and Conceptual and Minimalist Art is present in the writings of Michael Fried (*Art and Objecthood*, 1967), Donald Judd (*Specific Objects*, 1965), Robert Morris (*Notes on Sculpture*, 1966) and Joseph Kosuth (*Art after Philosophy*, 1969).[176] It is not the purpose of this study to re-examine this well-known debate in the field of art criticism and art,[177] it is sufficient to highlight that the idea of institutional critique is connected to the debate on abstract expressionism and the 'new avant-gardes' of the 1960s. We are interested in keeping the notion of site-specific[178], which refers to, therefore, not only the transformation in art sites (the studio, the gallery, the museum) but mainly the emphasis in the process-based production on replacing object-based production representative of Conceptual Art, which is Jean-François Chevrier's main point of analysis.

By analysing the idea of the autonomy of art and the art object, *in-situ* artworks and Conceptual Art had a significant impact on the modes of art presentation, creating new forms of producing symbolic value, expanding the limits of the exhibition space and redefining frontiers between the artist, the curator and the critic, in relation to their participation in the system of art production, distribution and reception.

In his book, Jean-François Chevrier also highlights the emergence of Post-Structural theories, which took place in the revolutionary context of May 1968, where the 'division into compartments' and the neutrality of academic knowledge are criticised and the political relations present in the relationship between the agents who participate in the process of knowledge production and sharing come to the surface. In parallel, in the artistic sphere, the work of Conceptual Art's big names, such as Marcel Broodthaers, Hans Haacke and Daniel Buren, amongst others, reveal – through criticism – the power structures inherent to art institutions and the destabilisation of the

---

176 These texts are gathered in the publication: HARRISON, Charles; WOOD, Paul (org.). *Art in Theory* – 1900-1990. Oxford: Blackwell, 1992.

177 Cf. DUVE, Thierry de. The Monochrome and the Blank Canvas. In: GUILBAUT, Serge (ed.). *Reconstructing Modernism*: Art in New York, Paris, and Montreal 1945-1964. London/Cambridge: The MIT Press, p. 85-110.

178 Within the scope of this research, the understanding of the contribution that Conceptual Art and Institutional Critique brought to the debate on site specificity and the way in which we can address these issues from the perspective of contemporary developments in the field of visual arts are particularly interesting to us. Even though Minimalism was the first avant-garde movement in the 1960s to claim spatial extension and temporal duration as crucial elements for the constitution and meaning of the artwork – confronting the paradigm of modernist critique's 'planarity', 'purity' and 'autonomy' (which characterised those aspects as 'theatrical' and, therefore, not pertaining to the sphere of painting and sculpture) – it was Conceptual Art and Institutional Critique that moved further in terms of radicalising theses propositions and ultimately provided the notion of site, not only in physical terms (time and space) but also in cultural terms, and promoted critical undertakings in the art's institutionalised systems. We find a new development in contemporary art now in the direction of public spaces and telecommunication networks, which means a new understanding of site as 'information space'. Miwon Kwon defined these three stages or paradigms as phenomenological, institutional and discursive. KWON, Miwon. One Place After Another: Notes on Site Specificity. *October*, n. 80, Spring 1997, p. 95.

relationships between artistic production and its exhibition modes and the system's specific conditions of production and reception. The 'museums' created not only by Broodthaers but also by other artists were – to a certain extent – examples of the programme created by Documenta 5 curator Harald Szeemann entitled '100-day Event' – as opposed to '100-day Museum' the exhibition's original sub-title.[179] By creating a fictional museum and revealing the hierarchy of the art museum's information systems, these artists subverted the established parameters and conventions of the production and validation of knowledge, as well as questioning the power relations between different agents of the art system. Harald Szeemann's nomination for the post of Artistic Director of Documenta 5 provided the right conditions for creating an innovative platform. By modifying the way artworks were exhibited, organising scheduled events and establishing spaces for the interaction of agents from the art system, Szeemann subverted the traditional exhibition rationale, which presented art objects in an apparently neutral environment, by adopting a new rationale focused on the process of the construction of meanings within an institutional framework with structures and strategies which unequally distributed the competencies and attributions specific to each cultural agent.

In the context of contemporary art exhibitions, Documenta X – which took place in 1997 and was curated by Catherine David – launched the concept of 'platform' and highlighted the role of this space as a place for public reflection on contemporary issues. The French curator's objective was to come up with 'an ontology of the contemporary experience'[180] and, therefore, organised a 'retrospective' of avant-garde artistic practices of the second half of the 20th century. It was a reflective look at Kassel Documenta's cultural and political project which provided a 'place to confront contemporary aesthetical practices'.[181] In this sense, this project was not restricted to an ontology of the present, as carrying out a cartography of contemporaneity required the intellectual effort of looking at it retrospectively and of anticipating perspectives for the future.

Additionally, the curator contested the exhibition model and even the purpose of a Documenta at the end of the millennium. The introduction to Documenta's visitor guide questioned the meanings and purposes of the world's biggest contemporary art exhibition in the context of the instrumentalisation of art and the proliferation of biennials all around the globe.[182] David's solution to the paradox in terms of articulating a critical confrontation during the 'celebrative' edition of an exhibition widely linked to tourism and cultural consumption was to put the institution under surveillance,

---

179 The curator of Documenta 5 replaced the exhibition's original slogan '100-day Museum' – coined in 1955 by Arnold Bode with reference to the exhibition's duration – with '100-day Event', emphasising the objective to create a programme of events which increased public participation and the exhibition's process-based element.

180 Idem.

181 STORR, Robert. Kassel Rock: interview with curator Catherine David. *Artforum*, May 1997.

182 DAVID, Catherine. Introduction. In; DOCUMENTA. Guia da exposição *Documenta 10*. Ostfildern-Ruit: Hatje Cantz, 1997, p. 7.

proposing structural ruptures and changes. Therefore, Catherine David put together a 'cultural event' by transforming the exhibition into a discursive platform and introducing to the 100-day debate and lecture agenda themes such as Post-Colonialism, urbanism and documenting practices.

Elena Filipovic analyses this platform from the perspective of the critique on the 'white cube's' ideological and spatial limitations:

> Both conceptually and physically central to the exhibition (its stage stood in the middle of the Documenta-Halle), the events program could also be experienced live on the radio and via the internet, or consulted as recordings in the exhibition, constituting a growing archive both in and, potentially, beyond Kassel. David thus effectively transformed Documenta from a spectacular visual arts exhibition to a hybrid site for the representation of diverse cultural production. The result opened Documenta to the kind of political engagement and diversity of mediums and cultures that no other such exhibition in the West had seen – what many critics in turn lamented as an overly political, theory-driven, and aesthetically impoverished show. In fact, David´s move to counter the mega exhibition's usual spectacle was consistent with the audacious assertion that it is impossible to continue to innocently perpetuate the museological exhibition format as the legitimate frame for all works of art from all places. The exhibition and events program thus staged the very limitations of the white cube. And in critically reflecting on the way hegemonic forms operate, Documenta 10 used the conceptual and discursive structure of the last edition of the millennium to encourage others to do so as well, a role that was, as David suggested, no less political than aesthetic.[183]

The quote highlights that the French curator provided the show with the task of critically analysing political and cultural matters. The concern regarding the 'possibility of critical aesthetical practices' raised by David was brought to us in the conference *São Paulo S.A. Situação #3 Estética e Política* (São Paulo S.A Situation #3 Aesthetics and Politics), organised concomitantly with the publication in Brazil of Jacques Rancière's book 'The Distribution of the Sensible'.[184]

In the conference's opening lecture, social scientist Laymert Garcia dos Santos commented on the specificities of the Brazilian context, as well as the relevance of Rancière's work, following the events of 9/11, highlighting:

> [...] There is a representational deficit between our social experience and the aesthetical experience proposed to us by artists. It is as if the new tensions that affect us do not resonate on aesthetical practices, or at least do not resonate strongly enough; as if these contributed very little to the understanding of what is going on in the social and political arenas. In fact, the end of the utopia is almost unquestioned, even though amongst us this seems to have been accomplished, not in 1989, as in Europe, but in 2002, when

---

183 FILIPOVIC, Elena. The Global White Cube. In: *The Manifesta Decade*. Brussels/Cambridge: Roomade/ The MIT Press, 2005, p. 63-84.

184 I go back here to some ideas developed during the revision of the 27th São Paulo Biennial International Seminars. Cf. SPRICIGO, Vinicius. BENETTI, Liliane. Report of the 27th São Paulo Biennial Seminars. Available at: www.forumpermanente.org

> in terms of politics it became clear that there was no historical opportunity – or that this opportunity was escaping. It seems that only now the consensus which Rancière talks about is effectively in place amongst us, that is, the consensus which leads us to believe that there is 'no alternative' and which aims to disqualify both politics and aesthetics as transformation drivers, thus consecrating an immobile and regressive operation.[185]

Professor Laymert Garcia dos Santos' comments refer to the 'end of utopias' on the chronology proposed by Catherine David and Jean-François Chevrier between 1978 and 1989, highlighting the specificities of the Brazilian context after the beginning of President Luiz Inácio 'Lula' da Silva's government, which was going through a political crisis at the time. It also highlights how relevant Rancière's work is in examining current relationships between culture and politics. As a matter of fact, Jacques Rancière is one of the most popular authors when it comes to looking at these questions, as he clearly claims that Art and Politics are intertwined within the common experience. In his own words, art announces 'the suppression of oppositions between those who do or do not participate in common experience'. And this takes place through intrinsic production processes – to produce and to make visible – which define new relations between making and seeing. Artistic practices are therefore 'ways of doing which intervene in the general distribution of ways of being and forms of visibility'; as they carry out within themselves 'the transformation of sensible matter into the community's self-representation'. Therefore, by looking at the relationships established between art and politics, Rancière proposes a new meaning for his interpretation of aesthetics.

> We must understand the term 'aesthetic constitution' as the distribution of the sensible which shapes the community. By distribution I mean two things: the participation in a common group and, inversely, the separation, the distribution into portions. A distribution of the sensible is, therefore, the way in which the relationship between a shared common group and the division of exclusive parts is determined within the sensible. More than being a system of constitutional forms or power relations, a political order is a certain division of functions which is inscribed in a configuration of the sensible: a relationship between the ways of doing, the ways of being and the ways of saying; between the distribution of bodies according to their attributions and purposes and the circulation of senses; between the realm of the visible and the speakable.[186]

In the field of art, the concept of the distribution of the sensible allows us to see the possibility of reconstructing a public sphere based not only on the concepts of cultural translation and representation, but also on the concepts of collaboration and indifference, which are central for understanding mediation within the context of contemporary art practices. Therefore, we must revise Rancière's thought in order to discuss the idea of mediation as a platform for the social construction of knowledge,

---

185 SÃO PAULO S.A. SITUAÇÃO #3 ESTÉTICA E POLÍTICA, SESC São Paulo, April 2005.RANCIÈRE, Jacques. *A partilha do sensível*: estética e política. São Paulo: Editora 34/EXO experimental, 2005, p. 67. Ibidem, p. 7-8.

186 Ibidem, p. 7-8.

through the application of information technologies. The connection point between such distinct theories is the idea of the construction of visibility spaces.

Visibility is the basic principle of the public sphere, that is, the common world in which appearances are reality. According to the author, this (real) world is above all the space where humans live together, a common habitat, in which we take different stands and relate to each other. [187] These differences in points of view are exactly the precondition of the relationships between individuals, therefore, the public sphere is a space of self-representation, in which private life becomes visible and the possibility of being in contact with others is opened up. However, this element of the possibility of a democratic co-existence, of establishing a common space with the 'other,' also denotes the ways in which differently occupied spaces legitimate discourses. The centralisation of power and the unequal distribution of competencies in the arts create an excluding system in which we rarely see 'those from the periphery', although there are several discourses based on an attempt to create a certain level of empathy towards the marginalised 'other'.[188] Through her readings of Arendt, Deutsche understands the public sphere as a place for debate and political interaction, in which artists are called to create visibility spaces (or to give them a voice, as the debate starts with the act of declaring) for those individuals who are hidden (or have no voice).

This is one of the possible ways of interpreting Rancière's work, as, on one hand, the philosopher talks about an (aesthetical) art regime, in which the 'politics of indifference' provides the individual with 'some' visibility and the possibility of participating in a common discourse. On the other hand, the author shows his concern in relation to a possible instrumentalisation of art.

> There is today a whole school of thought which proposes art which is directly political as it no longer builds artworks to be contemplated or commodities to be consumed, but offers changes to the environment or even situations resulting from the engagement in new forms of social relations. However, there is also a contemporary context that we call consensus. Consensus is much more than what we usually assimilate, that is, a global agreement between situation and opposition political parties or a governing style which favours discussion and negotiation. It is a form of common symbolisation which aims to exclude that which is the cornerstone of politics: dissent. This is more than simply the conflict of interests or values amongst groups but, more importantly, the possibility of opposing one common world with another. Consensus tends to transform all political

---

187 According to Rosalyn Deutsche, "Hannah Arendt defined the public sphere, or democratic political community, as the space of appearance, that is, of what phenomenology calls coming into view. In stressing appearance, Arendt connected the public sphere [...] to vision and so, without knowing it, opened up the possibility that visual art might play a role in deepening and expanding democracy, a role that some contemporary artists are, thankfully, eager to perform. [...] Later, political philosophers have also connected public space to appearance. Most recently, Jacques Rancière has defined both democratic practice and radical aesthetics as the disruption of the system of divisions and boundaries that determines which social groups are visible and which invisible". DEUTSCHE, Rosalyn. *The Art of Witness in the Wartime Public Sphere*. In: CICLO DE DEBATES INTERVENÇÃO ARTÍSTICA NO ESPAÇO PÚBLICO: A ATUALIDADE DO LUGAR. Arco Madrid, February 2008. Available at: www.forumpermanente.org

188 Cf. ARENDT, Hannah. *A condição humana*. 8. ed. Rio de Janeiro: Forense Universitária, 1997.

conflicts into issues which require specialised knowledge or a specific governmental technique. It tends to exhaust the political invention of dissent. And this political deficit tends to place a replacement value on the apparatus which art uses to create new situations and relations. But this replacement runs the risk of having its operations within the categories of consensus, resulting in political whims of an art which leaves its own realm to accomplish neighbouring political and social medicine tasks which, according to the theoretician of the relational aesthetics, are concerned with 'filling the gaps of social bonds'. This happens, therefore, if the attempt to overcome the inherent tension of the politics of art leads to exactly the opposite, that is, the reduction of politics to social service and ethical indistinction.[189]

In her curatorial project, Catherine David supports Rancière's point of view in favour of contemporary aesthetical practices, but highlights the risks posed by 'easy appeals' offered to spectators. In this sense David uses Jacques Rancière's concept of 'active distance' to distinguish, on the one hand, artworks which encompass the displacement of the individual from his own environment in order to place him at a certain distance from the 'other', thus promoting the living together, building and sharing of a common space, and, on the other hand, certain pseudo-critical works, well intentioned but naïve, which end up reaffirming the place of the subject, always confined in its own position.

The tension is inherent to politics and art; and the attempt to settle the deficit owed by institutionalised politics to art tends, more often than not, to restrict it to acts of aid, weakening its inherent critical potential. This does not mean, however, that we agree with the statements on the 'nullity' of new aesthetic practices (and politics) identified in the 'transformation of critical thought into mourning thought' (death of art). According to the Frenchman, 'the multiplication of discourses which denounce the crisis of art or its fatal captivation by discourses, the generalisation of the spectacle or the death of image are sufficient evidence that nowadays it is in the aesthetical field that the battle continues, that is, the battle which in the past was based on the promises of emancipation and on history's illusions and disillusions'.[190]

In the case of the São Paulo Biennial, an uncritical posture in relation to the 'global turn' in contemporary art is self-enclosing. After all, the same inclusion mechanisms applied by the hegemonic centres in relation to peripheral countries are reproduced in the relations between centre and periphery in great global metropolises such as São Paulo, or between this city – the country's economic and cultural centre – and other regions across Brazil. By privileging the relations established between consolidated places and agents in the ambit of Brazilian and international contemporary art, the Biennial is actually transformed into a mechanism of revalidation of discourses

---

189 RANCIÈRE, Jacques. A Política da Arte e seus Paradoxos Contemporâneos. In: SÃO PAULO S.A. SITUAÇÃO #3 ESTÉTICA E POLÍTICA, SESC São Paulo, April 2005. Available at: http://www.sescsp.net/sesc/conferencias/ RANCIÈRE, Jacques. *A partilha do sensível*: estética e política. São Paulo: Editora 34/EXO experimental org., 2005, p. 12. SEMINÁRIO VIDA COLETIVA, 27th São Paulo Biennial, August 2006. Available at: www.forumpermanente.org

190 RANCIÈRE, Jacques. *A partilha do sensível: estética e política*. São Paulo: Ed. 34/EXO experimental org., 2005, p. 12.

produced by the hegemonic centres, thus operating in the unidirectional way (north-south) of cultural globalisation processes. As such, without being capable of modifying the dynamics of a global art sphere, creating dialogues with other 'zones of silence' [191], the São Paulo Biennial loses its intermediation power and continues to have no voice or consolidated place in the art map.

---

191 MOSQUERA, Gerardo. Notes on globalisation, art and cultural difference. In: *Zones of silence*. Amsterdam: Rijksakademie van Beeldende Kunsten, 2001.

Final considerations

The comparative analysis of the political and cultural projects of one of the main postwar international contemporary art exhibitions and of the 'global turn' allows us to make some final considerations. This is neither a diagnosis of contemporary issues tackled by the latest editions of the show or of projections about the future developments of cultural globalisation, nor does it provide answers to the doubts which emerged with the crisis of the public sphere. Any attempt to obtain conclusive answers about the transformations that took place in the public sphere of art over the past twenty years would certainly be precipitated and would go against the current processes of knowledge production in contemporary society, which suggest dialogic and plural modes of participation in a global discursive platform.

The departure point for this reflection on the São Paulo Biennial was a report[192] of the 27th São Paulo Biennial's seminars produced for the *Fórum Permanente*'s website in September 2006, which included some reflections on the intertwinement of the aesthetic and political spheres. The report examined the conditions for the possibility of critical art in the current context, characterised by the overcoming of the spectacularisation of contemporary art exhibitions and the industrialisation of the production of cultural goods; using as a theoretical reference Jacques Rancière's lecture on the occasion of the conference *São Paulo INC Aesthetic and Political Situation #3*[193] in 2005 and his book 'The Distribution of the Sensible'[194]. By revisiting the curatorial project of the 27th São Paulo Biennial in broad terms and, more specifically, these debates, and taking into consideration the fact that four years have passed, it seems

---

192   SPRICIGO, Vinicius, BENETTI, Liliane. Report of the 27th São Paulo Biennial Seminars. Available at: www.forumpermanente.org

193   RANCIÈRE, Jacques. A Política da Arte e seus Paradoxos Contemporâneos. In: SÃO PAULO S.A. SITUAÇÃO #3 ESTÉTICA E POLÍTICA, SESC São Paulo, April 2005. Available at: http://www.sescsp.net/sesc/conferencias/

194   RANCIÈRE, Jacques. A partilha do sensível: estética e política. São Paulo: Editora 34/EXO experimental, 2005.

that there were two different points of view at stake: one which referred to institutional critique and the work of Conceptual artists such as Daniel Buren, Hans Haacke, Dan Graham and Marcel Broodthaers (who was chosen as the opening theme for the international seminars); and another one based on contemporary production, whose emphasis was on a political art with a sociological matrix and which visibly sought the so-called marginalised communities. To a certain extent, the background for this discussion was the idea of a proposal for the reconstruction of the public sphere which encompassed a reflection on architecture and urbanism (also the theme of one of the Biennial's seminars) and of political projects which would take into account the recognition of others. In the field of visual arts, this recognition was linked, for instance, to the inclusion of 'modernisms' produced outside the centres responsible for legitimising Western modern art. The crossover of these two discussions on contemporary aesthetic practices and the conditions which make them possible in a peripheral context, led to the questioning of the relationships between art and politics in the ambit of international contemporary art exhibitions.

Finally, we must question the way in which Brazil and Latin America in general are placed on the global art map. Would the emergence of political art in 1990s Brazil be an emulating manifestation of processes which took place in the hegemonic centres of international art or the genuine redemption of Latin America's critical wealth? This refers to the inclusion of other histories in the genealogy of so-called Western Art, but perhaps this reveals, first and foremost, the deep wounds left by colonialism in the knowledge produced outside these centres.

Bibliography

50 Anos de Bienal Internacional de São Paulo, *Revista USP*, n. 52, December 2001-January 2002.

ABAD, Antoni. O papel da mídia no circuito da arte. In: PRIMEIRO SIMPÓSIO INTERNACIONAL DO PAÇO DAS ARTES, August 2005. Available at: www.forumpermanente.org

AGAMBEN, Giorgio. O que é um dispositivo?, *Outra travessia*, n. 5. Florianópolis, 2005.

_____. *Homo sacer*: O poder soberano e a vida nua. Lisboa: Ed. Presença, 1998.

_____. *The Coming Community*. Minneapolis; London: University of Minnesota Press, 1993.

ALAMBERT, Francisco; CANHÊTE, Polyana. *As Bienais de São Paulo*: da era dos museus à era dos curadores (1951-2001). São Paulo: Boitempo, 2004.

AMADO, Guy. *Sobre a 28ª Bienal ou O buraco é mais em cima*. Available at www.canalcontemporaneo.art.br

AMARAL, Aracy. *Textos do Trópico de Capricórnio*: artigos e ensaios (1980-2005) – v. 2: Circuitos de arte na América Latina e no Brasil. São Paulo: Ed. 34, 2006.

_____. *Textos do Trópico de Capricórnio*: artigos e ensaios (1980-2005) – v. 3: Bienais e artistas contemporâneos no Brasil. São Paulo: Ed. 34, 2006.

_____. *Arte para quê? a preocupação social na arte brasileira, 1930-1970*: subsídios para uma história social da arte no Brasil. 3. ed. São Paulo: Studio Nobel, 2003.

_____. *Arte e meio artístico*: entre a feijoada e o x-burguer (1961-1981). São Paulo: Nobel, 1983.

AMARAL, Aracy. (ed.) *Arte Construtiva no Brasil:* Adolpho Leirner. São Paulo: Melhoramentos, 1998.

AMARAL, Aracy. (org.) *Mundo, Homem, Arte em Crise.* 2. ed. São Paulo: Perspectiva, 1986.

AMARANTE, Leonor. *As Bienais de São Paulo, 1951-1987.* São Paulo: Projeto, 1989.

ANJOS, Moacir dos. *Local/Global*: arte em trânsito. Rio de Janeiro: Jorge Zahar Ed., 2005.

ARANTES, Otília (org.). *Acadêmicos e modernos.* São Paulo: Edusp, 1998.

ARENDT, Hannah. *A condição humana.* 8. ed. Rio de Janeiro: Forense Universitária, 1997.

BAITELLO, Norval. A sociedade da informação. *São Paulo em Perspectiva*, v. 8, n. 4, 1994, p. 19-21.

BAKHTIN, Mikhail. O discurso em Dostoiévski. In: *Problemas da poética de Dostoiévski.* 2.ed. Rio de Janeiro: Forense Universitária, 1997. p.157-236.

BARBOSA DE OLIVEIRA. Lúcia Maciel. *Corpos Indisciplinados*: ação cultural em tempos de biopolítica. Thesis (Doctorate in Information Sciences). Escola de Comunicações e Artes, Universidade de São Paulo, 2006.

_____. *Que políticas culturais?* Available at: www.centrocultural.sp.gov.br

BARRETO, Jorge Menna; GARBELOTTI, Raquel. Especificidade e (in)tradutibilidade. In: Arte em Pesquisa: especificidades, vol 1. ANPAP, Brasília, 2004.

BARRETO, Jorge Menna. Report on the conference: "A arte de ser testemunha na esfera pública em tempos de guerra" by Rosalyn Deutsche. CICLO DE DEBATES INTERVENÇÃO ARTÍSTICA NO ESPAÇO PÚBLICO: A ATUALIDADE DO LUGAR. Arco Madrid, February 2008. Available at: www.forumpermanente.org

BARROS, Regina T. *Revisão de uma história:* a criação do Museu de Arte Moderna de São Paulo. 1946-1949. Dissertation (MA in Visual Arts). Departamento de Artes Plásticas da Escola de Comunicação e Artes, Universidade de São Paulo, São Paulo, 2002.

BARTHES, Roland. *Como viver junto.* São Paulo: Martins Fontes, 2003.

_____. *Criticism and Truth.* London: Athlone Press, 1987.

BASBAUM, Ricardo. (ed.) *Arte Contemporânea Brasileira*: texturas, dicções, ficções, estratégias. Rio de Janeiro: Contra Capa, 2001.

BASUALDO, Carlos. The Unstable Institution. *Manifesta Journal*, n. 2, winter 2003–spring 2004, p. 50-62. Available at: www.globalartmuseum.de

BARRIENDOS, Joaquín; SPRICIGO, Vinicius. HORROR VACUI: Crítica institucional y suspensión (temporal) del sistema internacional del arte. Una conversación con Ivo Mesquita sobre la 28ava Bienal de São Paulo. *Estudios Visuales*, n. 6, Barcelona, December 2008, p. 144-163

BELTING, Hans. *O fim da história da arte*: uma revisão dez anos depois. São Paulo: Cosac Naify, 2006.

BELTING, Hans; BUDDENSIEG, Andrea. (ed.) *The Global Art World*. Audiences, Markets and Museums. Ostfildern: Hatje Cantz, 2009.

BENJAMIN, Walter. *Obras escolhidas*, v. 1 – Magia e técnica, arte e política: ensaios sobre literatura e história da cultura. São Paulo: Brasiliense, 1994.

BENKLER, Yochai. *The Wealth of Networks*: How Social Production Transforms Markets and Freedom. New Haven/London: Yale University Press, 2006.

BERGEN BIENNIAL CONFERENCE. Bergen Kunstall, 17-21 September 2009.

BEY, Hakin. *TAZ*: zona autônoma temporária. São Paulo: Conrad, 2001.

BIRNBAUM, Daniel. In other's words. Interview with Sarat Maharaj, *Artforum*, February 2002.

BISHOP, Claire. The Social Turn: Collaboration and its Discontents. *Artforum*, February 2006, p. 179-85.

Installation Art: a Critical History. London: Tate Publishing, 2005.

_____.Antagonism and Relational Aesthetics. *October*, n. 110, Fall 2004, p. 51-79.

_____. Round-table with Antoní Muntadas, Sônia Salzstein and Paula Trope. O SOCIAL NA ARTE; ENTRE A ÉTICA E A ESTÉTICA, Escola de Comunicações e Artes da Universidade de São Paulo, August 2008. Available at: www.forumpermanente.org

BISHOP, Claire (ed.). *Participation*. Cambridge: The MIT Press, 2006.

BOLAÑOS, Maria. *Desorden, Diseminación y Dudas*: El Discurso Expositivo del Museo en Las Últimas Décadas. Available at www.forumpermanente.org

BOURRIAUD, Nicolas. *Relational Aesthetics*. Paris: Les Presses du Réel, 2000.

BRAGA, Paula. Round-table report: Paulo Sérgio Duarte, Paulo Herkenhoff, Moacir dos Anjos and Marcelo Araújo. DESAFIOS PARA O MUSEU DE ARTE NO BRASIL NO SÉCULO XXI. Goethe Institut São Paulo, 2004. Available at: www.forumpermanente.org

BRAGA, Paula (org.). Seguindo Fios Soltos: caminhos na pesquisa sobre Hélio Oiticica. Special edition of *Revista do Fórum Permanente*. Available at: www.forumpermanente.org

BRETT, Guy. Três incidentes memoráveis. In: Exhibition catalogue. *Rio Trajetórias. Ações Transculturais*, Rio de Janeiro, 2001.

_____.Museum Parangolé, *Trans*, v. 1, n.1, 1995.

BRITO, Ronaldo. *Neoconcretismo*. Vértice e ruptura do projeto construtivo brasileiro. São Paulo: Cosac Naify, 1999.

BUCHLOH, Benjamin. Conceptual Art 1962-1969: From the Aesthetic of Administration to the Critique of Institutions. *October*, n. 55, Winter 1990, p. 103-143.

BURKE, Peter. *Uma história social do conhecimento*. São Paulo: Zahar, 2003.

BUERGEL, Roger M. *The migration of form*. Available at: www.documenta.de

BUERGER, Peter. *Teoria da vanguarda*. Lisboa: Vega, 1993.

CANCLINI, Néstor G. *Leitores, Espectadores e Internautas*. São Paulo: Observatório Itaú Cultural/Iluminuras, 2008.

_____. *Culturas híbridas*: estratégias para entrar e sair da modernidade. 2. ed. São Paulo: Edusp, 2003.

_____. *A Globalização Imaginada*. São Paulo: Iluminuras, 2003.

CASTELLS, Manuel. Emergence des "médias de masse individuels", *Le Monde Diplomatique*, August 2006, p. 16.

_____.*A sociedade em rede*. 8. ed. São Paulo: Paz e Terra, 2005.

_____. *O poder da identidade*. 3. ed. São Paulo: Paz e Terra, 2002.

CAUDURO, Flávio. Desconstrução e tipografia digital. In: *Arcos:* cultura material e visualidade. Rio de Janeiro, Escola Superior de Desenho Industrial, v. I, n. único, 1998, p. 76-101.

CHAIMOVICH, Felipe. (org.) *Grupo de estudos de Curadoria do Museu de Arte Moderna de São Paulo*. 2. ed. São Paulo: MAM, 2008.

CHARTIER, Roger. *A ordem dos livros: leitores, autores e bibliotecas na Europa entre os séculos XIV e XVIII*. Brasília: Ed. Universidade de Brasília, 1994.

CHAUÍ, Marilena. *Cidadania Cultural*: o direito à cultura. São Paulo: Editora Fundação Perseu Abramo, 2006.

_____. *Seminários*. São Paulo: Brasiliense, 1983.

CHEVRIER, Jean-François. *The Year 1967 – From Art Objects to Public Things*: Or Variations on the Conquest of Space. Barcelona: Fundació Antoni Tàpies, 1997.

CIMAM ANNUAL CONFERENCE, Museums: Intersections in a Global Scene. Pinacoteca do Estado de São Paulo, Nov. 2005. Available at: www.forumpermanente.org

COELHO NETTO, José Teixeira. *A Cultura e seu contrário*: cultura, arte e política pós-2001. São Paulo: Iluminuras/Itaú Cultural, 2008.

_____. O melhor mesmo é ir ao museu, *Bravo*, n.134, October 2008, p.44-46.

_____. *Dicionário crítico de política cultural*. 2. ed. São Paulo: Iluminuras/ FAPESP, 1999.

_____. *O que é ação cultural*. São Paulo: Brasiliense, 2001.

CONDE, Ana Paula. CONDE, Ana Paula. Herkenhoff reconstrói o Museu Nacional. *Trópico*. Available at http://pphp.uol.com.br/tropico/

_____. Museu dos EUA irá restaurar e expor obras de Hélio Oiticica, *Folha de S.Paulo*, 2 April 2004.

CRIMP, Douglas. *On the Museum's Ruins*. London: MIT Press, 1995.

CYPRIANO, Fábio. Um acordo de cavalheiros em vivo contato. Available at: www.forumpermanente.org

_____. A void in São Paulo. *Frieze*, novembro de 2007. Available at www.frieze.com

CYPRIANO, Fábio, GONÇALVES, Marcos Augusto. Interview with Ivo Mesquita. *Folha de S.Paulo*, 22nd of October, 2008.

DANTO, Arthur C. *Após o Fim da Arte*: A Arte Contemporânea e os Limites da História. São Paulo: Odysseus Editora, 2006.

DEBORD, Guy. *The Society of the Spectacle*. Paris, 1967. Available at: http://en.wikisource.org/wiki/The_Society_of_the_Spectacle

DOCUMENTA. *Politics-Poetics: Documenta X – The Book*. Ostfildern-Ruit: Hatje Cantz, 1997.

_____.Exhibition guide. *Documenta 10*. Ostfildern-Ruit: Hatje Cantz, 1997.

_____. Exhibition catalogue. *Documenta 11_Platform 5*. Ostfildern-Ruit: Hatje Cantz, 2002.

_____. Democracy Unrealized. Documenta 11_Platform 1. Ostfildern-Ruit: Hatje Cantz, 2002.

_____. *Documenta 12 Magazines No 1-3 Reader*. Cologne: Taschen, 2007.

DUARTE, Paulo Sérgio. *Anos 60: transformações da arte no Brasil*. Rio de Janeiro: Campus Gerais, 1998.

DUVE, Thierry De. Kant depois de Duchamp. *Arte & Ensaio*. Rio de Janeiro: UFRJ, 1998, p.125-152.

FAORO, Raymundo. A questão nacional: a modernização. *Estudos Avançados*, v. 6, n. 14, São Paulo, Jan-Apr 1992.

FARIAS, Agnaldo (ed.). *50 Anos de Bienal de São Paulo*. São Paulo: Fundação Bienal, 2001.

FERNANDEZ, Olga. Institutional Critique: Two Deaths and Three Resurrections. Unpublished text used with the author's permission.

FERREIRA, Glória. (org.) *Crítica de arte no Brasil*: temáticas contemporâneas. Rio de Janeiro: Funarte, 2006.

FERREIRA, Glória, MELLO, Cecília Cotrim de. (org.) *Clement Greenberg e o debate crítico.* Rio de Janeiro: Funarte Jorge Zahar, 1997

FIALHO, Ana Letícia. FIALHO, Letícia Ana. MoMA (re)descobre a América Latina. Trópico. Available at http://pphp.uol.com.br/tropico/

_____.O Brasil na coleção do MoMA: análise da inserção da arte brasileira numa instituição internacional. In: PRIMEIRO SIMPÓSIO INTERNACIONAL DO PAÇO DAS ARTES, August 2005. Available at: www.forumpermanente.org

_____. Mercado de Artes: Global e Desigual, *Trópico*, 2005. Available at: http://pphp.uol.com.br/tropico/

FILIPOVIC, Elena; VANDERLINDEN, Barbara. (org.) *The Manifesta Decade:* Debates on Contemporary Art Exhibitions and Biennials in Post-wall Europe. Brussels/Cambridge: Roomade/MIT Press, 2005.

FISHER, Jean. *When Was the Postcolonial*? Reflections on the "Postcolonial" in the Context of Contemporary Indigenous American Art Practices? Text used with the author's permission.

_____. *When was Modernity*? Seminar presented at the Curating Department of the do Royal College of Art, London, November 2007. Unpublished text used with the author's permission.

FOSTER, Hal; KRAUSS, Rosalind; BOIS, Yve-Alain; BUCHLOH, Benjamin H. D. *Art since 1900.* Modernism, Antimodernism, Postmodernism. London: Thames & Hudson, 2004.

FOSTER, Hal. *The return of the real: the avant-garde at the end of the century.* The MIT Press. London,1996.

FOUCAULT, Michel. *História da Sexualidade.* v. 1: A Vontade de Saber. Rio de Janeiro: Edições Graal, 1988.

_____. Qu'est-ce que la critique? Critique et Aufklärung. In: *Bulletin de la Société Française de Philosophie*, v. 82, n. 2, p. 35-63, Apr-Jun 1990. Translated by Gabriela Lafetá Borges and revised by Wanderson Flor do Nascimento. Available at: http://www.unb.br/fe/tef/filoesco/foucault/critique.html

FRASER, Andrea. From the Critique of Institutions to an Institution of Critique, *Artforum*, September 2005.

FRASER, Valerie. *Brasília:* uma capital nacional sem um museu nacional. Available at www.forumpermanente.org

FREIRE, Cristina. *Poéticas do Processo*; arte conceitual no museu. São Paulo: Iluminuras, 1999.

FUNDAÇÃO BIENAL DE SÃO PAULO. Primeiro Encontro de Organizadores de Bienais Internacionais, 10 a 12 de dezembro de 1981. Acervo Vilém Flusser Archiv.

_____. Guia da exposição *Em vivo contato, 28ª Bienal de São Paulo*, 2008.

_____. Conferências. *28ª Bienal de São Paulo*, 2008. Available at: www.28bienalsaopaulo.org.br

_____. *Seminars. 27ª Bienal de São Paulo*, 2006. Available at: http://bienalsaopaulo.globo.com/

_____. Catálogo da *24ª Bienal de São Paulo. Núcleo histórico*: antropofagia e histórias de canibalismos. São Paulo, 1998.

_____. Catálogos das *Bienais Internacionais de São Paulo* (1951-1996). Acervo Arquivo Histórico Wanda Svevo.

GRIFFIN, Tim; et. al. Global Tendencies: Globalism and the Large-Scale Exhibition, *Artforum*, n. 42, November 2003.

GOLDSTEIN, Ilana. Round-table report: Agnaldo Farias, Luiz Camillo Osorio and Moacir do Anjos. DEBATE O QUE É, AFINAL, A ARTE BRASILEIRA? Arco Madrid, February 2008. Available at: www.forumpermanente.org

_____. Relato da mesa "Colecionismos do contemporâneo no Brasil". WORKSHOP A VIRADA GLOBAL DA ARTE CONTEMPORÂNEA NAS COLEÇÕES BRASILEIRAS, Goethe-Institut São Paulo, August 2008. Available at: www.forumpermanente.org

GARCIA DOS SANTOS, Laymert. *Politizar as novas tecnologias*. São Paulo: Ed. 34, 2003.

GLASMEIER, Michael; STENGEL, Karin. (org.) *50 Years Documenta*. Archive in motion. London: Steidl, 2005.

GREENBERG, Reesa; FERGUSON, Bruce W.; NAIRNE, Sandy (ed.). *Thinking about Exhibitions*. London/New York: Routledge, 1996.

GROSSMANN, Martin. *Museum imaging modelling modernity*. Thesis (PhD in Social and Enviromental Studies), University of Liverpool, 1993.

_____. *Fórum Permanente*: Museus de Arte; entre o público e o privado. Available at: www.forumpermanente.org

_____. O *Anti-Museu*. Available at: http://museologia.incubadora.fapesp.br/portal

_____. Uma cronologia para o museu de arte. Available at: http://museologia.incubadora.fapesp.br

_____. *As instituições de arte brasileiras*: Fórum Permanente interview Paulo

Sérgio Duarte, Marcelo Araújo, Fernando Cocchiarale e Rejane Cintrão. Available at: www.forumpermanente.org. *Interview Jean Gallard*. Available at www.forumpermanente.org

GUILBALT, Serge. (ed.) *Reconstructing modernism*: art in New York, Paris, and Montreal, 1945-1964. Cambridge: The MIT Press, 1990.

GULLAR, Ferreira. *Vanguarda e subdesenvolvimento*. Rio de Janeiro: Civilização Brasileira, 1969.

HABERMAS, Jürgen. *Mudança estrutural da esfera pública*. Rio de Janeiro: Tempo Brasileiro, 1984.

HAL, Marieke van. *The Effectiveness of the Biennial and the Biennial Effect*. Seminar presented at the Curating Department of the College of Art, London, November 2007. Unpublished text used with the author's permission.

_____. *The Biennial Debate: Discussion on the Pros and Cons*. Unpublished text used with the author's permission.

HALL, Stuart. *A Identidade cultural na pós-modernidade*. Rio de Janeiro: DP&A, 2000.

HARDT, Michael, NEGRI, Antonio. *Empire*. Cambridge/London: Harvard University Press, 2000.

_____. O que é a multidão? *Novos Estudos*, n. 75, July 2006, p.93-108.

HARRISON, Charles; WOOD, Paul. (org.) *Art in Theory – 1900-1990*. Oxford: Blackwell, 1992.

HARRISON, Charles, WOOD, Paul et al. *Modernismo em disputa: a arte desde os anos quarenta*. São Paulo: Cosac & Naify, 1998.

HARVEY, David. *Condição pós-moderna*. São Paulo: Loyola, 2003.

HENRY MOORE INSTITUTE. Exhibition catalogue. *Espaço aberto/Espaço fechado*: sites for sculpture in modern Brazil, London, 2006.

HERKENHOFF, Paulo. Bienal 1998, princípios e processos, *Trópico*, 2008. Available at: http://pphp.uol.com.br/tropico/

_____. Sistema Institucional da Arte. In: PRIMEIRO SIMPÓSIO INTERNACIONAL DO PAÇO DAS ARTES, August 2005. Available at: www.forumpermanente.org

HIRSCH, Michael. Politics of fiction. *Parachute*, n. 101. Jan-Mar 2001, p.124-136.

HIRSZMAN, Maria; MOLINA, Camila. "Bienal do Vazio" começa no dia 25 com proposta ousada, *O Estado de S.Paulo*, 2nd of October, 2008.

HOLMES, Brian. *Coded utopia*. Available at: http://www.metamute.org

HONORATO, Cayo. Report of the debate with Carmen Mörsch. A EXPERIÊNCIA EDUCATIVA NA DOCUMENTA 12. Museu de Arte Moderna de São Paulo, August 2008. Available at www.forumpermanente.org

HUNTINGTON, Samuel. *O choque de civilizações e a recomposição da ordem mundial*. Rio de Janeiro: Objetiva, 1997.

INTERNATIONAL RESEARCH FORUM FOR GRADUATE STUDENTS AND EMERGING SCHOLARS. Departamento de Arte e História da Arte, Universidade do Texas, 6-8 novembro 2009.

JACQUES, Paola Berenstein. *Estética da ginga*: a arquitetura das favelas através da obra de Hélio Oiticica. Rio de Janeiro: Casa da Palavra, 2001.

JAMESON, Fredric. *Pós-modernismo*: a lógica cultural do capitalismo tardio. 2 ed. São Paulo: Ática, 1997.

JULIEN, Isaac; NASH, Mark. *Frantz Fanon as Film*. Text used with the authors' permission.

KAC, Eduardo. *Negotiating Meaning*: the dialogic imagination in electronic art. Available at: http://www.ekac.org/dialogicimag.html

KRAUSS, Rosalind. The Cultural Logic of the Late Capitalist Museum, *October*, v. 54, autumn 1990, p. 3-17.

KÖNIGER, Maribel. Catherine David im Gespräch mit Maribel Königer. *Kunstforum*, n. 128, October-December 1994, p. 422-423.

KWON, Miwon. One Place After Another: Notes on Site Specificity. *October*, n. 80, Spring 1997, p. 95.

_____. The Wrong Place, *Art Journal*, v. 59, spring 2000, p.33.

LAGNADO, Lisette. LAGNADO, Lisette. A sobrevivência de Oiticica. Trópico, 2009. Available at: http://pphp.uol.com.br/tropico/

_____. O "além da arte" de Hélio Oiticica, *Trópico*, 2007. Available at: http://pphp.uol.com.br/tropico/

LAGNADO, Lisette; PEDROSA, Adriano. (org.) *27ª Bienal de São Paulo*: como viver junto. São Paulo: Fundação Bienal, 2006, p. 53.

LIPPARD, Lucy. *Six years: the dematerialization of art object from 1966 to 1972*. New York: Praeger, 1973.

LUCIE-SMITH, Edward. *Art Today*. London: Thames & Hudson, 1995.

MARTÍN-BARBERO, Jesús. *Dos meios às mediações*: comunicação, cultura e hegemonia. 2. ed. Rio de Janeiro: Editora UFRJ, 2001

MARIOTTI, Gilberto. Report on lecture by Hans Belting and discussion with Ivo

Mesquita, Laymert Garcia dos Santos e Jens Baumgarten. WORKSHOP A VIRADA GLOBAL DA ARTE CONTEMPORÂNEA NAS COLEÇÕES BRASILEIRAS, Goethe-Institut São Paulo, August 2008. Available at: www.forumpermanente.org

MENDES, Ricardo. Bienal de São Paulo 1973 – Flusser como curador: uma experiência inconclusa. Available at www.fotoplus.com

MESQUITA, André. Report of round-table with Martin Grossmann, Nancy Betts, Ricardo Basbaum chaired by Priscila Arantes and Sergio Basbaum. ARTE CONTEMPORÂNEA: A DOCUMENTA 12 EM FOCO. Pontifícia Universidade Católica de São Paulo, October 2007. Available at: www.forumpermante.org

MESQUITA, Ivo; COHEN, Ana Paula. *Relatório da curadoria da 28ª Bienal de São Paulo*. Available at: www.forumpermanente.org

MICELI, Sérgio. (org.) *Estado e Cultura no Brasil*. São Paulo: Difel, 1984.

MOSQUERA, Gerardo. *Zones of silence*. Amsterdam: Rijksakademie van Beeldende Kunsten, 2001.

_____. *Beyond the Fantastic*: contemporary art criticism from Latin America. London/Cambridge: The Institut of International Visual Arts/The MIT Press, 1996.

NEGRI, Antonio. *Cinco lições sobre Império*. Rio de Janeiro: DP&A Editora, 2003.

NIEMOJEWSKI, Rafal. *The rise of the contemporary biennial: a new topography for the contemporary art world*. Seminar presented at the Curating Department of the Royal College of Art, London, November 2007.

NOBRE, Ligia. Taggers get into "living contact" with vacant São Paulo Bienal. *Art Review*, 4th of November, 2008.

NOVAES, Adauto. *O nacional e o popular na cultural brasileira*: artes plásticas e literatura. São Paulo: Brasiliense, 1983.

OBRIST, Hans U. *A brief history of curating*. Zurich/Dijon: JRP Ringier/Les presses du réel, 2008.

O'DOHERTY, Brian. *No Interior do Cubo Branco*; a ideologia do espaço da arte. São Paulo: Martins Fontes, 2002.

O'NEIL, Paul. *Curating Subjects*. London/Amsterdam: G&B Printers/De Appel, 2007.

OITICICA, Hélio. *Aspiro ao grande labirinto*. Rio de Janeiro: Rocco, 1986.

_____. *Situação da Vanguarda no Brasil*. Rio de Janeiro, 1996. Available at www.itaucultural.org

OLIVEIRA, Rita A. Bienal de São Paulo: impacto na cultura brasileira. *São Paulo em Perspectiva*, v. 15. n. 3, 2001, p.18-28.

_____. *A Bienal de São Paulo: forma histórica e produção cultural*. Thesis (PhD in Social Sciences), Pontifícia Universidade Católica de São Paulo, 2001.

ORTIZ, Renato. Estudos Culturais. *Tempo Social*, June 2004, p. 119-27.

_____. *Mundialização e cultura*. São Paulo: Brasiliense, 1994.

A moderna tradição brasileira: cultura brasileira e indústria cultural. 5. ed. São Paulo: Brasiliense, 1994.

_____. *Cultura brasileira e identidade nacional*. São Paulo: Brasiliense, 1985.

PELBART, Peter P. Sequestro da vitalidade e revides biopolíticos. In: MATADERO INTERMEDIÆ, Madrid, 12 February 2008. Available at www.forumpermanente.org

PERAN, Martí. *Presente continuo*. Producción artística y construcción de realidad. (un apéndice). Catalunha: Eumo Editorial, 2006.

PROJETO HÉLIO OITICICA. Exhibition catalogue. *Hélio Oiticica*. Rio de Janeiro: Centro de Artes Hélio Oiticica, 1992.

RAMIRO, Mário. Salto para um mundo cheio de deuses, *Ars*, n. 10, 2007, p. 32-37.

RANCIÈRE, Jacques. A partilha do sensível: estética e política. São Paulo: Editora 34/EXO experimental, 2005.

_____. The emancipated Spectator. *Artforum*, March 2007.

REBOLLO, Lisbeth. *As Bienais e a abstração*. São Paulo: Museu Lasar Segall, 1978.

ROCHA, Glauber. Uma Estética da Fome. *Revista Civilização Brasileira*, ano I, n. 3, July 1965.

SAID, Edward. *Cultura e Política*. São Paulo: Boitempo Editorial, 2003.

SÃO PAULO S.A. SITUAÇÃO #3 ESTÉTICA E POLÍTICA, SESC São Paulo, April 2005. Available at: http://www.sescsp.org.br

SALZSTEIN, Sônia. Autonomia e subjetividade na obra de Hélio Oiticica. *Novos Estudos*, n. 41, March 1995, p. 150-60.

_____. Transformações na esfera da crítica. *Ars*, n. 1, 2003, p. 84-9.

_____. Cultura pop: Astúcia e Inocência, *Novos Estudos*, n. 76, November 2006, p. 251-262.

SCHWARZ, Roberto. *Cultura e Política*. São Paulo: Paz e Terra, 2001.

SHORAT, Ella; STAM, Robert. *Crítica da imagem eurocêntrica*. São Paulo: Cosac Naify, 2006.

SLOTERDIJK, Peter. *No mesmo barco*: ensaio sobre a hiperpolítica. São Paulo: Estação Liberdade, 1999.

SPERLING, David. Museu Brasileiro da Escultura, utopia de um território contínuo. *Arquitextos*, n. 18, November 2001. Available at http://www.vitruvius.com.br

_____. *As arquiteturas de museus contemporâneos como agentes no sistema da arte*. Available at: www.forumpermanente.org

SPRICIGO, Vinicius; SILVEIRA, Luciana M. A vanguarda participacionista brasileira. *História Questões e Debates*, Curitiba, v. 42, p. 157-74, 2005.

SPRICIGO, Vinicius; BENETTI, Liliane. Relato dos Seminários da 27ª Bienal de São Paulo. Available at: www.forumpermanente.org

SPRICIGO, Vinicius. Entrevista com Antoni Abad. In: ABAD, Antoni (Org.). *canal* MOTOBOY*. São Paulo: Centro Cultural da Espanha em São Paulo, 2007, p. 45-54. Available at: www.forumpermanente.org

_____. Relato do Workshop de Martí Peran "Curar e criticar: novos modos da crítica de arte", Escola de Comunicações e Artes da Universidade de São Paulo, April 2007. Available at: www.forumpermanente.org

STORR, Robert. Kassel Rock: interview with curator Catherine David. *Artforum*, May1997.

SUBIRATS, Eduardo. *Da vanguarda ao pós-moderno*. São Paulo: Nobel, 1991.

TATE. Exhibition catalogue. *Fourth Tate Triennial*. London, 2009.

TAVARES, Ana M. Depoimento. In: Artistas dizem como preencheriam o andar vazio da Bienal. *Folha de S.Paulo*, 22nd of October, 2008.

WEIBEL, Peter; BUDDENSIEG, Andrea (ed.). *Contemporary Art and the Museum*: A Global Perspective. Osfildern: Hatje Cantz, 2007.

WILLIAMS, Raymond. *Cultura*. São Paulo, Paz e Terra, 1992.

WOOD, Paul. *Arte Conceitual*. São Paulo: Cosac Naify, 2004.

VENTURA, Zuenir. A crise da cultura brasileira, *Visão*, 1971.

ZANINI, Walter. Duas décadas difíceis: 60 e 70. In: Catálogo da exposição *Bienal Brasil Século XX*. São Paulo: Fundação Bienal, 1996, p. 306.

_____. História Geral da Arte no Brasil. v. 2. São Paulo : Instituto Walther Moreira Salles: Fundação Djalma Guimarães, 1983

_____. Ata da Reunião de Consulta entre Críticos de Arte da América Latina, 1980. Acervo Vilém Flusser Archiv.

MODOS DE REPRESENTAÇÃO DA BIENAL DE SÃO PAULO
A PASSAGEM DO INTERNACIONALISMO ARTÍSTICO À GLOBALIZAÇÃO CULTURAL

Apresentação

Tenho o prazer de apresentar o trabalho de Vinicius Spricigo para um público mais amplo. Vinicius foi *research fellow* no Departamento de Curadoria de Arte Contemporânea do *Royal College of Art* durante sua pesquisa para essa publicação. Com seu empenho apaixonado pelas questões relativas à curadoria, pós-colonialismo e globalização, tanto em sua própria pesquisa como também no Fórum Permanente, ficou claro que ele possui uma voz comprometida e original.

Dado o papel essencial que a arte contemporânea desempenha na produção cultural do Brasil e da América Latina como uma voz pela razão, democracia e igualdade, é importante que trabalhos *lusófonos (ou mesmo hispanófonos)* possam circular para um público internacional mais amplo. Tenho certeza de que esta publicação irá contribuir nesse sentido.

Seu argumento é familiar – que o desenvolvimento de uma esfera pública global e a surgimento da internet transformaram completamente o paradigma curatorial. Entretanto, a natureza da arte contemporânea, baseada na materialidade dos objetos, processos e performances, não é facilmente traduzida nesse novo meio global. E, por outro lado, esse novo meio não é facilmente traduzido em uma forma de exposição local. Sua publicação se concentra no papel do diálogo, e dos processos de comunicação: o dialógico, como coloca Mikhail Bakhtin em sua obra seminal *A imaginação dialógica*.

O trabalho de Vinicius levanta questões sobre a materialidade e a efetividade dos diálogos curatoriais, que são destaques cada vez mais presentes na esfera da arte contemporânea, e coloca perguntas importantes sobre a sua função social e o modo como a institucionalização da arte contemporânea pode enfraquecer sua efetividade crítica.

Mark Nash
Chefe do Departamento
Curadoria de Arte Contemporânea
Royal College of Art

Prefácio

Este estudo tem como tema as mudanças recentes ocorridas nos modos de mediação da arte no contexto da globalização cultural. Partimos da hipótese de que essas mudanças, nas duas últimas décadas (1989-2009), devem ser compreendidas em um contexto mais amplo de crise da esfera pública burguesa (Habermas), cuja ênfase repousava, grosso modo, no papel "centralizador/normatizador" dos aparelhos culturais (bibliotecas, museus, centros culturais etc.) geridos pelo Estado. Cabe notar, no entanto, que é justamente o surgimento de uma indústria cultural e de um mercado de bens simbólicos aquilo que caracteriza a autonomia da produção cultural nas sociedades modernas.

Temos, portanto, como ponto de partida, a crise do papel regulador do Estado-nação, ponto central de diversas análises sobre o mundo globalizado. Assim, vamos estudar as relações entre política e cultura, no âmbito das transformações ocorridas nas práticas curatoriais e nas exposições de arte contemporânea em virtude dos processos de globalização cultural. O ponto de vista adotado neste trabalho foi o das possibilidades surgidas com a emergência de uma esfera pública "global".

Na análise das práticas curatoriais contemporâneas, recorremos ao conceito de crítica institucional cunhado a partir de estudos sobre as neovanguardas artísticas do fim dos anos 1960 e início dos anos 1970, como referencial para analisar os modos de mediação da arte operacionalizados tendo como base princípios democráticos, seja por meio de processos e relações horizontais que articulam novas formas de diálogo entre público e instituição, seja pela inclusão de culturas ditas marginalizadas ao sistema artístico global.

A metodologia adotada neste estudo dos impactos da globalização nas práticas curatoriais contemporâneas foi confrontar a história da Bienal de São Paulo (1951) com a de outra exposição de arte também criada no pós-guerra, a Documenta de Kassel (1955). Assim, o foco desta análise está nas últimas edições dessas exposições, por enfatizarem, através da reestruturação de seus modos de apresentação, o aspecto dialógico da mediação, colocando debates, publicações e programas educativos em papel de destaque.

Essa investigação sobre as exposições de arte contemporânea do fim do século XX e início do século XXI justifica-se pela sua contribuição para as pesquisas sobre as práticas curatoriais, fornecendo subsídios conceituais para uma discussão crítica a respeito da mediação cultural no contexto das exposições "globais" de arte contemporânea. Ademais, esta pesquisa lança questões sobre a construção social e, por que não dizer, a respeito da institucionalização da arte.

O projeto apresentado ao Prêmio "Publicações em língua estrangeira de Arte Contemporânea" transforma a minha tese de doutorado desenvolvida na Escola de Comunicações e Artes da Universidade de São Paulo em livro. A tese intitulada *Relato de outra modernidade: contribuições para uma reflexão crítica sobre a mediação da arte no contexto da globalização cultural* foi apresentada, em março de 2010, para a banca formada pelos professores Martin Grossmann (orientador), Teixeira Coelho (ECA-USP), Laymert Garcia dos Santos (Unicamp), Moacir dos Anjos (Fundação Joaquim Nabuco) e Miguel Chaia (PUC-SP).

O trabalho foi organizado em torno dos estudos de caso de três edições da Documenta de Kassel (1997, 2002, 2007), bem como da 24ª (1998), da 27ª (2006) e da 28ª (2008) edições da Bienal de São Paulo, tendo como foco de análise as transformações ocorridas nas práticas curatoriais e na esfera institucional da arte a partir dos anos 1960 e 1970. A construção conceitual do trabalho foi realizada por meio de um diálogo entre as transformações nas práticas curatoriais contemporâneas, que resultou de uma revisão dos papéis das instituições como mediadoras entre a produção artística e o público, com os processos de inserção de regiões e discursos periféricos em um sistema cultural global.

O presente texto foi editado tendo como foco a crise da esfera pública da arte a partir das perspectivas teóricas abertas por Hans Belting, confrontando o pensamento desse autor com outro referencial teórico advindo das ciências sociais no continente latino-americano. (Nestor Canclini, Renato Ortiz e Jesus Martín-Barbero).

Em suma, foram removidos do trabalho a parte de revisão bibliográfica e de definições metodológicas, bem como as referências ao contexto acadêmico no qual a pesquisa foi realizada. Desse modo, a narrativa tornou-se fluída, conduzindo o leitor através do projeto político e cultural da Bienal de São Paulo como tópico principal. A narrativa inicia com uma delimitação das discussões sobre as Bienais de arte no Brasil e no exterior. Em seguida, são abordadas as transformações na esfera pública da arte e seu impacto na Bienal de São Paulo. Uma análise do projeto político e cultural da Bienal fundamenta uma discussão sobre as mudanças nos modos de representação adotados pela exposição no contexto da arte global. Por fim, a relação entre arte e política, que retorna em 2010 como tema do projeto curatorial de Moacir dos Anjos e Agnaldo Farias para a 29ª Bienal de São Paulo, é analisada tendo como referências os seminários da 27ª edição da mostra (2006).

Algumas das reflexões desenvolvidas na tese foram apresentadas no International Research Forum for Graduate Students and Emerging Scholars em Austin, Texas, evento acadêmico organizado pelo Departamento de Arte e História da Arte da Universidade do Texas em colaboração com a Universidade de Artes de Londres e a Universidade de Essex e publicadas no ensaio "From artistic internationalism to cultural globalisation: notes towards a critical reflection on the recent changes in the strategies of (re)presentation of the São Paulo Bienal", no website do Projeto Global Art and the Museum (ZKM/Karlsruhe).[1]

A inserção internacional da pesquisa ocorreu inicialmente como resultado de um estágio de doutorado no exterior, realizado no departamento de curadoria do Royal College of Art, em Londres, entre outubro e dezembro de 2007, sob a supervisão de Mark Nash, co-curador da Documenta 11. Assim, confirmando a contribuição do trabalho ao departamento, essa instituição será o principal ponto de apoio institucional para a distribuição da publicação no exterior.

Trata-se ainda de uma publicação relacionada ao Fórum Permanente de museus de arte; entre o público e o privado, uma vez que o desenvolvimento da tese está atrelado a seu escopo temático e conceitual bem como à experiência pessoal do autor como curador associado ao projeto no período de 2006-2009. Registro aqui o meu agradecimento a Martin Grossmann, pelo entusiasmo e tenacidade na coordenação do Fórum Permanente, e por criar as condições de possibilidade para a realização deste trabalho. Aos coorientadores no exterior, Mark Nash (Royal College of Art) e Hans Belting (Zentrum für Kunst und Medientechnologie Karlsruhe), pelo estímulo intelectual e pelas portas abertas. Os estágios no exterior marcaram, cada um a seu modo, a minha trajetória dentro do curso de doutorado.Também foram fundamentais para a realização desta pesquisa as indicações de leitura e as trocas de ideias com Jean Fisher (Royal College of Art), Michael Asbury e Isobel Whitelegg (Research Centre for Transnational Art, Identity and Nation – University of the Arts, London), Martí Peran (Universitat de Barcelona) e Andrea Buddensieg (Zentrum für Kunst und Medientechnologie Karlsruhe), bem como o apoio e incentivo às viagens ao exterior – Ana Tomé (Centro Cultural da Espanha em São Paulo), Jana Binder (Goethe Institut) e Solvei Øvstebø (Bergen Kunsthall).

Aos colegas Marieke van Hal, Olga Fernandez, Stefano Cagol, Inês Costa Dias, Jose Filipe Costa, Rafal Niemojewski, Nuria Querol, Pamela Prado, Joaquín Barriendos, Ana Letícia Fialho, Ilana Goldstein, Gilberto Mariotti e Ana Cândido de Avelar, agradeço pela interlocução. À Liliane Benetti pela ajuda na revisão dos seminários da 27ª Bienal de São Paulo e na elaboração de algumas ideias sobre a imbricação entre o estético e o político que seguiram comigo.

---

1 O texto foi mais tarde incluído em *The Biennal Reader*. Elena Filipovic, Marieke van Hal e Solveig Øvstebø (orgs.), publicado por Hatje Cantz.

Esta pesquisa recebeu apoio da Fundação de Amparo à Pesquisa no Estado de São Paulo (FAPESP) na forma de bolsa de doutorado concedida em setembro de 2006 e vigente até setembro de 2009.

Introdução

As bienais e as plataformas

Em uma palestra proferida na 28ª Bienal de São Paulo, a diretora fundadora da Biennial Foundation[2] e pesquisadora do departamento de curadoria do Royal College of Art, Marieke van Hal, falou sobre o debate atual acerca das bienais de arte. Segundo a palestrante, nas duas últimas décadas, com o processo de globalização do sistema artístico internacional, restrito até então aos chamados grandes centros da arte moderna (Nova York, Paris, Londres e Berlim), surgiram aproximadamente cem bienais de arte contemporânea ao redor do mundo, como a Bienal de Lyon (1991); Bienal Dak'Art (1992); Trienal Ásia-Pacífico (1993); Bienal de Joanesburgo, SITE Santa Fé, Bienal de Gwangju (1995); Manifesta e Bienal de Xangai (1996); Bienal do Mercosul (1997); Bienais de Berlim, Taipei e Montreal (1998); Trienal Fukuoka Asian Art, Bienais de Liverpool e do Caribe (1999), entre inúmeras outras. No encontro, organizado por Van Hal dentro do ciclo de conferências "Bienais, Bienais, Bienais...",[3] prevaleceu a visão de que as bienais estão surgindo justamente em lugares que nunca foram considerados centros da arte moderna, principalmente aqueles nas regiões emergentes na geopolítica do mundo globalizado, como Bruxelas, capital da União Europeia. Áreas de conflito, fronteiriças e/ou com problemas socioeconômicos também são locais propensos ao surgimento de novas bienais, como o Oriente Médio, a fronteira entre México e Estados Unidos, Nova Orleans etc. Nos estudos sobre as bienais, também são citados pela pesquisadora, de modo vago (como não ocidentais), os continentes africano, latino-americano e asiático, sem a apresentação, no

---

2 Organização independente que opera como uma plataforma para coletar e difundir informações sobre as bienais. Mais informações no site: www.biennialfoundation.org

3 O ciclo de debates intitulado "Bienais, Bienais, Bienais..." foi organizado pelo curador da 28ª Bienal de São Paulo, Ivo Mesquita, com a colaboração de Michael Asbury, membro do centro de pesquisa Transnational Arts, Identity and Nation – TrAIN, na University of the Arts London, e de Marieke van Hall. Os temas dos debates foram "A Bienal vista de fora" e "Tipologias de bienais".

entanto, de reflexões mais profundas sobre as diferenças nos processos de colonização e descolonização dos primeiros, e a abertura econômica e acelerada modernização dos chamados Tigres Asiáticos e da China, bem como a situação do Leste europeu após o fim do bloco soviético.

De qualquer modo, esse "efeito Bienal" coincidiu cronologicamente com o processo de reestruturação geopolítica após a queda do Muro de Berlim, no qual diversas cidades buscaram se reposicionar em um novo cenário global descentralizado. Esse cenário superava a polarização política entre Ocidente e Oriente vigente durante a Guerra Fria, bem como redistribuía as hegemonias econômicas dos Estados Unidos e da antiga União Soviética. Aparentemente, o mundo tornava-se mais democrático, com novas oportunidades para regiões até então consideradas periféricas. No dizer de Van Hal,

> olhando para as estatísticas e para a expansão internacional de bienais de arte contemporânea pode-se dizer que muitas cidades estão convencidas de que a Bienal é uma estratégia competitiva para se posicionar no mapa global. [...] Bienais operam em um nível artístico e cultural e também incorporam aspectos econômicos e sociopolíticos.[4]

Tal afirmação vai ao encontro de iniciativas locais, como o plano de se criar uma bienal na cidade de Bergen, na Noruega, que, em parceria com a *think tank* criada por Van Hal, realizou recentemente uma conferência internacional para pensar os papéis das bienais e informar os planos da cidade de organizar um evento bianual de artes visuais.[5]

Devido a essa fusão entre a promoção de culturas locais e os interesses econômicos das cidades que abrigam tais exposições, os debates sobre as bienais de arte acabaram se politizando e arregimentando grupos pró e contra, divididos entre defensores das bienais como signo de uma cultura globalizada e democrática e críticos de uma nova forma de colonialismo ligado à indústria e ao turismo cultural. Tais aspectos ideológicos estão imbricados nos debates sobre as bienais, e não há uma divisão clara entre as reflexões sobre os formatos das exposições sazonais de arte contemporânea ou a respeito dos efeitos dessas exposições nos contextos locais e suas projeções em uma esfera globalizada.[6]

No que diz respeito à definição de uma tipologia, as bienais, segundo Marieke van Hal, "compartilham práticas comuns e operam de maneira similar", integrando práticas artísticas conhecidas como *site-specific*, nas quais artistas desenvolvem projetos *in situ* integrando comunidades e contextos locais, com plataformas ditas "horizontais" para a produção de conhecimento, as quais se configuram nas mais diversas

---

4   HAL, Marieke van. "The Effectiveness of the Biennial and the Biennial Effect". Seminário apresentado no Departamento de Curadoria do Royal College of Art, Londres, novembro de 2007. Texto inédito cedido pela autora.

5   A Bergen Biennial Conference foi realizada entre 17 de 21 de setembro de 2009. Mais informações no site: www.bbc2009.no

6   HAL, Marieke van. "The Biennial Debate: Discussion on the Pros and Cons". FUNDAÇÃO BIENAL DE SÃO PAULO. Conferências. *28ª Bienal de São Paulo*, 2008. Disponível em: <http://www.28bienalsaopaulo.org.br/>

formas, desde a organização de debates e seminários, até proposições mais radicais, de transformar uma exposição em escola de arte, como foi o caso da Manifesta 6.[7]

De maneira geral, as plataformas criam novas formas de (re)apresentação da arte, um híbrido de museu e espaço para debates. Um novo modelo expositivo que veio confrontar o antigo modelo veneziano de bienal, pautado no sistema de representações nacionais advindo das exposições universais do século XIX, como a "Grande Exposição de 1851", em Londres. Em suma, esse tipo de exposição integra novas práticas curatoriais e artísticas com a articulação dos mais diversos discursos sobre a arte contemporânea, reunindo as esferas da produção e da crítica no mesmo espaço. Por conseguinte, as publicações e os arquivos são aspectos que interessam sobremaneira às bienais surgidas nos anos 1990, não somente como forma de documentação e discussão sobre a produção exibida, mas também como espaço para uma reflexão crítica a respeito da própria institucionalização da arte. De fato, grande parte da bibliografia sobre o assunto está localizada nos projetos editoriais das próprias exposições. Não à toa, a última edição da Bienal de São Paulo, dedicada a refletir sobre o papel da mostra nesse contexto de proliferação de bienais ao redor do mundo, coletou um número significativo de publicações que agora fazem parte do acervo do Arquivo Histórico da Fundação Bienal.

No entanto, os estudos sobre as tipologias das exposições periódicas de arte contemporânea são muito recentes e torna-se difícil definir exatamente esse novo formato de exposição e suas diferenças em relação ao modelo de instituição que herdamos da modernidade. O caminho mais usual para diferenciar as bienais dos museus de arte é opor as chamadas plataformas ao paradigma modernista do "cubo branco", associado ao Museu de Arte Moderna (MoMA) – criado em 1929 na cidade de Nova York –, como fazem a curadora Elena Filipovic, ao analisar o caso da décima Documenta de Kassel, da Manifesta e da Bienal de Gwanju (Coreia do Sul) no artigo "Global White Cube",[8] e o historiador da arte Hans Belting, ao falar das relações entre a arte global e o museu.[9] Trata-se, segundo esses autores, de ultrapassar os limites temporais e espaciais, mas também ideológicos, de um modelo universal de experiência estética, como foi assinalado por Brian O'Doherty em uma série de artigos publicados em 1976 na revista *Artforum* e reunidos no livro *No interior do cubo branco*.[10] Seguindo o raciocínio desses autores, pode-se afirmar que o modelo universalista do cubo branco

---

7 A exposição foi cancelada em junho de 2006 devido a divergências entre os responsáveis pelo projeto curatorial e as autoridades da cidade de Nicósia, Chipre, localizada nos limites da Comunidade Europeia e dividida entre os setores grego e turco. Cf. Carta de Mai Abu ElDahab, Anton Vidokle e Florian Waldvogel, ex-curadores da Manifesta 6. Disponível em: http://www.e-flux.com/shows/view/3270

8 FILIPOVIC, Elena. "The Global White Cube". In: *The Manifesta Decade*. Brussels/Cambridge: Roomade/MIT Press, 2005, p. 63-84.

9 BELTING, Hans. "Contemporary Art and the Museums in the Global Age". In: WEIBEL, Peter; BUDDENSIEG, Andrea (ed.). *Contemporary Art and the Museum*: A Global Perspective. Osfildern: Hatje Cantz, 2007, p. 22.

10 O'DOHERTY, Brian. *No interior do cubo branco. A ideologia do espaço da arte*. São Paulo: Martins Fontes, 2002.

seria limitado para a apresentação da grande diversidade de práticas artísticas contemporâneas e às especificidades locais das modernidades ditas periféricas em um mundo globalizado.

A proliferação de bienais de arte contemporânea nos anos 1990 e as controvérsias em torno dos papéis dessas exposições em um contexto de globalização cultural e reordenação das relações de poder entre centro e periferia são questões que ganharam grande destaque nos debates sobre a arte contemporânea dos últimos anos. No entanto, segundo o curador argentino radicado nos Estados Unidos, Carlos Basualdo, apesar de uma profusão de artigos a respeito das bienais publicados nos meios de comunicação de massa, existe uma escassez de literatura crítica sobre o tema e, portanto, há uma carência de quadros teóricos que permitam analisá-lo historicamente e criticamente. Tal fato, para o autor, confirma uma disparidade entre a visibilidade pública que as exposições de arte contemporânea adquiriram a partir dos anos 1990 e os estudos acadêmicos sobre o assunto. Torna-se evidente o descompasso entre a posição de destaque que tais exposições assumiram no campo da arte contemporânea e aquilo que podemos apreender, ou visualizar de fato, nesse fenômeno.

> Exposições como a Documenta e a Bienal de Veneza adquiriram uma visibilidade sem precedentes na área da arte contemporânea – um campo da cultura que, até recentemente, interessava quase exclusivamente a um grupo maior ou menor de especialistas. A mesma visibilidade repentinamente as torna desejáveis e também, ocasionalmente, um instrumento de geração de renda para setores políticos e corporativos. Ao mesmo tempo, isso as torna anátema da própria esfera intelectual cuja capacidade analítica deveria (supostamente) ajudar a elucidar seu significado corrente e possível potencial. As poucas vozes derivadas dos círculos de críticos acadêmicos que mencionam esses eventos tendem na maioria das vezes a desacreditá-los. Na unanimidade dessas visões, as bienais são um fenômeno da cultura de massa, um sintoma da assimilação do projeto das vanguardas pela indústria cultural. Puro e simples espetáculo, cuja lógica não é nada mais além daquela do capitalismo tardio; isto é, a supressão progressiva do sistema múltiplo de valores e sua tradução em um equivalente universal, a saber, o valor de troca. De certo modo, esse sentido de análise parece implicar que a natureza contestatória, que caracteriza o projeto crítico da modernidade, estaria muito distante desse tipo de mostras que são inequivocamente associadas ao marketing e ao consumo. Seguindo essa linha de raciocínio até o fim, podemos concluir que a aparente falta de critérios que o jornalismo cultural assinala quando se refere a esse tipo de evento [...] não é nada mais do que um sintoma da falência da sua função tradicional no estágio atual de desenvolvimento da indústria cultural.[11]

O comentário de Basualdo está fundamentado nos debates ocorridos no hemisfério norte e fala de um processo de capitalização da arte contemporânea através de uma associação entre cultura e mercado. O autor ressalta ainda, no mesmo artigo, a necessidade de se repensar a questão da autonomia da arte e seus aspectos ideológicos no contexto de um "capitalismo tardio", como ponto de partida para as reflexões

---

11 BASUALDO, Carlos. "The Unstable Institution". *Manifesta Journal*, n. 2, winter 2003–spring 2004, p. 50-62. Disponível em: www.globalartmuseum.de.

sobre as exposições globais de arte contemporânea. Em seu argumento, a crítica de arte e sua relação com a academia, mais intimamente com a disciplina da história da arte, estão ligadas à criação de um campo simbólico que ao mesmo tempo legitima o valor de troca dos objetos artísticos em um mercado e cria um diferencial crítico ou valor de uso. A constituição, portanto, de uma esfera pública da arte está pautada em papéis e práticas definidas e reguladas pelas instituições que constituem esse sistema, a saber, a academia, o museu e as galerias. Desse modo, parece interessar ao autor menos a vinculação dos apelos pela democratização cultural das bienais com as transformações econômicas do capitalismo tardio ou com um turismo global, do que a formação de uma literatura crítica que permita entender o papel das exposições temporárias no questionamento dos cânones da arte moderna – entre eles a noção de autonomia –, e, consequentemente, fundamentar uma reforma das instituições modernas.

A espetacularização da arte

No Brasil, salvo as devidas proporções e as especificidades que marcam a discussão sobre a cultura brasileira, podemos encontrar a mesma oposição entre o discurso dos curadores e o da crítica acadêmica ou especializada, ou, ainda, daqueles em prol ou contra esse novo tipo de instituição artística "instável" que, segundo Basualdo, surgiu a partir de meados dos anos 1980, com a criação da Bienal de Havana (1984), e se desenvolve paralelamente aos processos de globalização cultural.

Em conferência proferida no simpósio "São Paulo S.A. Situação #3 Estética e Política", em abril de 2005, Otília Arantes associou a cultura contemporânea difundida pelas exposições de arte com o conceito de capitalismo tardio de Fredric Jameson, através de um conhecido texto de Rosalind Krauss, "A lógica cultural dos museus no capitalismo avançado".[12] Importante ressaltar que, apesar de colocar-se em posição de resistência às transformações ocorridas nas últimas duas décadas, Arantes parte, assim como Basualdo, do princípio da autonomia da arte moderna, para falar de uma cultura mercadológica no estágio atual de desenvolvimento do capitalismo. Para a autora,

> trata-se de um verdadeiro *tournant* que trouxe a cultura para o coração dos negócios – o encontro glamoroso entre cultura, dinheiro e poder –, e que se expressa no que venho chamando de culturalismo de mercado, a propósito do papel desempenhado pela cultura nas novas gestões urbanas, mas que serve para designar esse amálgama inédito entre cultura e mercado. É claro que não me refiro à simples relação entre arte e mercado, sem cujo contraponto de nascença, quase sempre hostil mas não raro convergente, não se teria notícia de algo como a moderna obra de arte autônoma – como já se disse, uma mercadoria paradoxal. Estou sim me referindo a essa inédita centralidade da cultura na

---

12 KRAUSS, Rosalind. "The Cultural Logic of the Late Capitalist Museum", *October*, v. 54, 1990, p. 3-17.

reprodução do mundo capitalista, na qual o papel de equipamentos culturais, museus à frente, está se tornando por sua vez igualmente decisivo.[13]

Em suma, o argumento aponta que no estágio atual do capitalismo ocorre uma resolução positiva da tensão moderna entre arte e mercado, por meio de uma cultura massiva que dissolve todas as relações sociais na esfera econômica. Não à toa, a autora recorre ao texto de Guy Debord, *A sociedade do espetáculo*, no qual o situacionista defendia a tese de que as relações sociais foram midiatizadas e os processos dialógicos foram substituídos pela mercadoria (imagem). Uma sociedade em que "tudo o que era experimentado diretamente é distanciado em uma representação".[14] O texto de Arantes conclui, portanto, que as relações entre cultura e política encontram-se em uma situação na qual os vetores de transformação social foram anulados pelo capitalismo avançado.

As análises de Otília Arantes e Carlos Basualdo sobre a emergência de instituições instáveis ou flexíveis a serviço de uma nova forma de indústria cultural são fundamentais para nosso estudo, pois abordam de forma crítica o papel do "curador" em um sistema cultural globalizado. Parece-nos, no entanto, que podemos ir além dessa dicotomia entre os prós e contras da globalização das exposições de arte contemporânea. Não se trata de negligenciar os embates ideológicos envolvidos, mas de uma tentativa de avançar na discussão, sem se deixar paralisar pelos aspectos paradoxais que envolvem as relações entre cultura e mercado. Ademais, os desafios teóricos para se pensar as práticas artísticas contemporâneas estão justamente em identificar as possibilidades de proposições críticas no contexto atual.

No que diz respeito às relações entre cultura, política e mercado no mundo atual, interessa-nos, em primeira instância, confrontar a experiência local com os discursos sobre a globalização, provenientes de países que ocuparam, e de certa maneira ainda ocupam, posições centrais no circuito artístico mundial.

Nota-se, por exemplo, que no discurso da filósofa brasileira não sobressai a figura das bienais. Certamente, não podemos imaginar que os museus de arte moderna escapem à lógica desse novo sistema cultural, restando-nos assim escolher tomarmos partido entre os museus como reduto da "grande arte" e as bienais como manifestação de uma cultura de mercado. De fato, mesmo instituições consolidadas como o MoMA de Nova York (2004) e a Tate (2000), em Londres, concluíram recentemente reformas para atender às exigências desse sistema cultural globalizado.[15]

---

13   ARANTES, Otília. "A virada cultural do sistema das artes". In: *São Paulo S.A. Situação #3 Estética e política*, SESC São Paulo, abril 2005. Disponível em: <http://www.sescsp.org.br/> http://www.sescsp.org.br

14   DEBORD, Guy. *The Society of the Spectacle*. Paris, 1967. Disponível em: http://en.wikisource.org/wiki/The_Society_of_the_Spectacle

15   Em 2000, a Tate, em Londres, inaugurou a Tate Modern, projetada pelos arquitetos suíços Herzog & De Meuron, um museu dedicado a exibir a arte moderna internacional, separadamente da arte britânica, renomeando assim seu prédio original, de Tate Gallery para Tate Britain. A política de redistribuição da coleção estava associada a uma estratégia de marketing e *redesign* da marca Tate, pelo escritório Wolf Ollins. O sucesso de público e de mídia da Tate Modern teve impacto sobre outros museus de arte moderna, como o MoMA, em Nova York, e o

Mas talvez a opção da autora em colocar os museus em uma posição central nessa cultura de mercado, tendo em vista a despolitização da esfera da cultura,[16] revele um pouco mais sobre a especificidade do contexto brasileiro. Diga-se de passagem, o epicentro desse efeito bienal é o continente europeu, pois não é possível identificar a mesma proliferação de bienais nos Estados Unidos, onde é realizada, por exemplo, a segunda bienal mais antiga do planeta, a praticamente desconhecida Carnegie International, fundada em 1896 na cidade de Pittsburgh. A América Latina também não repetiu com a mesma intensidade esse processo de bienalização das exposições de arte contemporânea. São apenas seis em todo o continente: Bienal Internacional de Cuenca (1985 – Equador), Bienal Iberoamericana de Lima (1997 – Peru), Trienal do Chile (2009 – Santiago), Bienal no Fim do Mundo (2007 – Argentina), Bienal do Mercosul (1997 – Porto Alegre). Sendo que a Bienal de São Paulo foi fundada em 1951 e, por isso, é tratada como um caso excepcional, estando situada no panteão das três principais exposições do gênero, ao lado da Bienal de Veneza e da Documenta de Kassel. Por fim, seria o caso de questionar como a proliferação das bienais, assim como de outras exposições temporárias, está vinculada à formação de instituições e museus locais e, sendo assim, apresenta diferenças significativas entre os contextos: americano, no qual tais instituições estão atreladas aos processos de modernização de suas sociedades no início do século XX; europeu, cuja história dos museus de arte remete à tradição burguesa do século XIX; e outras regiões do globo, cuja integração a um sistema cultural globalizado se inicia no período do pós-guerra.

A Bienal de São Paulo

No Brasil, a questão das bienais sempre foi central no sistema da arte moderna, basta lembrar a participação de importantes críticos de arte, como Lourival Gomes Machado e Sérgio Milliet, na organização das primeiras edições da mostra, ou os diversos textos sobre o tema publicados por Mário Pedrosa e Aracy Amaral, entre outros. Além disso, a realização de debates também não é uma novidade no currículo da Bienal de São Paulo. Em 1981, Walter Zanini, naquela ocasião curador geral da 16ª Bienal de São Paulo, realizou o "Primeiro Encontro de Organizadores de Bienais Internacionais", evento que contou com a participação de Bernice Murphy, da Bienal de Sydney, George Boudaille, delegado geral da Bienal de Paris, Luigi Carluccio, diretor do Departamento de Artes Visuais da Bienal de Veneza, Rudi Fuchs, organizador

---

Centro Georges Pompidou, em Paris. No mesmo ano, o Museu de Arte Moderna de Nova York iniciou um plano de reformas, conduzido pelo arquiteto japonês Yoshio Tanigushi, reabrindo suas portas ao público em 2004, após permanecer dois anos fechado para visitas.

16 Despolitização entendida aqui como a redução da participação do Estado no âmbito da cultura nos últimos vinte anos. A escrita desta tese ocorreu paralelamente aos diversos debates no âmbito nacional sobre políticas culturais, principalmente àqueles em torno do Plano Nacional de Cultura, das mudanças na Lei Rouanet e da criação do Instituto Brasileiro de Museus. O momento parece ser propício à discussão, uma vez que apesar da (ou vinculado à) criação do Ministério da Cultura em 1985 e da Lei Rouanet em 1991, o período que se iniciou com a redemocratização da sociedade brasileira foi marcado pela ausência quase absoluta do Estado no campo da cultura. Ver BARBOSA DE OLIVEIRA, Lúcia Maciel. "Que políticas culturais?" Disponível em: www.centrocultural.sp.gov.br

da Documenta 7 de Kassel, e Oskar Mejia, diretor da Bienal de Medelin. A ata do encontro sublinha ter sido "a primeira vez que um encontro dessa natureza é organizado no mundo" e menciona a resolução de constituir "um comitê provisório para servir de ligação entre as grandes organizações internacionais periódicas de arte e para consultar outras instituições similares, a fim de estabelecer as bases de uma associação internacional permanente", sendo eleito Walter Zanini como secretário-geral.[17] Curioso notar como essa iniciativa se assemelha aos propósitos dos empreendimentos de Ivo Mesquita e Marieke van Hal citados no início do texto, antecipando-os em seu intento de discutir a questão das bienais de arte.

Assim, quando, em 2006, a curadora Lisette Lagnado afirmou ter "abandonado"[18] o modelo de representações nacionais[19] usado pelo curador alemão Alfons Hug, nas mostras de 2002 e 2004, ela buscou realizar a mostra no formato das duas edições da Documenta de Kassel que precederam a 27ª edição da mostra paulistana, centralizando o poder de escolha dos artistas, fato até então inédito na Bienal de São Paulo, pois as curadorias de Zanini e de seus sucessores ainda eram organizadas por um comitê internacional, por meio de negociações e de diplomacia cultural junto às agências e comissários internacionais. Nota-se a intenção de Lagnado em "acertar o passo" com a cena artística globalizada, ao anunciar a exposição como uma plataforma de apresentação e debates sobre a produção artística contemporânea, por meio de um programa de seminários internacionais, e privilegiar aspectos da globalização cultural (migrações, conflitos, terrorismo, subjetividade etc.) em detrimento de uma discussão sobre os aspectos formais da produção artística contemporânea. Portanto, o grande diferencial da mudança ocorrida em 2006 refere-se não somente ao modelo expositivo adotado, mas principalmente aos efeitos da globalização cultural e de uma crise da esfera pública nessa exposição, os quais serão focados neste texto. O período coincide ainda com uma crise institucional que já perdura na Bienal de São Paulo por quase uma década. Vale mencionar que foi justamente na busca de saídas para tal crise que o curador da 28ª Bienal de São Paulo organizou o ciclo de conferências "Bienais, Bienais, Bienais...", no qual analisa as tipologias de bienais e seus propósitos e desenvolvimentos em diferentes contextos.

Se o ciclo "Bienais, Bienais, Bienais..." priorizava diferentes perspectivas sobre o mesmo fenômeno, isso não incluiu, no entanto, uma perspectiva brasileira sobre o processo de "bienalização" das exposições de arte contemporânea. Afinal, nenhum pesquisador, crítico ou curador brasileiro foi convidado para debater aquilo que foi exposto pelos convidados internacionais. Desse modo, não tivemos um contraponto ao olhar estrangeiro sobre a Bienal de São Paulo e nos fechamos para o diálogo, na

---

17 FUNDAÇÃO BIENAL DE SÃO PAULO. Primeiro Encontro de Organizadores de Bienais Internacionais, 10 a 12 de dezembro de 1981. Acervo Vilém Flusser.

18 LAGNADO, Lisette. "No amor e na adversidade". In: LAGNADO, Lisette e PEDROSA, Adriano (org.). *27ª Bienal de São Paulo*: como viver junto. São Paulo: Fundação Bienal, 2006, p. 53.

19 Observando os catálogos das bienais curadas por Walter Zanini, notaremos que apesar da adoção do princípio de analogias de linguagens na organização da mostra de 1981, a documentação da exposição ainda seguiu a divisão dos artistas por países, sendo a ordenação alfabética empregada em 1983.

tentativa de fazer uma crônica de nossa própria história.[20] Um contrassenso, sem dúvida, pois o momento era propício para que agentes culturais de outras partes do mundo tivessem contato com um conhecimento já constituído sobre a história da Bienal de São Paulo, bem como para confrontar uma reflexão crítica local em relação aos discursos provenientes do exterior. Embora seja um fenômeno recente, a história da arte brasileira já nos fornece uma bibliografia básica para pesquisadores interessados nas exposições de arte no Brasil e a possibilidade de intercâmbio e divulgação dessas ideias não deveria ser desperdiçada.

Nesta pesquisa, usamos a periodização proposta pelos historiadores Francisco Alambert e Polyana Canhête, que propõem a divisão da história da Bienal de São Paulo em três etapas: a Era dos Museus (1951-1960), a Era Matarazzo (1961-1980) e a Era dos Curadores (até 1998).[21] Criada em 1951, a partir do modelo novecentista da Bienal de Veneza, a Bienal de São Paulo teve papel decisivo na internacionalização da arte brasileira, ou seja, sua vinculação aos desenvolvimentos da arte moderna no pós-guerra. Isso ocorreu, segundo os autores, por meio da inserção do abstracionismo no país, principalmente através de sua matriz construtiva. A partir daí, ela se estabelece como o principal meio de contato da arte brasileira com o cenário artístico internacional, sendo responsável, por exemplo, pela apresentação do Expressionismo Abstrato e da Pop Art, nas edições de 1957 e 1967, respectivamente. Nos anos 1970, a instituição enfrentou um boicote devido à ditadura militar e chegou ao fim da década em um processo de autoanálise, quando realiza, em 1979, uma retrospectiva pouco expressiva. Na década seguinte, com a criação do cargo de curador chefe, a Bienal toma novos rumos ao questionar o modelo veneziano de representações nacionais e passa a pautar-se pela lógica da "espetacularização" das grandes exposições de arte, afirmam Alambert e Canhête.

A periodização acima foi adotada com ressalvas. Em primeiro lugar, no que diz respeito às relações com o mercado, mudanças significativas ocorreram nas décadas de 1980 e 1990. A presença do mercado de arte, que se expandiu durante a década de 1970,[22] foi de fato marcante nas bienais curadas por Sheila Leirner, seguida pelas estratégias de marketing cultural surgidas na década seguinte, quando podemos

---

20 O ciclo de debates "A Bienal de São Paulo e o Meio Artístico Brasileiro – Memória e Projeção", organizado por Luisa Duarte, abriu as atividades da 28ª Bienal em junho de 2008, buscando o resgate da memória da exposição por meio de depoimentos de alguns agentes do circuito artístico brasileiro sobre suas impressões acerca de edições anteriores da mostra, suas opiniões sobre a situação atual e suas expectativas quanto ao futuro da Bienal. FUNDAÇÃO BIENAL DE SÃO PAULO. Conferências. *28ª Bienal de São Paulo*, 2008. Disponível em: <http://www.28bienalsaopaulo.org.br/>.

21 ALAMBERT, Francisco e CANHÊTE, Polyana. *As Bienais de São Paulo: da era do museu à era dos curadores (1951-2001)*. São Paulo: Boitempo, 2004.

22 DURAND, José Carlos. "Expansão do mercado de arte em São Paulo (1960-1980)". In: MICELI, Sérgio. *Estado e Cultura no Brasil*. São Paulo: Difel, 1984, p. 173-207.

identificar uma presença menor do mecenato estatal se comparado ao período ditatorial.[23] Já nas bienais curadas por Walter Zanini, nota-se claramente uma continuidade conceitual em relação ao trabalho realizado pelo curador no Museu de Arte Contemporânea da Universidade de São Paulo (MAC-USP), como seu primeiro diretor, nas décadas de 1960 e 1970.[24] Os autores também não mencionam as diferenças marcantes nos modos de representação da arte brasileira nas bienais dos anos 1980 e 1990. Nesta última, por exemplo, o discurso curatorial estava voltado mais para a afirmação e o reconhecimento internacional de uma tradição moderna existente no Brasil, enquanto o discurso da década anterior frisava a contemporaneidade da arte brasileira, colocada em patamar de igualdade com as manifestações internacionais, pelo viés das analogias de linguagem. Além disso, a despeito do contexto de criação da Bienal de São Paulo ser aquele de consolidação da ideia de uma cultura brasileira no pós-guerra, no qual ela compartilha espaço com a criação de museus de arte, a ideia de um "espetáculo" para um público massivo é algo que sempre esteve presente no projeto da Bienal. Não à toa, grandes nomes da arte internacional sempre foram apresentados com destaque, obliterando muitas vezes a apresentação da produção local, se pensarmos no confronto da Pop Art com a Nova Figuração Brasileira em meados dos anos 1960 e entre o Expressionismo Abstrato e a Arte Construtiva, na década anterior. Muitas das estratégias curatoriais da década de 1980 estiveram pautadas justamente na tentativa de acabar com as distinções que as representações nacionais criavam dentro do espaço expositivo, por meio da dependência de *aporte* de recursos *financeiros* por parte das agências internacionais responsáveis pela representação dos respectivos países.[25]

A crise da esfera pública da arte

Para pensar o lugar da Bienal de São Paulo, no ponto de interseção entre um projeto civilizatório e pedagógico, proveniente das propostas de criação de museus de arte moderna na segunda metade da década de 1940, e outro, da produção de megaeventos para um público massivo, vinculada à formação de uma indústria cultural e à expansão dos meios de comunicação e do mercado de bens simbólicos, é necessária uma análise das transformações de uma esfera pública burguesa no pós-guerra.

Ao discutir a crise dos museus e de uma esfera pública, Martin Grossmann propõe a ideia de um antimuseu, pautada nos princípios de uma crítica institucional efetuada

---

23 Sobre a política cultural do período ditatorial, sistematizada na Política Nacional de Cultural (1985), e a criação de órgãos como a Funarte, ver ORTIZ, Renato. *Cultura brasileira e identidade nacional*. São Paulo: Brasiliense, 1985.

24 OBRIST, Hans U. *A brief history of curating*. Zurich/Dijon: JRP Ringier/Les presses du réel, 2008, p. 148-166.

25 Esta seria outra questão importante para se pensar as promoções de culturas locais em um contexto de globalização da esfera cultural, superando as discussões sobre dependência, "pela ideia de que o atraso cultural, sendo congenial às culturas periféricas, condenaria nossos artistas a um crônico epigonismo". Cf. FABBRINI, Ricardo N. "Para uma história da Bienal de São Paulo: da arte moderna à contemporânea". In: 50 Anos de Bienal Internacional de São Paulo, *Revista USP*, n. 52, dezembro 2001-fevereiro 2002, p.49.

pelas vanguardas históricas e pelas neovanguardas dos anos 1960, cujas estratégias de desconstrução do espaço museológico visavam a reintegração da arte nas práticas sociais. No artigo "O antimuseu", publicado no início dos anos 1990, ele resgata as origens dos museus modernos no século XVIII, para então discutir a questão do acesso aos bens culturais, nas transformações no espaço museológico e no conceito de museu que ocorrem no contexto norte-americano, com a criação do Museu de Arte Moderna de Nova York, no fim dos anos 1920 e, posteriormente, com o pós-modernismo dos anos 1960 em diante. Desse texto, gostaríamos de reter a ambivalência existente na própria concepção do museu enquanto espaço aberto e instituição pública mantenedora e promotora de uma "alta cultura". Segundo Grossmann, esse "espírito" do "antimuseu", de uma autocrítica formada em seu interior,

> [...] tem sua gênese em um ato de registro – o próprio decreto francês de 1792. Este documento estabelece o irreversível fato de que os museus pertencem à comunidade, isto é, são a princípio patrimônio público. Neste sentido, desde a Revolução Francesa os museus e subsequentemente a "alta-cultura" representada por eles não possuem outra alternativa senão a de estarem subordinados à (ou dependentes da) sua condição pública. Desta forma, o fator comum a nossa referência básica é, sem dúvida, a necessária disposição do museu em relação ao público.[26]

Nessa linha de raciocínio, o autor menciona não somente a revisão de uma alta cultura pelas ciências sociais, especialmente pelos estudos culturais, e pelas práticas artísticas de vanguarda, mas também a revisão da própria ideia de esfera pública, na reconstrução do modernismo em solo norte-americano no pós-guerra, com o papel central assumido pelo MoMA e pelo surgimento das neovanguardas. Para o autor, "a América é o primeiro país a alcançar a Modernidade em peso". Portanto, o exemplo norte-americano expressaria melhor a ideia contemporânea e pós-moderna da cultura como *medium* e bem de consumo, do que o europeu, ainda arraigado a uma tradição burguesa, em que a cultura seria vista como algo essencial à formação dos indivíduos e das sociedades democráticas. Tal constatação é importante tanto para pensarmos o projeto político e cultural da Bienal de São Paulo,[27] bem como para uma reflexão crítica sobre as exposições internacionais de arte contemporânea.

Na narrativa que está sendo produzida atualmente, a história das bienais remete àquela dos "salões" da Academia Francesa e à criação dos museus públicos.[28]

No entanto, segundo Martha Ward, professora de História da Arte da Universidade de Chicago, nos anos 1980, quando a história das exposições de arte na França ocorridas no período de 1750 a 1914 começou a ser escrita, surgiu também um interesse

---

26 GROSSMANN, Martin. "O *antimuseu*.". Disponível em: http://museologia.incubadora.fapesp.br/portal

27 Desde o princípio, o projeto da Bienal de São Paulo apresenta essa ambiguidade de estar situado entre dois modelos de exposição, o salão e a feira de artes, ou, como afirma Martin Grossmann sobre os museus, entre o templo e o showroom.

28 Em 1737, foi aberto ao público o Salão de Paris, ligado à Academia Real de Pintura e Escultura, uma divisão da Academia Real de Belas Artes, antes da criação dos museus com a Revolução Francesa e o decreto de 1792.

maior pelas exposições universais, como a "Grande Exposição de 1851", em Londres, e a Bienal de Veneza,fundada em 1895.[29] Desse modo, parece-nos que em seu âmago, as reflexões sobre as exposições internacionais de arte contemporânea, pensadas de maneira ampla com o objetivo de consolidar um discurso acadêmico sobre o tema, estão divididas entre esses dois processos complementares, o surgimento de uma sociedade do espetáculo e a construção de uma esfera pública da arte, ambos atrelados à formação de um mercado de bens simbólicos. Nas suas palavras:

> A primeira dimensão da história das exposições de arte moderna se desdobra diretamente desses primórdios, e está ligada ao modo como as exposições exploraram, negaram e confundiram a apreciação e a experiência da arte, como algo que pertence propriamente à arena pública. [...] A tensão entre público e privado, entre o coletivo e o individual, evoluiu de maneira irregular durante o decorrer do século XX, irregular devido ao uso desigual dos desenvolvimentos de vários espaços – cívico, comercial e social – que vieram definir as exposições de arte. Não é difícil observar que no fim do século, com a maturação do mercado de arte e de uma cultura de consumo, o conceito de "exposição" perdeu qualquer especificidade que poderia ter possuído como forma cívica na arena pública. [...] Como as exposições transgrediram os limites burgueses entre público e privado, social e doméstico, tornando-se similarmente difusas e ao mesmo tempo diferenciadas, é preciso traçar as consequências que isso traz para a experiência da arte comercialmente, individualmente ou criticamente engajada.[30]

O pensamento contemporâneo sobre as exposições de arte envolve, portanto, no entender da autora, uma reflexão sobre a interdependência de dois aspectos aparentemente contraditórios da visibilidade na esfera pública, aquele da possibilidade de construção de um espaço social para a experiência artística, e outro atrelado à formação de uma cultura de consumo. Dito em outras palavras, é preciso pensar a construção de uma esfera pública e de uma cultura crítica em íntima relação com a criação de um mercado de bens simbólicos.

Se nos referimos a um período tão longínquo ao citar Ward, fazemos isso para recuperar um pouco da gênese da história das exposições de arte anterior ao período do pós-guerra. Ademais, nossa hipótese de trabalho concentra-se na ideia de uma crise da esfera pública da arte burguesa, que começou a ser formada, segundo Jürgen Habermas, a partir da segunda metade do século XVIII. Sendo assim, cabe questionar essa relação entre a arte e o espaço público. A esfera pública habermasiana configura-se como o local de "publicidade" da arte. "Publicidade" refere-se aqui à apresentação ao comentário crítico das obras de arte, ou seja, a sua presença no espaço de formação de uma opinião pública. O espaço público como lugar para a ação comunicativa, para Habermas, é uma invenção moderna, a fundação de um projeto

---

29 WARD, Martha. "What's Important about the History of Modern Art Exhibitions?" In: GREENBERG, Reesa; FERGUSON, Bruce W.; NAIRNE, Sandy (ed.). *Thinking about Exhibitions*. London/New York: Routledge, 1996, p. 451-464.

30 Ibid., p. 455.

de emancipação contra a ordem feudal. Vale anotar, no entanto, que este projeto apresentou uma ambiguidade na intervenção governamental na esfera privada da atividade econômica e na apropriação de atividades da esfera por empresas privadas. Estas são as mudanças estruturais da esfera pública analisadas pelo autor nos anos 60.[31]

Esse recuo nos ajuda a evitar a aparente oposição entre uma cultura crítica e uma cultura de mercado, presente na tese de Alambert e Canhête, de que há uma passagem de um modelo museográfico para uma "espetacularização" da Bienal de São Paulo nos anos 1980. A própria exposição da arte ao julgamento público só foi possível no momento em que esta se transformou em mercadoria, e, portanto, a questão da autonomia da arte foi sempre paradoxal em relação aos poderes políticos e econômicos. Vale a pena ressaltar ainda que o projeto de desenvolvimento da sociedade brasileira esteve atrelado à expansão dos meios de comunicação de massa como agentes de integração nacional. Não à toa houve investimento dos governos centralizadores e ditatoriais e da burguesia local para a sua consolidação no decorrer do século XX.

Seria mais exato afirmar, portanto, que nossa pesquisa não se configura como uma narrativa sobre a história das exposições de arte, mas busca refletir a respeito das condições de possibilidade de proposições críticas no contexto atual. Assim, no lugar de caracterizar o período de 1951-1998 como uma sucessão de etapas, a exemplo do que fazem Alambert e Canhête, interessa-nos pensar a constituição e o desenvolvimento de um modelo institucional vinculado à expansão do mercado de bens simbólicos e à formação de uma indústria cultural, inicialmente com uma forte participação do Estado e de outras forças políticas ligadas ao processo de desenvolvimento da sociedade brasileira entre as décadas de 1950 e 1970, e, mais tarde, buscando definir outras estratégias de posicionamento diante dos desafios e das possibilidades surgidos com os processos de globalização. Quando, ao fim do milênio, observamos a retirada gradual do Estado enquanto agente regulador e financiador da cultura, devido em grande parte ao impacto da crise econômica dos anos 1970 e da hegemonia neoliberal que marcou as administrações públicas das décadas seguintes, a Bienal, segundo Teixeira Coelho, deveria revisitar seu papel de "emblema oficial do Brasil internacional", em um contexto de globalização cultural e "desmanche" de sua ideia inicial, a saber, a construção de uma arte brasileira em diálogo com a arte internacional de vanguarda.

O ponto de vista crítico do professor Teixeira Coelho em relação ao projeto da Bienal de São Paulo endereça outra questão central para nossa pesquisa: a internacionalização da arte brasileira no pós-guerra. Em seu artigo, ao retomar um texto do crítico Olney Krüse para o catálogo da Bienal de 1975, ele afirma que "as artes plásticas no Brasil manifestaram expressa e reiteradamente, desde o início do século XX, o desejo de internacionalizar-se – o que significa incorporar as inovações geradas lá fora e elevar-se a um nível que lhes permitisse dialogar em igualdade de condições

---

31 HABERMAS, Jürgen. *Mudança Estrutural da Esfera Pública*. Rio de Janeiro, Tempo Brasileiro, 1984.

com a arte estrangeira". No entanto, apesar do esforço contínuo da Bienal, enquanto emblema oficial desse projeto de internacionalização de um Brasil moderno, em consolidar o sistema artístico local e integrar a arte moderna brasileira e latino-americana ao circuito internacional, não nos parece "que o processo de internacionalização de dupla mão, buscado no início da década de 1950 (exposição da arte estrangeira ao artista brasileiro, se não ao público brasileiro, e exposição da arte brasileira à crítica, aos museus e depois aos curadores estrangeiros), tenha ocorrido a contento". O texto de Krüse aponta para a questão da cópia em relação aos modelos estrangeiros e do problema da construção de uma representação da arte brasileira com projeção internacional, como aquela que se observava na arte norte-americana do mesmo período. Assim, afirma Teixeira Coelho,

> A Bienal de São Paulo, porém, desde sua fundação, ignorou e não só ignorou: desmanchou esse aspecto cultural da "nacionalização a caminho da globalização" da arte (ou de uma arte que se afirma nacional para poder afirmar-se como modelo global), em prática no exterior, e preferiu lançar-se na trilha do internacionalismo não apoiado numa plataforma nacional.[32]

Em decorrência desse "desmanche", notaríamos, então, uma dificuldade da arte brasileira se afirmar no contexto de globalização e supressão das identidades nacionais a partir dos anos 1990, sendo questionável o papel da Bienal de São Paulo como emblema da arte global brasileira. Não à toa, na mesma década se observa um grande número de exposições no exterior devotadas à representação da arte brasileira e latino-americana.[33] Ademais, se o papel da Bienal foi limitado na projeção de uma representação internacional da arte brasileira, deve-se questionar ainda seu papel na consolidação das instituições locais e, de maneira mais ampla, na construção de uma esfera pública da arte no Brasil.[34]

A virada global na Bienal de São Paulo

Este estudo de caso da Bienal de São Paulo tem como foco de análise as transformações ocorridas nas práticas curatoriais e na esfera institucional da arte a partir dos anos 1960 e 1970. Assim, recorremos ao conceito de "crítica institucional" cunhado a partir de estudos sobre as neovanguardas artísticas do fim dos anos 1960

---

32 COELHO NETTO, José Teixeira. "Bienal de São Paulo: o suave desmanche de uma ideia". In: 50 Anos de Bienal Internacional de São Paulo, *Revista USP*, n. 52, dezembro 2001-fevereiro 2002, p. 87.

33 FIALHO, Ana Letícia. "O Brasil na coleção do MoMA: análise da inserção da arte brasileira numa instituição internacional". In: *Primeiro Simpósio Internacional do Paço das Artes*, agosto de 2005. Disponível em: www.forumpermanente.org

34 Essa temática é cara à plataforma Fórum Permanente que publicou, no início de 2006, uma série de entrevistas "As instituições de arte brasileiras", realizadas por Martin Grossmann e editadas por Vinicius Spricigo, resultado de uma viagem de estudos e intercâmbio cultural à Alemanha promovida pelo Goethe Institut de São Paulo, com Martin Grossmann, Laymert Garcia dos Santos, Lisette Lagnado, Paulo Sérgio Duarte, Marcelo Araújo, Fernando Cocchiarale e Rejane Cintrão. Disponível em: www.forumpermanente.org

e início dos anos 1970 como referencial para analisar projetos curatoriais contemporâneos que clamam pela democratização da arte, seja por meio de processos e relações horizontais que articulam novas formas diálogo entre público e instituição, ou pela inclusão de culturas ditas marginalizadas no sistema artístico global. Pensando as relações entre a crítica institucional dos anos 1960 e 1970 e as práticas curatoriais contemporâneas, Olga Fernandez afirma que o termo *crítica institucional* designa hoje de maneira vaga todo tipo de operação na qual os agentes culturais atuam criticamente buscando modificar o sistema de produção, distribuição e recepção de trabalhos artísticos. Apesar de a genealogia do termo remeter às práticas artísticas e aos debates dos anos 1960, o conceito de crítica institucional foi elaborado no deslocamento de uma interpretação crítica europeia, vinculada à Escola de Frankfurt e às vanguardas históricas do início do século XX, realizada por Peter Bürger no livro *Theory of the Avant-Garde* (1974), para a história da arte e o debate crítico norte-americano quando este livro foi traduzido para o inglês dez anos mais tarde. A primeira recepção à tradução em inglês foi feita por Benjamin Buchloh no artigo "Theorizing the Avant-Garde", publicado na revista *Art in America*, em novembro de 1984. O debate entre Bürger e Buchloh, seria retomado mais tarde por Hal Foster, no livro *The Return of the Real* (1996), e, por fim, em 2005 o termo crítica institucional retorna ao debate artístico sobre a produção contemporânea com o artigo de Andrea Fraser, "From the Critique of Institutions to an Institution of Critique", publicado na revista *Artforum* em setembro de 2005. Fernandez traça esse ziguezague da ideia de uma crítica institucional com o objetivo de ressaltar que o termo endereça inicialmente os debates sobre as relações entre arte e vida colocados pelas "novas vanguardas", mas retorna para o cenário artístico em meados dos anos 1990, em um contexto de avaliação das condições de possibilidade de uma arte crítica.[35]

Nesse contexto, a construção conceitual deste trabalho foi feita através de um diálogo entre as transformações nas práticas curatoriais contemporâneas, resultado de uma revisão dos papéis das instituições burguesas como mediadoras entre a produção artística e o público, com os processos de inserção de regiões e discursos periféricos em um sistema cultural global.

Essa discussão sobre as demandas e a viabilidade de uma crítica institucional no contexto contemporâneo encontra seu correlato nas bienais curadas por Walter Zanini nos anos 1980. Um modelo de exposição inovador, definido pelas analogias de linguagem, não foi a única contribuição de Zanini para a Bienal de São Paulo. O primeiro curador da Bienal foi responsável por reapresentar um panorama das principais manifestações de vanguarda das décadas de 1960 e 1970, cuja recepção pública havia sido prejudicada pelo boicote à Bienal de 1969 e pelo abandono das propostas de reformulação para essa exposição apresentadas pelo filósofo Vilém Flusser no início dos anos 1970.[36] Obviamente, não podemos considerar o "vazio cultural" da

---

35 FERNANDEZ, Olga. "Institutional Critique: Two Deaths and Three Resurrections". Texto inédito cedido pela autora.

36 Cf. RAMIRO, Mário. "Salto para um mundo cheio de deuses", in *Ars*, n. 10, 2007, p. 32-37.

década de 1970 em termos absolutos. Muito da produção artística internacional e das experiências com as novas tecnologias daquele decênio foi apresentado ao público brasileiro pela Bienal de São Paulo e também no Museu de Arte Contemporânea da Universidade de São Paulo. A ideia de "vazio", que de alguma forma retorna à Bienal em sua 28ª edição, está, assim, ligada à ausência de um projeto curatorial capaz de apresentar alternativas viáveis para substituir o projeto original da instituição, vinculado à criação de um museu de arte moderna nos moldes do MoMA de Nova York, que atingiu seus limites já na década de 1960. Nesse sentido, seria importante pensar como os núcleos históricos continuaram sendo considerados, nos anos 1990, valiosas contribuições para o preenchimento das lacunas existentes nas coleções dos museus locais, mas, por outro lado, passaram a ser criticados por alocar grandes somas de recursos financeiros na organização de mostras temporárias, no lugar de iniciativas voltadas à aquisição de obras para os museus. De qualquer modo, ao analisarmos as bienais de Walter Zanini não podemos identificar nestas a mesma forma de crítica institucional que foi caracterizada nos contextos europeu e norte-americano, uma vez que o trabalho de Zanini se caracterizava muito mais pelo esforço de preenchimento de uma lacuna no projeto de institucionalização da arte brasileira e pela ampliação de sua atuação anterior no MAC-USP. Desse modo, interessa-nos, em última instância, revisar a perspectiva hegemônica vinculada ao termo "crítica institucional", cuja genealogia se encontra no confronto entre a produção artística norte-americana pós-*pop* e a crítica à indústria cultural da Escola de Frankfurt, sendo muitas vezes problemática sua aplicação para pensar as especificidades da arte conceitual na América Latina.[37]

Partiremos assim da história e do projeto político e cultural da Bienal de São Paulo para então analisar a "virada global" das últimas duas décadas. Na Bienal de São Paulo, o momento dessa virada é o ano de 1998, quando Paulo Herkenhoff realiza uma exposição que nos interessa sobremaneira, por alcançar reconhecimento e legitimação para um discurso local em relação a cenário artístico global.

Vale a pena mencionar que adotamos em nossa pesquisa a distinção que o historiador da arte Hans Belting faz entre os termos "arte contemporânea" e "arte global". No seu entender, a arte contemporânea pode ser identificada com a produção artística derivada da arte moderna, como uma segunda modernidade. A princípio, ele se refere de maneira geral aos desdobramentos ocorridos após a Pop Art, a Arte Povera, o Novo Realismo, e, principalmente, a Arte Conceitual, entre outros movimentos artísticos dos anos 1960 e 1970, conhecidos como neovanguardas. Segundo Hans Belting, essa noção ocidental de arte pós-moderna insiste muitas vezes numa cronologia e história da arte moderna e no conceito de vanguarda artística. Nas suas palavras,

---

[37] Ver FERNANDEZ, Olga. "Institutional Critique: Two Deaths and Three Resurrections". Texto inédito cedido pela autora.

além do Ocidente, a arte contemporânea tem um significado diferente que está lentamente adentrando a cena artística ocidental. Lá, ela é evocada como a liberação da herança do modernismo e é identificada com a arte local de origem recente. Nesses termos, ela se rebela contra a história da arte, com seu significado ocidental, e contra as tradições étnicas, que se assemelham a prisões para a cultura local em um mundo global.[38]

Nesse sentido, a arte global, um fenômeno recente com não mais de vinte anos, abriria a oportunidade de inclusão de "outras modernidades" na narrativa da história da arte, bem como possibilitaria a revisão da ideia de vanguarda a partir do estudo de obras surgidas "fora" do modernismo dito ocidental.

Neste texto, o termo internacionalismo refere-se, portanto, ao período que se inicia no pós-guerra e se encerra com o fim da Guerra Fria e a queda do Muro de Berlim em 1989. Indica ainda um sistema dito ocidental, cujo eixo central está situado no hemisfério norte (Europa e Estado Unidos), sendo a América Latina considerada, quando ocidental, uma região periférica, o chamado Terceiro Mundo. A mesma diferenciação entre centro e periferia ocorre na proposição de uma linguagem artística internacional, ou seja, trata-se de um conceito proveniente dos centros ditos "legitimadores" da arte moderna, aqueles que definem simbólica e economicamente os critérios de validação da produção artística internacional. Está implícita nessa diferenciação entre centro e periferia a ideia de que o hemisfério norte produz hegemonias no âmbito da cultura e as dissemina para o hemisfério sul, sendo precária a condição de construção de representações nos contextos periféricos que reverberem nos centros hegemônicos. Desse modo, trata-se de uma relação monológica entre centro e periferia, na qual os discursos seguem uma única direção. Partimos da hipótese de que um sistema cultural global, iniciado em meados dos anos 1980 e consolidado na década seguinte, busca redefinir as relações entre centro e periferia, criando, portanto, um novo mapa para a arte global (aparentemente descentralizado). Assim, através do estudo da "virada global" nas exposições internacionais de arte contemporânea discutiremos não somente as transformações, mas também as permanências das hierarquias na geopolítica das exposições de arte contemporânea.

A perspectiva global, proposta por Belting, pode ser traduzida para o contexto brasileiro. Em primeiro lugar, a América Latina, diferentemente da África e da Ásia, no que diz respeito ao desenvolvimento da arte moderna, já mantém um diálogo de longo tempo com o "Ocidente". Desse modo, essa "exterioridade" que situa o Brasil fora dos desenvolvimentos da arte moderna internacional parece problemática, pois reduz o próprio entendimento da modernidade a um pensamento dualista, de oposição entre centro e periferia. Ademais, numa perspectiva histórica, a independência da América Latina acontece ainda no século XIX, diferentemente das demais colônias europeias, cujos movimentos de libertação acontecem somente no pós-guerra. Portanto, o problema do eurocentrismo e do colonialismo já está presente em uma literatura crítica

---

38 BELTING, Hans. "Contemporary Art and the Museums in the Global Age". In: WEIBEL, Peter e BUDDENSIEG, Andrea (ed.). *Contemporary Art and the Museum: A Global Perspective*. Osfildern: Hatje Cantz, 2007, p. 22.

desenvolvida na América Latina ao longo do século XX e que paradoxalmente não faz parte dos chamados Estudos Culturais, desenvolvidos nos Estados Unidos e no Reino Unido. Seria preciso, portanto, considerar a posição brasileira, mais especificamente da Bienal de São Paulo, nessa nova geopolítica das instituições de arte no mundo globalizado, questionando seus mecanismos de hierarquização e manutenção das diferenças entre centro e periferia, ressaltando, por fim, o modo como a arte brasileira e as suas instituições buscaram já na segunda metade do século XX a afirmação de uma linguagem e uma tomada de posição em relação ao modelo dito ocidental.[39]

Resta levantar, ainda, algumas questões sobre o papel dos curadoresdas exposições de arte contemporânea como mediadoras das chamadas culturas periféricas em um sistema globalizado. Em primeiro lugar, estaria realmente a história das exposições de arte sendo escrita a partir de uma revisão da leitura eurocêntrica da história da arte moderna que os discursos provenientes do pós-colonialismo supostamente se propõem a criticar?

Como mencionamos anteriormente, a genealogia das bienais tem sido traçada a partir dos salões e das exposições universais do século XIX, portanto, remontam ao colonialismo, da mesma forma que uma história da arte, pautada em uma narrativa do desenvolvimento da forma moderna. Não estaria essa manutenção de uma narrativa que exclui as exposições surgidas fora dos centros da arte moderna reforçando um discurso que reafirma as mesmas relações desiguais entre centro e periferia? Dito em outras palavras, como reposicionar no mapa das exposições de arte contemporânea, por exemplo, as bienais de São Paulo e de Havana? O que significam para uma geopolítica das instituições de arte essas experiências pioneiras ocorridas na América Latina?

Estas são algumas das questões que podem nortear uma investigação sobre as exposições de arte contemporânea do fim do século XX e início do século XXI, cujos resultados forneceriam subsídios conceituais para uma discussão crítica a respeito das exposições "globais" de arte contemporânea.

Por fim, vale a pena mencionar que muitas das questões levantadas pelas exposições de arte contemporânea sobre a globalização cultural, principalmente aquelas ligadas aos processos de hibridação cultural, encontram um referencial teórico advindo de estudos sobre o modernismo na América Latina. No entanto, os trabalhos de autores como Néstor Garcia Canclini, Renato Ortiz e Jesús-Martín Barbero não fazem parte da bibliografia sobre o tema, uma vez que a literatura crítica sobre o pós-colonialismo foi constituída no contexto anglo-saxônico. Assim, é justamente nesse ponto de cruzamento entre os estudos curatoriais sobre as exposições de arte contemporânea realizados no exterior e os estudos sobre a cultura brasileira e latino-americana que se encontra a contribuição desta pesquisa para um discurso crítico sobre a Bienal de São Paulo, no contexto de "bienalização" das exposições de arte contemporânea.

---

39 Cf. OITICICA, Hélio. "Esquema Geral da Nova Objetividade". In: Museu de Arte Moderna do Rio de Janeiro. Catálogo da exposição *Nova Objetividade Brasileira*, abril de 1967.

Este trabalho busca dar o primeiro passo para minimizar a lacuna de uma literatura crítica em língua portuguesa sobre as bienais, bem como, por outro lado, ir ao encontro da necessidade de inclusão de outras perspectivas na construção de um discurso sobre as exposições de arte contemporânea.

O objetivo desta análise é discutir o modo como a questão da "atualização" da arte brasileira em relação aos desenvolvimentos internacionais da arte moderna pode ser reinterpretada em um contexto atual, no qual se discute os processos de interdependência cultural em um mundo globalizado. Assim, para analisar o modo como a Bienal de São Paulo tratou a questão da identidade cultural em relação com o exterior, vamos recorrer a três autores que estudam as culturas latino-americanas a partir de teorias sobre a pós-modernidade, a saber, Renato Ortiz, Jesús Martín-Barbero e Néstor García Canclini. Segundo esses autores, nos países latino-americanos, de modo geral, o modernismo fez parte de um projeto de construção de uma cultura nacional. Mais especificamente, a questão da identidade nacional foi um tema que permaneceu vigente nos debates sobre a cultura brasileira até os anos 1980, quando o binômio "nacional-popular" foi revisto a partir de seus aspectos ideológicos.[40]

Nas últimas duas décadas, surgiram perspectivas multidisciplinares para se pensar as culturas latino-americanas, em consonância com os Estudos Culturais desenvolvidos nos Estados Unidos e no Reino Unido, dentro das quais os autores citados desenvolveram novas análises dos conceitos de "nacional" e "popular" e repensaram os processos de construção e desconstrução de culturas locais e suas relações com uma "alta cultura" proveniente dos centros hegemônicos. Trata-se de uma forma mais ampla de revisar as teorias sobre a modernidade a partir das transformações ocorridas desde os anos 1980, buscando novas interpretações sobre o modernismo nos países periféricos e as relações que estes estabelecem com os centros hegemônicos de arte moderna.

Ao analisar as mediações culturais na América Latina, Martín-Barbero, Canclini e Ortiz empregam um vocabulário novo no âmbito das Ciências Sociais. Termos como "imperialismo", "colonialismo", "subdesenvolvimento", "dependência" e "modernização", entre outros, dão lugar a novos temas, como globalização, mundialização, hibridação cultural, migrações etc. Ocorre, desse modo, uma aproximação maior das reflexões sobre a identidade cultural latino-americana com os Estudos Culturais e com os discursos pós-coloniais que tornaram-se um paradigma conceitual para os estudos curatoriais e para uma análise das exposições de arte contemporânea no contexto anglo-saxônico. Se, por um lado, esses discursos contribuem para a superação de um pensamento binário que atribuía definições essencialistas aos termos de cultura popular e arte de vanguarda, sem considerar as mediações sociais responsáveis pela valorização de cada uma dessas categoriais dentro do universo da cultura, por outro, argumenta-se que a superação desse pensamento binário significa um novo tipo de

---

40 Cf. CHAUI, Marilena. "O Nacional e o Popular na Cultura Brasileira". In: *Seminários*. São Paulo: Brasiliense, 1983.

colonialismo, que paralisa o potencial de resistência nas relações de poder entre centro e periferia.[41]

Desse modo, veremos como esses autores podem nos auxiliar na interpretação da relação da arte brasileira com o exterior no âmbito da Bienal de São Paulo, repensando as tensões envolvidas no confronto cultural entre as regiões ditas periféricas e os centros hegemônicos no contexto da globalização cultural. O objetivo é utilizar os conceitos de deslocamento e descompasso, relacionados às culturas dos países periféricos, para analisar a relação da Bienal de São Paulo com o circuito artístico internacional. Iniciaremos com uma revisão da recepção pública da 28ª edição da Bienal, para em seguida discutir o seu projeto, iniciado nos anos 1950, bem como as transformações ocorridas nos modos de representação após o abandono, a partir dos anos 1980, do modelo de representações nacionais. Se a partir dessa década os termos "nacional" e "internacional", "popular" e "erudito", "centro" e "periferia" foram tornando-se gradativamente irrelevantes para explicar a inserção da arte brasileira em um contexto globalizado, interessa-nos identificar quais os discursos e as estratégias usados pelos curadores para a apresentação de culturas locais em um sistema global. Trata-se, afinal, de revisar certas interpretações sobre modernização, interdependência cultural e arte brasileira em diálogo com as transformações ocorridas na Bienal de São Paulo em decorrência dos processos de globalização cultural.

Para entender, portanto, o modo como a Bienal de São Paulo, nos seus primórdios, tratou da relação da arte brasileira com a arte internacional e, mais tarde, o problema da representação de formas culturais híbridas, vamos recuperar um pouco de sua história, desde a sua criação, em 1951, até a 24ª Bienal, em 1998, edição da mostra que retomou o paradigma modernista como eixo conceitual, para a afirmação da relevância de uma produção artística brasileira projetada globalmente. O principal objetivo aqui é analisar o modo como, a partir dos anos 1990, a questão da arte brasileira será redefinida dentro de uma nova dinâmica global do sistema cultural, em que a questão central desloca-se da definição de uma identidade nacional em diálogo com as correntes internacionais, para uma geopolítica das instituições, na qual o papel dos curadores como mediadores culturais ganha notório reconhecimento. Tal passagem do internacionalismo artístico à globalização cultural será analisada de uma perspectiva contextual, na qual a produção de significados no sistema artístico global é construída dentro de dispositivos de agenciamento e plataformas discursivas, no lugar de uma narrativa baseada no desenvolvimento formal da arte moderna. Essa mudança de paradigma endereça também um novo entendimento de esfera pública, que reconfigura as formas de atribuição de sentido e legitimação no âmbito das artes visuais, focando a relação entre os diferentes agentes envolvidos no processo de produção de sentido, em detrimento de um discurso voltado às obras de arte.

Por fim, interessa-nos saber até que ponto essa nova dinâmica da arte global afeta as instituições brasileiras em geral e a Bienal de São Paulo em particular. As dificuldades de constituição de uma esfera pública da arte em um contexto periférico são

---

41 Cf. SHORAT, Ella; STAM, Robert. *Crítica da imagem eurocêntrica*. São Paulo: Cosac Naify, 2006.

vistas, na maioria das vezes, como incongruentes com a imagem que a arte brasileira alcançou no exterior e levantam suspeitas sobre os efeitos democratizantes da globalização cultural. Trata-se, como discutimos na abertura deste texto, de uma oposição binária entre uma ideia de museu formada durante a modernidade e as instituições flexíveis que surgiram com a globalização nos últimos vinte anos. Tal perspectiva entende a formação de uma esfera pública globalizada como oposta àquela criada a partir do advento de uma sociedade moderna e, por conseguinte, situam as práticas curatoriais contemporâneas em uma "lógica do espetáculo". No entanto, permanece a questão: apode a esfera pública conectadaglobal criar justamente condições de possibilidade para um pensamento crítico no contexto atual?

1. Crítica ou crise institucional?

Este texto foi escrito após o encerramento da 28ª edição da Bienal de São Paulo, em dezembro de 2008. A exposição, segundo relatório da curadoria apresentado à presidência da Fundação Bienal em abril de 2009, foi considerada um sucesso de público e de crítica. Para os curadores Ivo Mesquita e Ana Paula Cohen, o êxito do empreendimento é atestado pelo número de visitantes, "aproximadamente 162 mil visitantes em 37 dias", e pelo "grande número de textos, entrevistas, resenhas, críticas recebidas pela 28ª Bienal, além de um grande espaço nas diversas mídias eletrônicas". O relatório destaca ainda a diferença da recepção da Bienal de São Paulo na imprensa brasileira e estrangeira. No texto dos curadores, lemos o seguinte:

> Enquanto a primeira, com significativas e gratificantes exceções, faz alarde de impressões generalizadas e questões localizadas, sem ver, tentar analisar, ou entender o todo do projeto, independente de suas qualidades e problemas, a segunda, recebe a 28ª Bienal como uma demonstração de energia e vitalidade da tradicional Bienal de São Paulo, por seu investimento num projeto de risco, provocador, abrindo um debate radical em lugar de continuar na sua confortável posição de uma instituição consolidada. Na imprensa internacional a 28ª BSP representa uma proposta de resgate das exposições de arte contemporânea como um espaço de reflexão e experimentação, uma espécie de laboratório para as práticas artísticas e o pensamento na atualidade. Ela é percebida como um esforço de recuperar, para a exposição, um papel de ponta no debate e difusão da arte contemporânea, e para isso pôs em movimento um grupo qualificado de artistas, curadores, críticos e acadêmicos que ativaram o espaço e a memória da própria instituição que o realiza, assim como problematizaram o modelo e o sistema das bienais no circuito internacional.[42]

De fato, na imprensa local, a exposição gerou grandes polêmicas e discussões sobre as possibilidades de ser articulada uma autorreflexão, sob o comando da figura

---

42 MESQUITA, Ivo; COHEN, Ana Paula. *Relatório da curadoria da 28ª Bienal de São Paulo*. Disponível em: www.forumpermanente.org

de um "curador independente", no interior das exposições de arte e das instituições culturais no Brasil. As constantes crises financeiras e políticas que assolam importantes museus de arte no país (o caso mais notório é o Museu de Arte de São Paulo) e a própria Fundação Bienal dão sinais da precariedade do contexto institucional brasileiro. Temos, assim, a impressão de que uma cultura crítica seria inviável, devido à fragilidade das instituições que promovem a cultura no país. Portanto, a incipiência do sistema de artes local, que ainda encontra dificuldades para a sua consolidação, inviabilizaria a possibilidade de uma "crítica institucional". Desse modo, nomes importantes do circuito artístico nacional, como Aracy Amaral, Paulo Sérgio Duarte e Jorge Coli, interpretaram o "vazio" da Bienal como "carência" (de ideias, de projeto, de posição etc.) e corroboraram indiretamente a posição tomada pelo jornalista da *Folha de S. Paulo*, Fábio Cypriano, no texto "Um acordo de cavalheiros em vivo contato", publicado no *site* do Fórum Permanente. Ao deslocar a discussão do campo da estética para o campo da "ética", eles acabaram frisando, portanto, a "omissão" do curador diante da crise institucional na qual se encontra a Bienal de São Paulo.

O projeto curatorial da 28ª Bienal de São Paulo desencadeou, portanto, uma série de perguntas. Colocadas de forma esquemática, as questões seriam as seguintes: como se configura esse espaço para uma crítica à instituição ou para uma autorreflexão sobre o campo artístico no contexto institucional brasileiro? Qual o papel dos curadores nesse contexto local e em sua projeção dentro de um circuito artístico globalizado? Como traduzir projetos conceituais em políticas públicas de longo prazo? Quais os efeitos da imagem da arte brasileira que a Bienal ajudou a criar no exterior para a consolidação das instituições locais? Enfim, como repolitizar as exposições da arte contemporânea, pensando nas várias mediações que ocorrem nesse âmbito?

Confirmando o que foi dito por Ivo Mesquita e Ana Paula Cohen, entre os pesquisadores do Royal College of Art[43] pouco se falava sobre o "permanente estado de crise"[44] da Bienal de São Paulo, e a expectativa era grande em relação à "Bienal do Vazio", como esta edição foi rotulada pelo jornalista Fábio Cypriano na revista *Frieze*.[45] Em certa medida, essas reflexões sobre as práticas curatoriais contemporâneas e o conceito de crítica institucional, que agora se apresentam na forma de um estudo de caso da Bienal de São Paulo, também estão marcadas por esse descaixe entre uma "imagem" da instituição no exterior e a precariedade de um espaço público para a apresentação e a discussão sobre a arte contemporânea no Brasil.

Para citar alguns outros exemplos, em 2006, o artista Cildo Meireles decidiu deixar a 27ª Bienal após a recondução do ex-banqueiro Edemar Cid Ferreira – denunciado

---

43 O pesquisador encontrava-se em Londres, realizando um estágio de doutorado, quando o nome de Ivo Mesquita foi anunciado para o cargo de curador da 28ª edição da Bienal.

44 De acordo com o sociólogo e professor Miguel Chaia, "um dos principais destaques da Bienal de São Paulo é sua condição de crise. Um estado de crise poderia ser, em teoria, a vocação fundamental da Bienal". "A Bienal de São Paulo e o meio artístico brasileiro: memória e projeção", Auditório do Museu de Arte Contemporânea – MAC/USP, julho de 2008.

45 CYPRIANO, Fábio. "A void in São Paulo". *Frieze*, novembro de 2007. Disponível em: www.frieze.com

pelo Ministério Público por gestão fraudulenta no Banco Santos – ao Conselho da Fundação Bienal. A impressão dos catálogos daquela exposição foi concluída somente dois anos após o encerramento da mostra e o presidente Manoel Pires da Costa foi reeleito mesmo após problemas na prestação de contas do seu mandato anterior. Além disso, diversos profissionais recusaram o convite para o cargo de curador da 28ª Bienal, pois havia a suspeita de que não haveria verbas e tempo viável para a realização da exposição. Tudo isso para citar somente os problemas mais noticiados pela imprensa local a respeito da crise atual da instituição.[46]

Para relembrar um pouco do histórico dessa crise, podemos assinalar momentos em que a instituição esteve sob suspeita e nos quais o papel da Bienal foi questionado. De fato, o projeto político e cultural da Bienal de São Paulo surgiu em um momento turbulento, de transformações econômicas, políticas e estéticas, no pós-guerra. Nas palavras de Rita de Oliveira Alves, naquele período

> Um novo ordenamento mundial articulava-se a uma nova postura das classes dirigentes, assim como de intelectuais e artistas. Estavam sendo deixadas para trás as décadas fundamentadas no desenvolvimento nacional, com um projeto nacional e por uma burguesia também nacional. No pós-guerra, o jogo das forças internacionais tem suas regras alteradas e o capitalismo passa a propor o desenvolvimento transnacional ou ordenado.[47]

A criação do Museu de Arte Moderna e da Bienal de São Paulo, portanto, estava situada no contexto mais amplo de envolvimento do Brasil nas transformações da economia mundial, o que significava a aproximação com uma das potências hegemônicas da Guerra Fria, os Estados Unidos. Alves destaca também o papel da política de expansionismo cultural do Departamento de Estado norte-americano na formatação de um museu de arte moderna subsidiado pela iniciativa privada, pautado em uma política de cooperação entre a burguesia local e o capital estrangeiro. Como veremos em breve, a iniciativa de Francisco Matarazzo Sobrinho, o Ciccillo, foi interpretada por muitos como uma entrega ao imperialismo cultural norte-americano e os impasses entre a construção de uma cultura nacional e a adoção de modelos criados nos centros hegemônicos eram assuntos que já interessavam à intelectualidade brasileira na primeira metade do século XX, e ganhavam outros contornos com a consolidação e a ampliação do projeto desenvolvimentista no pós-guerra.[48]

O que dava respaldo ao projeto da Bienal de São Paulo nos seus primeiros anos era sua vinculação com um projeto civilizatório e pedagógico advindo de uma tradição burguesa europeia, pautado na construção de uma esfera pública da arte e, consequentemente, à socialização dos bens culturais. Assim, quando a Bienal completou

---

46 Os artigos sobre a crise da Bienal publicados na imprensa local estão reunidos no dossiê *Fundação Bienal: transparência em evidência*. Disponível em: www.forumpermanente.org

47 ALVES, Rita de Oliveira. Bienal de São Paulo: impacto na cultura brasileira, *São Paulo em Perspectiva*, v. 15. n. 3, 2001, p. 18-28.

48 Cf. ASBURY, Michael. "The Bienal de São Paulo, Between Nationalism and Internationalism". In: *Espaço Aberto/Espaço Fechado: sites for sculpture in modern Brazil*. Henry Moore Institute, 2006.

dez anos de existência, ela reafirmou a sua função inicial de colocar a arte brasileira em contato com os desenvolvimentos artísticos do pós-guerra, buscando colaborar, desse modo, com o desenvolvimento em solo brasileiro de pesquisas *formais* em torno da arte abstrata, principalmente a arte concreta e neoconcreta. Naquele momento, a despeito dos comentários que seriam feitos por Olney Krüse na década de 1970, afirmava-se a contemporaneidade da vanguarda concretista brasileira em relação ao abstracionismo norte-americano, mesmo que isso ainda significasse um rescaldo da influência colonial europeia ou impedisse de criticar em seu interior os desenvolvimentos do projeto moderno.

Desse modo, segundo Alambert e Canhête,[49] o primeiro momento de crise e transformações no projeto da Bienal de São Paulo ocorreu em 1961, quando o então diretor do Museu de Arte Moderna de São Paulo, Mário Pedrosa, colaborou na redação de um documento para a criação da Fundação Bienal, uma instituição pública que organizaria a exposição bianual independentemente do programa do Museu.

Em 1961, a Bienal passou a ser uma entidade autônoma com a autorização do presidente Jânio Quadros ao crítico Mário Pedrosa, então secretário do conselho nacional de cultura, para que a tornasse uma instituição pública a partir da redação de um projeto de lei. Transformada em fundação, a Bienal de São Paulo poderia passar a receber verbas da prefeitura e do governo do estado para a execução da exposição. Até então, a exposição do Ibirapuera era financiada basicamente pela iniciativa privada.[50]

Assim, a separação da Bienal de São Paulo do MAM teria resultado na despolitização da instituição, sendo tal fato considerado por muitos agentes do meio artístico brasileiro, entre eles o próprio Ivo Mesquita, um desvio dos objetivos sociais da exposição nos seus anos iniciais Por outro lado, vale lembrar que a falta de uma definição clara entre o papel exercido por cada uma dessas instituições, desde a sua origem, não foi uma opção programática. Conforme aponta o curador Ivo Mesquita, nenhuma das instituições sabe ao certo qual é a sua "vocação", o que resulta na falta de uma definição clara de seus papéis dentro desse sistema.

> [...] antes de qualquer coisa, a crise da Bienal é vocacional, antes de institucional, política, econômica, artística etc... A Bienal foi perdendo a sua função. Primeiro ela era ligada a um museu, até 1962. Ela tinha funções, além daquela colocada no texto do Lourival (Gomes Machado. I Bienal do Museu de Arte Moderna de São Paulo, 1951), ou seja, fazer São Paulo na cena internacional e colocar o artista brasileiro em vivo contato com o que se produzia no mundo. Isso ela fez, mas havia outros objetivos, de caráter mais interno: um era formar o acervo do museu. [...] E a outra era a coisa do Núcleo Histórico,

---

49 ALAMBERT, Francisco; CANHÊTE, Polyana. *As Bienais de São Paulo: da era do museu à era dos curadores (1951-2001)*. São Paulo: Boitempo, 2004.

50 ALVES, Rita de Oliveira. "Bienal de São Paulo: impacto na cultura brasileira", *São Paulo em Perspectiva*, v. 15, n. 3, 2001, p. 18-28.

a oportunidade de trazer para São Paulo grandes recortes museológicos, sobre os movimentos das vanguardas. No momento em que ela rompe com o museu e se transforma em Fundação ela perde sua função pedagógica. Aí começa o problema.[51]

O Museu de Arte Moderna de São Paulo, ao perder a sua coleção para a Universidade de São Paulo, seguiu formando uma nova coleção sem contar, no entanto, com um espaço físico suficiente para a exibição de seu acervo, e, paradoxalmente, sua principal realização é uma mostra periódica realizada nos anos ímpares (ou seja, nos anos de intervalo da Bienal), chamada "Panorama da Arte Brasileira". Por outro lado, na última década a Bienal, que ocupa o gigantesco Pavilhão Ciccillo Matarazzo, não foi capaz de manter a periodicidade da mostra principal (devido ao hiato ocorrido em 1998-2002 e ao vazio de 2008), nem sequer organizar outras atividades nos intervalos entre os anos pares, como era o caso das Bienais Nacionais dos anos 1970.

A crise vocacional e institucional da Bienal de São Paulo não pode ser generalizada para outras instituições. No entanto, com exceção da Pinacoteca do Estado de São Paulo, os principais museus da cidade (MASP, MAM e MAC) possuem ao menos algum tipo de problema a ser superado, seja em relação às suas instalações ou ao seu modelo de gestão. Nesse caso, o circuito cultural torna-se mais vulnerável à ação de gestores e/ou curadores capazes de organizar eventos temporários (com a captação de recursos públicos) com forte apelo ao grande público, como foi o caso da Mostra do Redescobrimento[52], agravando ainda mais a crise dos museus que disputam verbas insuficientes junto às empresas privadas. Mas o dado que realmente interessa para nossa discussão é o fato de que esse apelo à democratização da arte (muitas vezes vinculando a ideia de mediação como ação educativa) torna-se preponderante.

Contraditoriamente, a Bienal passaria a ser, ao lado da arquitetura moderna e do Cinema Novo, conforme sugere Teixeira Coelho, o emblema oficial do Brasil durante o regime militar que se instauraria em 1964. Até o ano de 1975, a Fundação Bienal foi presidida pelo seu criador Francisco Matarazzo Sobrinho e talvez a maior crise sofrida pela instituição ocorreu quando este afastou-se do cargo de presidente da Bienal por motivos de saúde. A partir daquele momento, a credibilidade da instituição tornou-se interdependente da figura do "curador" que foi instituída nos anos 1980, um decênio que viu o aumento expressivo da participação da iniciativa privada no patrocínio da mostra, afirma Rita de Oliveira Alves. Assim, os altos e baixos vividos pela Fundação Bienal nas décadas seguintes passariam a dividir a atenção do público com as polêmicas em torno do eixo curatorial adotado por esse novo agente cultural que nos anos 1990 tornou-se a figura central das mostras.[53]

---

51 HIRSZMAN, Maria; MOLINA, Camila. "'Bienal do Vazio' começa no dia 25 com proposta ousada", *O Estado de S.Paulo*, 2 de outubro de 2008.

52 Realizada no Parque do Ibirapuera, em São Paulo, entre 7 de abril e 23 de setembro de 2000, a Mostra do Redescobrimento foi visitada por 1,8 milhão de pessoas. Cf. BARROS, Stella Teixeira de. "Males de nascença". In: 50 Anos de Bienal Internacional de São Paulo, *Revista USP*, n. 52,. dez/fev 2001-2002, p. 64-71.

53 Cf. CHIARELLI, Tadeu. "As funções do curador, o Museu de Arte Moderna de São Paulo e o Grupo de Estudos de Curadoria do MAM". In: CHAIMOVICH, Felipe (org.). *Grupo de Estudos de Curadoria do Museu de Arte Moderna de São Paulo*. 2. ed. São Paulo: MAM, 2008, p. 14.

Em uma conferência realizada dez anos após sua experiência como curador da 24ª Bienal de São Paulo, Paulo Herkenhoff frisou as condições institucionais que permitiram a realização do seu projeto curatorial, considerado por muitos uma das principais exposições na história da Bienal.[54] Após um período de crise, no início dos anos 1990, a Fundação Bienal investiu para alcançar requisitos administrativos, técnicos e profissionais condizentes com os padrões internacionais, tendo como objetivo restaurar a sua credibilidade institucional e receber trabalhos de artistas reconhecidos, como Kasimir Malevitch, Edward Munch, Paul Klee, Alberto Giacometti, Andy Warhol, Marcel Broodthaers, Richard Long, Bruce Nauman, Gehard Richter, Eva Hesse, Louise Bourgeois, Anish Kapoor, Jeff Wall, entre outros. O pavilhão da Bienal no parque Ibirapuera foi reformado e o presidente Edemar Cid Ferreira anunciou planos (não realizados) do arquiteto Oscar Niemeyer para transformar o edifício original, ampliando e modernizando os espaços expositivos. De acordo com a visão estratégica de Ferreira, a Bienal devia voltar a ser um megaevento de arte contemporânea e o núcleo histórico da exposição deveria trazer nomes que atraíssem a atenção do grande público. Havia também a intenção de mudar a imagem pública da Bienal, vista como "elitista" pelos moradores da periferia de São Paulo. (Uma das estratégias conciliatórias da Fundação Bienal foi convidar um grupo de grafiteiros para apresentar seus trabalhos na fachada do edifício, que já naquela época era atacado por pichadores.)

Tendo como referência o que foi anunciado à imprensa local, do ponto de vista da instituição, isso representava a combinação de uma perspectiva museológica afirmativa focada na formação do público e na democratização das artes, com um novo tipo de mediação voltado ao marketing cultural.[55] Esse momento coincidiu com um movimento de recusa ao dirigismo estatal na esfera da cultural, que prevaleceu durante o período ditatorial (1964-1984), e com entrada em vigor das leis de incentivo fiscal, que estabeleceriam novas formas de ação cultural no contexto das políticas neoliberais dos anos 1990.[56]

Considerando todos esses aspectos e o fato de a Bienal ser há muito tempo a principal instituição responsável pela internacionalização da arte brasileira, o momento parecia oportuno para ampliar a visibilidade da arte brasileira no país e no exterior. Esse modelo de gestão cultural focado em megaexposições, no entanto, conduziu a Fundação Bienal a um beco sem saída. A criação da Associação Brasil +500 e a realização da Mostra do Redescobrimento – Brasil 500 anos inviabilizaram a realização da exposição em 2000, sob a curadoria de Ivo Mesquita. O motivo declarado foi a falta de recursos e aparelho institucional para ambas as exposições, pois a mostra do Redescobrimento foi a maior exposição de arte já montada no Brasil, ocupando

---

54 HERKENHOFF, Paulo. "Bienal 1998, princípios e processos". *Trópico*, 2008. http://pphp.uol.com.br/tropico/

55 LANDMANN, Julio. "A Bienal e o meio artístico brasileiro: memória e projeção", Auditório do Museu de Arte Contemporânea – MAC/USP, outubro de 2008.

56 A Lei n. 8.3131, de Incentivo Fiscal, idealizada pelo então ministro da Cultura Sérgio Paulo Rouanet, foi aprovada pelo Congresso Nacional em 1991. Tratava-se de uma reformulação da Lei Sarney de 1986, extinta no início do governo do presidente Fernando Collor de Mello (1990-1992).

grande parte do complexo projetado por Niemeyer no parque Ibirapuera e totalizando 60 mil metros quadrados, o que consumiu boa parte dos recursos das empresas reservados para a Lei Rouanet. O projeto de Ferreira, que transformou a Associação na Brasil Connects, incluiu ainda a itinerância da mostra, que percorreu diversas cidades no Brasil e no mundo, como Buenos Aires, Lisboa, Londres e Paris, antes de chegar ao Guggenheim de Nova York, em março de 2002, um ano após ter organizado a representação brasileira na Bienal de Veneza em parceria com a Fundação Guggenheim, que anunciava planos de abrir uma de suas "franquias" na cidade do Rio de Janeiro.

Embora seja alvo de diversas críticas, foi esse modelo de gestão cultural voltado à realização de megaexposições, as chamadas *blockbusters*, que possibilitou, conforme afirmou o curador Paulo Herkenhoff, a realização de uma bienal considerada referência para as mostras do gênero, tanto no Brasil quanto no exterior, marcando os anos 1990 e a inserção brasileira em um sistema cultural globalizado. Assim, as exposições *blockbusters* dos anos 1990, apesar de seu apelo "espetacular", estavam ligadas à ideia de afirmação da arte brasileira em um sistema cultural global. Em um contexto mais amplo, assistia-se no Brasil, naquele decênio, ao desmonte da estrutura institucional criada durante o regime militar, no governo do então presidente Fernando Collor de Mello (1990-1992), seguido pelas políticas neoliberais de seus sucessores Itamar Franco (1992-1994) e Fernando Henrique Cardoso (1994-2002), com repasses reduzidos de verbas para o Ministério da Cultura e políticas culturais restritas às leis de incentivo à cultura, uma situação que permaneceu praticamente inalterada nos governos do presidente Luiz Inácio Lula da Silva.[57]

Desse modo, as duas últimas edições da Bienal de São Paulo podem ser situadas no interior de um processo de revisão desse sistema de "gestão cultural" criado nos anos 1990, bem como na superação de um atraso deixado pelas edições de 2002 e 2004 (25ª e 26ª), sob a direção de um curador estrangeiro, Alfons Hug, quando os núcleos históricos da Bienal de São Paulo foram extintos e o modelo veneziano de representações nacionais tornou-se novamente um imperativo. Em uma entrevista publicada na imprensa nacional, Ivo Mesquita afirmou que o problema da Bienal não é o modelo de exposição, mas a administração da instituição. Para o curador, Júlio Landmann (ex-presidente da Fundação Bienal) ajudou a criar uma estrutura profissional e descentralizada de gerenciamento, que permitiu a autonomia curatorial e o sucesso do trabalho de Paulo Herkenhoff, em 1998.[58] Entretanto, Mesquita afirma que "hoje, a Fundação não tem uma estrutura semelhante".[59] Assim, diante da impossibilidade de afirmar-se como uma instituição com políticas públicas de longo prazo e amplo alcance social, ao adentrar em novo sistema cultural globalizado, seria a Bienal de

---

57 Cf. BARBOSA DE OLIVEIRA, Lúcia Maciel. "Que políticas culturais?". www.centrocultural.sp.gov.br.

58 Cf. HERKENHOFF, Paulo. "Bienal 1998, princípios e processos". *Trópico*, 2008. http://pphp.uol.com.br/tropico/

59 CYPRIANO, Fábio, GONÇALVES, Marcos Augusto. Entrevista com Ivo Mesquita. *Folha de S.Paulo*, 22 de outubro de 2008.

São Paulo capaz de fornecer um panorama ou propor a discussão sobre a produção artística contemporânea (enfrentando a concorrência de uma infinidade de outras exposições do tipo Bienal que surgiram no mundo todo)? Seria ela capaz de criar qualquer expectativa em relação às inovações formais no campo estético ou sobre o conceito de arte a partir de uma perspectiva local? Ou mesmo de propor iniciativas para desenvolver, no Brasil, um modelo viável para uma exposição global de grande porte vinculada ao mercado de arte e à indústria ou ao turismo cultural? Em suma, seria a Bienal de São Paulo capaz de redefinir seu papel no contexto atual?

Após essa avaliação da crise da Bienal de São Paulo, podemos avançar para além de uma aparente dicotomia entre o discurso curatorial e a crítica especializada sobre a sua última edição. Parece-nos que a ambivalência entre aquilo que é mais inovador e, ao mesmo tempo, precário é o reflexo de uma questão estrutural de nossa modernidade que remonta ao processo de desenvolvimento do país na segunda metade do século XX, fazendo parte, nos dias de hoje, da nossa vida cultural. O problema central seria, então, como confrontar uma modernidade que de fato se estabeleceu na periferia do capitalismo, mas que, ao mesmo tempo, se apresenta tão vulnerável? Como compreender um fato que parece absurdo, a formulação de uma proposta curatorial radical em um contexto institucional deficitário (e por que não dizer periférico)?

A questão seria portanto as condições de possibilidade de uma crítica institucional em um contexto periférico, ou seja, a crítica à institucionalização da crítica aparece nesse debate como um ponto importante para pensarmos o papel da Bienal de São Paulo nos dias de hoje.

O leitor atento notará que estamos lidando com dois significados aparentemente distintos para o termo "crítica". No primeiro, trata-se do comentário público que é veiculado nos meios de comunicação de massa. Trata-se da "publicidade da arte",[60] a formação da opinião pública através do comentário crítico e dos debates que ocorrem na esfera pública. O segundo, a crítica institucional, trata-se de uma nova forma de apresentação e discussão sobre a produção artística que surge com as neovanguardas dos anos 1960 e se institucionaliza com as assim chamadas plataformas e a proliferação de bienais e outras exposições periódicas de arte contemporânea nos anos 1990.

Ao citar essa polêmica sobre as transformações na esfera da crítica de arte, nosso intuito não é colocar a crítica como comentário público em oposição aos processos de desconstrução e reorganização das formas de produção e socialização de sentidos que ocorrem no âmbito dos sistemas institucionalizados de informação de cunho cultural. Deve-se dizer: a autorreflexão que surge no interior da instituição, quando os curadores organizam plataformas de debates e discussões como parte de suas propostas curatoriais, ou buscam outras formas de confrontar a instrumentalização do sistema da arte. Nosso esforço analítico busca compreender justamente essas transformações na esfera pública da arte que se iniciam com as exposições dos anos

---

60 HABERMAS, Jürgen. *Mudança estrutural da esfera pública*. Rio de Janeiro: Tempo Brasileiro, 1984.

1960, e tornam-se proeminentes após a globalização cultural das últimas duas décadas.

No âmbito da crítica de arte temos observado, segundo Jean Gallard,[61] uma crise da esfera pública que foi configurada a partir do surgimento dos meios de comunicação de massa. Segundo o crítico francês, a mídia impressa não tem ofertado espaço para a manifestação intelectual e a superficialidade no jornalismo cultural é preponderante. A mesma preocupação com as transformações nos lugares da crítica de arte e seu reflexo na produção de conhecimento sobre as práticas artísticas contemporâneas na atualidade está presente em um artigo da professora do Departamento de Artes Plásticas da Universidade de São Paulo, Sônia Salzstein, no qual a autora fala sobre a inexistência no Brasil de periódicos dedicados à discussão pública sobre a arte, comprometendo a autonomia dessa reflexão crítica, ao vincular a produção teórica à dinâmica das exposições de arte e ao investimento de instituições públicas e/ou privadas na publicação de catálogos.[62]

Assim, corroborando não apenas a afirmação de Ivo Mesquita, mas também a oposição entre academia e plataformas, da qual estamos falando desde o início deste texto, Joaquín Barriendos comenta que a crítica "especializada"[63] não soube lidar com o vazio de representação e um novo tipo de crítica mais direta e participativa. Nesse sentido, ao vazio da Bienal seguiu-se o silêncio da crítica "oficial", que encontra dificuldades em lidar com as transformações ocorridas na esfera pública da arte a partir da última década do século XX.[64] Desse modo, o silêncio da crítica diante do vazio da Bienal de São Paulo não seria provocada somente pela ausência de canais de comunicação entre os intelectuais e o público, mas também pela dificuldade de compreender o funcionamento das plataformas de produção de conhecimento e as redefinições conceituais no âmbito da disciplina da história da arte. Trata-se ainda de um posicionamento político de certos agentes culturais que visam a manutenção de formas já institucionalizadas de conhecimento, uma posição que no fim das contas resiste à perda de espaços conquistados dentro e fora da academia.

---

61 GROSSMANN, Martin. Entrevista com Jean Gallard. Disponível em www.forumpermanente.org.

62 Cf. SALZSTEIN, Sônia. "Transformações na esfera da crítica". *Ars*, n. 1, 2003, p. 84-9.

63 No caso do sistema artístico brasileiro, a pesquisadora e professora Rita de Oliveira Alves associa o surgimento da crítica de arte, que iria se articular a partir da criação de museus de arte moderna e da Bienal de São Paulo no pós-guerra, à institucionalização da vida acadêmica e aos intelectuais ligados à Universidade de São Paulo. Trata-se de uma reflexão crítica na qual os critérios científicos e acadêmicos, institucionalizados pelas universidades, são aplicados ao conhecimento sobre a arte. Cf. ALVES, Rita de Oliveira. Bienal de São Paulo: impacto na cultura brasileira, *São Paulo em Perspectiva*, v. 15. n. 3, 2001, p. 18-28.

64 BARRIENDOS, Joaquín; SPRICIGO, Vinicius. "HORROR VACUI: Crítica institucional y suspensión (temporal) del sistema internacional del arte. Una conversación con Ivo Mesquita sobre la 28ava Bienal de São Paulo". *Estudios Visuales*, n. 6, Barcelona, diciembre 2008, p. 144.

2. O projeto curatorial da 28ª Bienal de São Paulo

O projeto curatorial da 28ª Bienal de São Paulo foi apresentado ao público como uma crítica à própria mostra, questionando sua imagem como uma das mais importantes instituições artísticas no Brasil e uma das três maiores exposições de arte contemporânea no mundo, ao lado da Bienal de Veneza e da Documenta de Kassel. O projeto caracterizava-se, portanto, como uma autorreflexão que se realizava no seio da Bienal através da suspensão temporária do fluxo global de artistas e obras produzido por uma megaexposição de arte contemporânea como a Bienal de São Paulo. A "quarentena" proposta por Mesquita seria, assim, uma oportunidade de parar para refletir sobre a própria aceleração imposta por um sistema cultural globalizado e dinâmico.

Na primeira coletiva de imprensa realizada após a sua nomeação, Ivo Mesquita afirmou que a Bienal de São Paulo havia realizado os seus objetivos iniciais de consolidação do sistema artístico local de projeção da arte brasileira no exterior e colocou uma série de questões:

> Qual o papel que a Bienal desempenha hoje, como instituição pioneira no país e no continente, uma vez que também esses circuitos cresceram e se profissionalizaram, sendo parte de um sistema cultural globalizado? [...] Como pode a Bienal de São Paulo reavaliar esse fenômeno cultural que se propaga em centros históricos (Veneza, por exemplo) assim como em cidades que até recentemente eram vistas como sendo marginalizadas (Xangai, por exemplo) da mesma maneira? Que papel crítico pode a Bienal de São Paulo ter em uma época de consumo e turismo cultural? De que maneira pode ela trazer uma contribuição produtiva ao enquadramento deste debate com base na sua história e experiência como primeira instituição de seu gênero fora dos centros hegemônicos? Sistematizar uma reflexão sobre as Bienais hoje, reavaliando suas qualidades e objetivos, revendo a sua agenda e sua função, pode representar uma possibilidade para a Bienal de São Paulo de retomar um papel dentro das muitas e diversas mostras de artes visuais periódicas que povoam o mundo no século XXI.[65]

---

65 Texto acessado no site oficial da Bienal de São Paulo em janeiro de 2007.

No discurso curatorial a Bienal aparece, portanto, como uma referência entre as exposições globais de arte contemporânea e serviria como paradigma e modelo para as outras mostras do gênero. Assim, na concepção dos curadores Ivo Mesquita e Ana Paula Cohen, seria o momento de converter a exposição em uma plataforma de reflexão e debates sobre o sistema de bienais no circuito artístico global,[66] tomando como referência a própria história da Bienal de São Paulo, através de uma estratégia política de reativação de sua memória e de seu arquivo.[67]

A iniciativa da 28ª Bienal de São Paulo de refletir sobre sua própria história é pertinente e até mesmo necessária. Até 2001, o livro *As Bienais de São Paulo*,[68] de Leonor Amarante, era o único volume existente sobre o tema, até que foi publicada uma edição especial em comemoração do 50º aniversário da primeira Bienal de São Paulo.[69] Contudo, ao fazer concessões à orientação comemorativa, o livro, bem como a exposição *50 anos de Bienal de São Paulo*, fugiram à tarefa de elaborar uma perspectiva crítica sobre a história da Bienal. Em 2003, foi publicado o livro *As Bienais de São Paulo: da era dos museus à era dos curadores*, de Francisco Alambert e Polyana Canhête, que apresenta a mesma tônica biográfica dos seus antecessores.[70] Assim, a ainda escassa bibliografia atual em língua portuguesa consiste de: textos publicados na imprensa local, incluindo artigos de Aracy Amaral, Mário Pedrosa, Annateresa Fabris, Vilém Flusser, Walter Zanini, entre outros; um dossiê com treze artigos compilados na edição 52 da *Revista USP*;[71] e estudos vinculados ao abstracionismo ou à história da arte brasileira.[72] Ademais, como no Brasil a história das exposições de arte não constituiu ainda uma área de pesquisa independente, as pesquisas acadêmicas realizadas sobre o assunto oferecem uma visão bastante fragmentada da história da Bienal, cobrindo assuntos com recortes específicos ou analisando edições pontuais. A única tese de doutoramento mais abrangente sobre o tema foi escrita por Rita Alves Oliveira, com o título *A Bienal de São Paulo: forma histórica e produção cultural*.[73]

Nesse contexto, o ciclo de debates "A Bienal de São Paulo e o Meio Artístico Brasileiro – Memória e Projeção", organizado por Luisa Duarte, que abriu as atividades da 28ª

---

66 MESQUITA, Ivo; COHEN, Ana Paula. Introdução. In: FUNDAÇÃO BIENAL DE SÃO PAULO. Guia da exposição *Em vivo contato, 28ª Bienal de São Paulo*, 2008.

67 O Arquivo Histórico Wanda Svevo, inicialmente chamado de Arquivos Históricos de Arte Contemporânea, foi criado em 1954 por Wanda Svevo, secretária da Bienal do Museu de Arte Moderna de São Paulo. Atualmente o arquivo ocupa uma área de 400m² no segundo andar da Fundação Bienal de São Paulo.

68 AMARANTE, Leonor. *As Bienais de São Paulo, 1951-1987*. São Paulo: Projeto, 1989.

69 FARIAS, Agnaldo (ed.). *50 Anos de Bienal de São Paulo*. São Paulo: Fundação Bienal, 2001.

70 ALAMBERT, Francisco; CANHÊTE, Polyana. *As Bienais de São Paulo: da era do museu à era dos curadores (1951-2001)*. São Paulo: Boitempo, 2004.

71 Cinquenta anos de Bienal Internacional de São Paulo. *Revista USP*, n. 52, dez/fev 2001-2002.

72 Cf. REBOLLO, Lisbeth. *As Bienais e a abstração*. São Paulo: Museu Lasar Segall, 1978; AMARAL, Aracy. *Arte Construtiva no Brasil*. São Paulo: Melhoramentos, 1998.

73 OLIVEIRA, Rita C. A. *A Bienal de São Paulo: forma histórica e produção cultural*. Tese de Doutorado em Ciências Sociais, Pontifícia Universidade Católica de São Paulo, 2001.

Bienal em junho de 2008, priorizou o resgate da memória da exposição por meio de depoimentos de alguns agentes do circuito artístico brasileiro sobre suas impressões acerca de edições anteriores da mostra, suas opiniões sobre a situação atual e suas expectativas quanto ao futuro da Bienal. O objetivo desse ciclo foi, a partir das respostas às questões formuladas pela organizadora, alimentar o Arquivo Histórico Wanda Svevo com um acervo audiovisual que complementasse a documentação existente de catálogos das exposições, criando uma compilação sobre sua história, um diagnóstico do presente e um conjunto de perspectivas em relação ao futuro. Assim, os participantes buscavam fornecer ao público uma "crônica" sobre história da Bienal, e realizar uma "consulta de opiniões" a respeito de sua crise e seus impasses, os quais forneceram dados para a formatação de um documento interno direcionado ao Conselho da Fundação Bienal.[74]

Logo, a questão colocada pela curadoria da 28ª Bienal foi: como resgatar uma fortuna crítica existente no arquivo Wanda Svevo e reativá-la no contexto atual? Em uma entrevista realizada em novembro de 2008, Ivo Mesquita afirmou que o objetivo da 28ª Bienal era chamar a atenção para o seu arquivo histórico, enquanto estratégia política para transcender os limites da exposição por meio da recuperação da memória e da redescoberta do pensamento crítico na América Latina, contribuindo assim para uma reflexão sobre o "modelo Bienal".

> Desde o início estava claro para nós que a proposta curatorial tinha a intenção de abrir uma reflexão sobre as bienais: sobre esta Bienal em relação com outras bienais e sobre o sistema global de bienais no mundo atual. O Arquivo Histórico Wanda Svevo era uma peça fundamental neste sentido, porque foi onde surgiram todos os referenciais para, digamos assim, subsidiar uma reflexão e o debate em torno da marca Bienal. Mas no processo de execução dessa ideia encontramos sem dúvida alguns problemas. Em princípio havíamos optado por usar a ideia do arquivo como o centro mesmo de todas as atividades curatoriais; ou seja, não partimos da ideia de exibir parte do arquivo no terceiro andar do edifício mas de impregnar todas as atividades com a ideia dos arquivos. Assim, no início, a proposta dos arquivos era ser mais que um centro especializado em bienais. Por outro lado, no Arquivo Histórico Wanda Svevo estão todos os documentos sobre a história da Bienal de São Paulo, outros sobre a história da arte contemporânea e alguns documentos do Museu de Arte Moderna (de São Paulo). Partindo desses limites, pensamos que seria oportuno ir além da simples Documentação sobre a Bienal de São Paulo. [...] pensamos na ideia de transformar o arquivo em um centro sobre as bienais, um arquivo sobre as bienais ao redor do mundo. Deve-se assinalar que essa ideia pode ser ampliada para os debates e as contribuições dos catálogos.[75]

O resultado concreto do projeto foi um plano de leituras no formato de um arquivo

---

74 CYPRIANO, Fábio. "Um acordo de cavalheiros em vivo contato". Disponível em: www.forumpermanente.org.

75 BARRIENDOS, Joaquín; SPRICIGO, Vinicius. "HORROR VACUI: Crítica institucional y suspensión (temporal) del sistema internacional del arte. Una conversación con Ivo Mesquita sobre la 28ava Bienal de São Paulo". *Estudios Visuales*, n. 6, Barcelona, diciembre 2008, p. 139-163.

flexível[76] construído no terceiro pavimento do pavilhão da Bienal,[77] incluindo um espaço expositivo, uma biblioteca com catálogos de diferentes bienais e de exposições periódicas espalhadas pelo mundo todo e um auditório para a realização de conferências e debates. O segundo andar do edifício Ciccillo Matarazzo ficou vazio e o térreo seria, a princípio, transformado em uma praça pública, como no desenho original de Niemeyer, propondo "uma nova relação da Bienal com o seu entorno – o parque, a cidade – que se abre como a ágora na tradição da pólis grega, um espaço para encontros, confrontos, fricções".[78] Tratava-se, afinal, de converter o projeto de Oscar Niemeyer em metáfora arquitetônica da proposta curatorial, tornando explícita a dimensão pública do edifício e abrigando em seu interior um processo de reflexão crítica sobre a instituição Bienal.

A metáfora arquitetônica adotada pelos curadores da 28ª Bienal é a mesma da abertura dos museus modernos ao grande público, expressa pela transparência e pelo uso do vidro na arquitetura moderna e pela busca da integração dos espaços públicos e privados. Segundo Martin Grossmann, o projeto do Palácio de Cristal, que abrigou a Exposição Universal de 1851, é um elemento na formação de uma autocrítica ao museu moderno e uma metáfora ao paradigma global da sociedade da informação.[79] No entanto, as críticas ao "cubo branco" têm demonstrado o caráter paradoxal de sua autonomia e os vínculos do universalismo com o colonialismo. Grosso modo, a questão da democratização do acesso público aos bens culturais nunca foi resolvida do ponto de vista arquitetônico ou institucional moderno. Sabe-se também que a Bienal sempre foi frequentada por uma parcela pouco significativa da população da cidade de São Paulo, os números oficiais anunciados pela Fundação Bienal ficam abaixo de 10% do total de habitantes da cidade, e são bem menos expressivos se consideramos o papel central dessa exposição no Brasil e na América Latina.

---

76 Sistema concebido por Ana Paula Cohen no projeto Istmo. http://www.forumpermanente.org/.rede/proj-istmo/.

77 O Pavilhão Ciccillo Matarazzo, antigo Palácio das Indústrias, foi projetado por Oscar Niemeyer e abriga a Bienal de São Paulo desde a sua quarta edição, realizada em 1957. O edifício faz parte de um conjunto arquitetônico localizado no Parque do Ibirapuera, inaugurado em 1953, na ocasião das comemorações do IV Centenário da cidade de São Paulo.

78 MESQUITA, Ivo; COHEN, Ana Paula. Introdução. In: FUNDAÇÃO BIENAL DE SÃO PAULO. Guia da exposição *Em vivo contato, 28ª Bienal de São Paulo*, 2008.

79 Ressalta o autor que tal paradigma arquitetônico seria usado pelos museus de arte moderna no século XX, em substituição ao modelo neoclássico. GROSSMANN, Martin. O "Anti-Museu". Disponível em: http://museologia.incubadora.fapesp.br

3. O fim da Bienal de São Paulo?

Tomamos essas argumentações sobre o "fim" ou a "crise" do projeto político-cultural da Bienal de São Paulo e o "espaço vazio" utilizado como estratégia estética ou crítica institucional para questionar a premissa da qual partiram os curadores da 28ª Bienal de São Paulo. Certamente a Bienal teve (e continua tendo) uma participação fundamental na projeção da arte brasileira no exterior. No entanto, São Paulo continua situada em uma posição periférica no sistema da arte global, pois não se consolidou como um local de legitimação da produção artística contemporânea. Os discursos produzidos localmente não alcançam repercussão no exterior e o reconhecimento de nossos artistas está atrelado às dinâmicas de uma relação entre os hemisférios norte e sul, cujos critérios de validação são definidos nos termos de uma cultura hegemônica. Embora crie oportunidades de dar visibilidade a uma produção artística periférica, a globalização cultural é, no fim das contas, a ampliação de uma modernidade "ocidental". Ora, o esforço da Bienal de São Paulo sempre foi o de colocar a arte brasileira em "contato" com as vanguardas artísticas europeias e norte-americanas. Nota-se, assim, nas sucessivas tentativas da Bienal de São Paulo em "acertar o passo" com aquilo que ocorria no exterior, traços de nossa história colonial que demonstram a fragilidade de nossas instituições para além de sua dimensão material, expressa também na "dependência" dos discursos internacionalistas provenientes da história da arte. Noutras palavras, na geopolítica do conhecimento da arte, a participação da América Latina ainda é limitada, pois ainda não temos voz em uma esfera pública global. Nesse sentido, uma abordagem crítica dos discursos curatoriais que afirmam a relevância da produção artística local em sua projeção global se faz necessária tanto na análise do projeto curatorial da última Bienal, quanto no papel da instituição na definição de noções de identidade na arte brasileira.

Relembrando brevemente a história da Bienal de São Paulo narrada por Francisco

Alambert e Polyana Canhête, [80] temos, nos anos 1950, as bienais realizadas por Lourival Gomes Machado e Sérgio Milliet, marcadas pelo confronto entre a tendência construtiva da arte brasileira (e latino-americana), iniciada com a primeira Bienal (1951), e o expressionismo abstrato norte-americano, que ganhava proeminência no contexto internacional, sendo apresentado na segunda Documenta de Kassel (1959) como a linguagem internacional da arte moderna no pós-guerra. Em 1957, ao dividirem o mesmo espaço expositivo na quarta Bienal, a produção nacional já era apresentada, segundo os autores, em condições de igualdade com as vanguardas internacionais do pós-guerra. Para fundamentar esse argumento, eles citam o comentário positivo de Mário Pedrosa, que dirigiria em 1961 a última Bienal do Museu de Arte Moderna de São Paulo, sobre a afirmação da arte (pintura) brasileira diante dos desenvolvimentos artísticos internacionais.[81] No entanto, o projeto inicial de modernização e internacionalização da arte brasileira proposto pela Bienal de São Paulo seria questionado após a separação da mostra do Museu de Arte Moderna e a criação da Fundação Bienal no início dos anos 1960. Anunciava-se naquele momento um ponto de inflexão na história da Bienal de São Paulo, uma ruptura com o seu projeto inicial, devido ao desmembramento do evento do Museu de Arte Moderna de São Paulo e o distanciamento da Bienal das correntes culturais progressistas vinculadas aos intelectuais ligados ao MAM, afirmam Alembert e Canhête.

No decênio subsequente haveria uma ruptura entre esse pensamento progressista na arte e as demandas por transformações sociais, especialmente com o endurecimento do regime militar após 1968.[82] O afastamento de intelectuais como Mário Pedrosa do projeto fortaleceria os vínculos entre o Estado e a Fundação Bienal, que passaria a interessar sobremaneira ao regime ditatorial, por ser, como constatou Teixeira Coelho, um símbolo do Brasil moderno, bem menos incômodo do que a arquitetura e o Cinema Novo – por estes serem de "extração esquerdista" –, e, portanto, muito mais "conveniente" para a política cultural pós-golpe de 1964.[83]

Tal constatação vai ao encontro da análise de Lúcia de Oliveira sobre as relações entre políticas culturais e autoritarismo no Brasil. Segundo a autora, os empreendimentos culturais do pós-guerra, entre eles a Bienal e o MAM em São Paulo, buscavam uma certa autonomia em relação aos órgãos governamentais, apostando em um tipo de

---

80 ALAMBERT, Francisco; CANHÊTE, Polyana. *As Bienais de São Paulo: da era do museu à era dos curadores (1951-2001)*. São Paulo: Boitempo, 2004.

81 Cf. PEDROSA, Mário. "Pintura brasileira e gosto internacional". In: ARANTES, Otília (org.). *Acadêmicos e modernos*. São Paulo: Edusp, 1998, p. 279-83.

82 Vale mencionar que Pedrosa era um *trotskista* declarado e a afirmação da arte brasileira naquele período se articulava em confronto crítico com o imperialismo cultural norte-americano. Ademais, no período em questão estava em voga uma hegemonia cultural de esquerda. Segundo Roberto Schwarz, inicialmente a repressão do regime militar estava focada nos movimentos sociais e nas forças políticas de esquerda, o que permitiu a liberdade das manifestações culturais até a promulgação do ato institucional nº 5, em dezembro de 1968. SCHWARZ, Roberto. *Cultura e política*. São Paulo: Paz e Terra, 2001.

83 COELHO NETTO, José Teixeira. "Bienal de São Paulo: o suave desmanche de uma ideia". In: 50 Anos de Bienal Internacional de São Paulo, *Revista USP*, n. 52, dez/fev 2001-2002, p. 78-91.

mecenato associado ao desenvolvimento do capitalismo internacional. No entanto, após a ascensão do Estado autoritário, que promoveria, no fim da década de 1960, um corte abrupto nas manifestações artísticas ligadas à cultura hegemônica de esquerda, ocorre exatamente o contrário, quando:

> a política cultural também será percebida como instrumento fundamental da ação governamental para a construção e manutenção de uma nação homogênea, integrada, dentro do binômio segurança e desenvolvimento que guiava o projeto de nação gestado pelos militares. O documento "Política Nacional de Cultura", de 1975, sistematiza uma política cultural no nível federal. Ações sistemáticas foram adotadas e vários órgãos foram criados para sua consecução, como a Embrafilme e a Funarte, conselhos foram criados para dar respaldo legal às ações empreendidas pelo governo.[84]

Desse modo, nos anos 1970 a discussão sobre as relações entre política e cultura não giram mais em torno da vinculação da cultura com um projeto civilizatório ou com vetores de transformação social, ou seja, não se fala mais de uma cultura crítica. O tema principal do debate artístico passa a ser a luta contra o autoritarismo.

Nos anos 1970, a Bienal sofreria os efeitos do boicote encabeçado por Mário Pedrosa durante décima Bienal, em 1969, como estratégia de luta contra a ditadura militar.[85] Desse modo, a Bienal enquanto "emblema oficial do país"[86] tornava-se alvo do boicote de artistas e intelectuais, devido ao rompimento da instituição com os vetores de transformação social e política que legitimavam seus empreendimentos inaugurais. Não à toa, essa fase ficou marcada na história da cultura brasileira como um período de "vazio cultural". O termo cunhado pelo jornalista Zuenir Ventura[87] expressava a decepção advinda da ruptura do processo de modernização com os ideais de emancipação, segundo os quais a democracia política seria uma consequência natural do crescimento econômico, associação esta que havia feito com que a ideia de modernização recebesse o apoio político de vários intelectuais de esquerda.

Em um artigo publicado no dossiê sobre os 50 anos da Bienal de São Paulo, editado pela *Revista USP*, o filósofo Ricardo Fabbrini faz uma afirmação importante sobre o "fim das utopias" vanguardistas nos anos 1970. Cito o autor ao falar do papel de internacionalização da arte brasileira em sua primeira fase:

> A Bienal contribuiu [...] para difundir no Brasil o imaginário vanguardista: a crença de que a arte tem uma função prospectiva, um poder de antecipar na forma artística e no gesto estético uma nova realidade. É verdade que essa crença no poder da arte de transformar a realidade, ou, como então se dizia, "de contribuir para a mudança da consciência e

---

84 Cf. BARBOSA DE OLIVEIRA, Lúcia Maciel. "Que políticas culturais?". www.centrocultural.sp.gov.br.

85 Cf. AMARAL, Aracy. "A Bienal se organiza assim... (1961)". In: *Arte e meio artístico: entre a feijoada e o x-burguer (1961-1981)*. São Paulo: Nobel, 1983, p. 155-156.

86 COELHO NETTO, José Teixeira. "Bienal de São Paulo: o suave desmanche de uma ideia". *Revista da USP*, São Paulo, dez/jan-fev 2001-2002, p. 83.

87 VENTURA, Zuenir. "A crise da cultura brasileira". *Visão*, 1971.

impulso dos homens e mulheres que por sua vez mudariam o mundo", estava em crise na Europa desde os anos 30. No Brasil, entretanto, por encontrar lastro histórico, tal crença persistiu, ainda que de forma difusa como de praxe entre nós, e mais entre certos críticos e artistas do que entre o público em geral, até a IX Bienal, de 1967, ano em que Costa e Silva tomou o poder e acirrou a censura [...] dissociando definitivamente, também entre nós, arte e utopia.[88]

A longa citação vale a pena por dois motivos. Em primeiro lugar, diferentemente de Alambert e Canhête, Fabbrini vincula a ruptura do projeto político e cultural da Bienal de São Paulo ao golpe de 1964. Além disso, o autor aponta para a associação entre a ideia de vazio cultural e o fim das utopias vanguardistas. Portanto, a ideia de "vazio" associada ao "déficit" de mediação entre o universo da cultura e as esferas sociais e políticas surge como uma questão importante na discussão sobre a "politização" da Bienal de São Paulo.

No que diz respeito ao impacto dessa despolitização na constituição de uma esfera pública e nas críticas à espetacularização das mostras globais de arte contemporânea, argumenta-se com a dissolução das fronteiras entre o público e o privado provenientes da intervenção do Estado na esfera da cultura pelo viés de sua instrumentalização. A instrumentalização da arte e da cultura é um aspecto central na análise de Jürgen Habermas das mudanças da esfera pública no pós-guerra,[89] no entanto, o caso brasileiro é diferente daqueles de um Estado de bem-estar da socialdemocracia europeia ou do imperialismo cultural promovido pelo Departamento de Estado norte-americano durante a Guerra Fria. No Brasil, a instrumentalização da cultura nos anos 1970 ocorreu pelo viés de um plano de integração e desenvolvimento nacional iniciado em bases democráticas, nos anos 1950, mas cuja direção seria assumida por um Estado autoritário na década seguinte.

Tal mudança nos rumos do projeto desenvolvimentista brasileiro começava a despertar dúvidas em relação ao modelo de integração nacional e internacional promovido pela Bienal de São Paulo. Segundo Alambert e Canhête, a Bienal de São Paulo, sob a direção de Ciccillo Matarazzo até meados dos anos 1970, caminharia para um período de crise e perda de seu prestígio internacional, encerrando a década com uma série de reformulações em seu modelo organizacional, como a criação do Conselho de Arte e Cultura (em 1977), que supriria a ausência de um diretor artístico, mais tarde substituído pela figura do curador. Ainda no mesmo período, realizam-se diversas edições de uma Bienal Nacional, criada como uma pré-Bienal, em 1970, com o objetivo de selecionar artistas para a representação brasileira. As bienais nacionais fizeram parte dessa série de tentativas de reformulação da Bienal de São Paulo, as quais culminaram na realização de uma Bienal Latino-Americana, em 1978.[90]

---

88 FABBRINI, Ricardo N. "Para uma história da Bienal de São Paulo: da arte moderna à contemporânea". In: 50 Anos de Bienal Internacional de São Paulo, *Revista USP*, n. 52, dez/fev 2001-2002, p. 50.

89 Cf. HABERMAS, Jürgen. *Mudança estrutural da esfera pública*. Rio de Janeiro: Tempo Brasileiro, 1984.

90 FUNDAÇÃO BIENAL DE SÃO PAULO. Relatório final da Reunião de Consulta de Críticos de Arte da América Latina, 16 a 17 de outubro de 1980.

Vale a pena anotar também que foi nessa época que Olney Krüse escreveu sobre o problema da construção de uma arte brasileira, texto recuperado pelo professor Teixeira Coelho para discutir o desmanche da ideia original da Bienal.

> Os problemas sociais e políticos estão por toda parte. O "milagre econômico" do início da década de 70, quando o Brasil se torna tricampeão de futebol, está enterrado. A corrupção no sistema implantado pelos militares é enorme, mas a mão-de-ferro sobre o país ainda é muito pesada. Nada mais natural que um crítico de arte escreva o que Krüse escreveu. Mas as suas não eram palavras a que a Bienal, emblema oficial do Brasil internacional, estivesse acostumada. Krüse diz o que muitos pensávamos: que a Bienal havia sido importante, sem dúvida, mas que muita coisa que se fazia desde então na arte brasileira ou feita no Brasil era mera cópia do modelo estrangeiro importado e que a arte no Brasil se esquecera de que talvez valesse a pena procurar ser brasileira ou, de todo modo, vincular-se a esta realidade cultural. São coisas que a Bienal oficialmente nunca ouvira e nunca dissera e que, sobretudo, o "público" da Bienal nunca ouvira através da Bienal – e pelas quais a Bienal era, sim, em parte responsável, ao contrário do que dizia (ou dissimulava) o crítico.[91]

Esses fatos indicam que, na década de 1970, o modelo de representação da Bienal de São Paulo pautado nas relações entre arte nacional e internacional entrava em crise, juntamente com o seu projeto civilizatório e pedagógico, construído no contexto desenvolvimentista do pós-guerra.

Entretanto, o vazio cultural não pode ser interpretado em termos absolutos. Certamente, não podemos ignorar as mudanças ocorridas nesse período, pois na passagem dos anos 1960 para os anos 1970 ocorreram transformações significativas nas práticas estéticas contemporâneas. A despeito de qualquer afirmação sobre o fim das utopias vanguardistas, as neovanguardas estavam em seu auge, e sua presença no cenário artístico brasileiro seria marcante até o início da década de 1980, especialmente nas bienais curadas por Walter Zanini.

Se a grande visibilidade da Bienal de São Paulo como "emblema oficial" impedia a exibição de obras que envolvessem qualquer tipo de protesto, motivo que mobilizou a adesão de diversos artistas ao boicote, espaços como o Museu de Arte Contemporânea foram responsáveis pela apresentação da produção das neovanguardas daquele período.[92] Assim, a ideia de "vazio cultural" não significa a perda do potencial crítico da arte em si, mas a "despolitização" da discussão sobre arte e cultura no seio da Bienal de São Paulo, devido em parte à censura imposta pelo regime, mas também pela administração burocrática e centralizadora de Ciccillo Matarazzo.

Aliás, apesar da censura e do boicote, segundo a pesquisadora britânica Isobel Whitelegg, a Bienal de 1973 apresentou diversos projetos ligados às experiências com

---

91 COELHO NETTO, José Teixeira. "Bienal de São Paulo: o suave desmanche de uma ideia". In: 50 Anos de Bienal Internacional de São Paulo, *Revista USP*, n. 52, dez/fev 2001-2002, p. 78-91.

92 Cf. OBRIST, Hans Ulrich. Entrevista com Walter Zanini. In: *A brief history of curating*. Zurich/Dijon: JRP Ringier/Les presses du réel, 2008, p. 148-66.

arte e tecnologia em um segmento intitulado "Arte e Comunicação".[93] A organização desse segmento estava vinculada, segundo o pesquisador Ricardo Mendes, ao projeto do filósofo Vilém Flusser apresentado à Bienal de São Paulo e que foi parcialmente realizado na décima edição da mostra.[94] Esse projeto, cuja documentação encontra-se atualmente no Arquivo Vilém Flusser da Universidade de Arte de Berlim, também foi resgatado pelo artista e professor da Universidade de São Paulo, Mário Ramiro, no artigo "Salto para um mundo cheio de deuses",[95] no qual o autor revisa a troca de correspondências entre o filósofo, que se encontrava na Europa, e a Fundação Bienal, e analisa a reformulação proposta pelo filósofo à Bienal do ponto de vista de uma inversão das relações entre centro e periferia, onde o evento brasileiro poderia converter-se em modelos para as demais mostras internacionais de arte contemporânea.

A proposta submetida inicialmente a uma conferência realizada pela Associação Internacional de Críticos de Arte (AICA), em 1971, partia da premissa de que a crise da arte não estava associada à produção artística, mas aos processos de mediação da arte. Grosso modo, a partir da constatação de que as exposições de arte eram dispositivos ou arranjos unidirecionais, nos quais os significados eram atribuídos em uma relação fixada no objeto artístico, a proposta do filósofo consistia na mudança da ênfase dos objetos para os processos de compartilhamento de informações entre grupos multidisciplinares formados por artistas, críticos e teóricos, entre outros, envolvendo diversas instituições, como escolas, laboratórios, fábricas etc. Havia nessa proposta uma intenção explícita de retirar os processos de produção estética de um ambiente restrito a especialistas, integrando um público mais amplo através de processos dialógicos. Não à toa o projeto proposto por Flusser chamou a atenção do artista Mário Ramiro como algo que poderia ser resgatado na história da Bienal de São Paulo para a discussão sobre o vazio pelo viés da virada discursiva dos anos 1990, quando as exposições de arte convertem-se em plataformas de produção de conhecimento. Observa Ramiro como o discurso teórico de Flusser desloca-se precocemente das premissas de um processo civilizatório, ou seja, de construção de um projeto nacional, para as possibilidades de articulação de novas relações entre centro e periferia, antecipando-se, devido ao repertório adotado, às questões da sociedade da informação que estão em pauta atualmente nas discussões sobre práticas curatoriais contemporâneas e exposições globais de arte.

No entanto, a leitura desses documentos e dos artigos de Ramiro e de Mendes nos leva também à conclusão de que a Bienal não incorporou plenamente as propostas de Flusser, nem tanto por razões políticas como se poderia imaginar, mas por motivos financeiros e administrativos. No segmento arte e comunicação da Bienal de

---

93 WHITELEGG, Isobel. "Reading the archives of an unseen biennial: Sao Paulo 1973". In: Bienais, Bienais, Bienais... 28ª Bienal de São Paulo, novembro de 2008.

94 MENDES, Ricardo. "Bienal de São Paulo 1973 – Flusser como curador: uma experiência inconclusa". Disponível em www.fotoplus.com

95 RAMIRO, Mário. "Salto para um mundo cheio de deuses". Ars, n. 10, 2007, p. 32-7.

1973, foram incluídos somente dois artistas propostos por Flusser, Fred Forest e Eric McLuhan. No fim de 1972, Flusser se desligou da Fundação Bienal após uma troca de correspondências inflamada com seu presidente, encerrando uma relação que seria retomada no início dos anos 1980, a convite do primeiro curador da Bienal de São Paulo, Walter Zanini, para participar de um ciclo de conferências na 18ª Bienal. Também fundamentada na ideia de arte e comunicação, a Bienal de 1981 realizou, dentro de um conjunto de condições mais favoráveis, diversas reformulações que já estavam contidas na proposta de Flusser, buscando uma integração maior da exposição com o público e contando com manifestações artísticas que ampliavam os limites da arte.[96]

A ausência dessas discussões sobre a mediação da arte nos debates promovidos pela 28ª de São Paulo revela a dificuldade encontrada pelos curadores Ivo Mesquita e Ana Paula Cohen de recuperar e reativar um pensamento crítico que permitisse a ampliação do debate sobre a Bienal para além de uma crônica de sua história ou da afirmação incipiente de sua centralidade em um mapa da arte global. Um diálogo multidisciplinar que permitisse, enfim, aprofundar a discussão sobre a "espetacularização" da mostra, para além da questão do consumo cultural, adensando a análise dos aspectos ambivalentes da construção de uma modernidade em um contexto periférico. Aspectos esses que se revelam por meio de proposições radicais, com potencial de servirem como modelo ao exterior, produzidas dentro de um contexto institucional precário, mas em estado crítico permanente, conforme afirmava Vilém Flusser.

Nesse sentido, foi apropriado por parte da imprensa rotular a 28ª Bienal de São Paulo como "a bienal do vazio", apesar dos protestos de seus curadores e da escolha de última hora da arquitetura como símbolo das utopias e impasses da modernidade. Além da falta de articulação entre as comissões internacionais convidadas e a cena artística local, a proposta de transformação do andar térreo do pavilhão em uma praça pública foi alterada tanto pelo abandono da ideia de remover os caixilhos da entrada do térreo do pavilhão (devido a questões orçamentárias), quanto pelo forte esquema de segurança montado após a abertura do evento, quando um grupo pichou o espaço vazio do segundo andar.

Após o incidente, os curadores definiram a manifestação como um ato criminoso e de barbárie contra o patrimônio cultural da cidade e foi instalado todo um aparato de inspeção de segurança, comparável àquele dos aeroportos internacionais após os ataques de 11 de setembro de 2001. Tal fato foi o argumento central da crítica de

---

96 A associação por princípios de linguagem e centrada em uma leitura contemporânea da arte, adotada por Walter Zanini nas bienais de 1981 e 1983, operava, segundo o curador, uma inversão das relações entre norte e sul, pois colocava os artista sul-americanos em relação direta com artistas de outras partes do mundo. ZANINI, Walter. Relato da Reunião de Consulta entre Críticos de Arte da América Latina, coordenada por Aracy Amaral, na qual foi escolhida a continuidade da Bienal Internacional no lugar de uma Bienal Latino-Americana, 1980. Acervo Vilém Flusser.

Fábio Cypriano,[97] comissionada pela plataforma Fórum Permanente, questionando a legitimidade do projeto curatorial de Ivo Mesquita. O episódio também foi citado pela arquiteta Ligia Nobre, cofundadora da organização social Exo Experimental, uma plataforma de pesquisa no campo da arte e do urbanismo na cidade de São Paulo, que operou entre 2002 e 2007. Assinalando as contradições entre o discurso e a prática dos curadores, ela questiona: "a Bienal rotulou os pichadores de criminosos, e Cohen os desconsiderou como 'aquelas pessoas da periferia' durante a coletiva de imprensa. Esse não é exatamente o tipo de 'vivo contato' prometido por ela e Mesquita. Se a 28ª Bienal clamava por ser um espaço público de inclusão social, a instituição não deveria estar aberta justamente para 'aqueles da periferia'?".[98]

O incidente na abertura da exposição é sintoma de uma crise na esfera pública que já havia surgido na exposição anterior. Retornando àqueles debates, Renato Janine Ribeiro comentou sobre a situação atual da Praça da Sé, no centro de São Paulo, um importante ponto de encontro para manifestações políticas nos anos 1980, como o movimento Diretas Já, que, após vinte anos de ditadura militar, clamava por eleições diretas para presidente. Remodelada pela administração pública, a praça perdeu sua dinâmica social e tornou-se um lugar onde a "participação" mais visível são as pichações.[99] Outro exemplo dos impasses do processo modernizador na cidade de São Paulo é a avenida Luis Carlos Berrini. Quando vista a partir da favela que fica do lado oposto do rio Pinheiros, essa avenida reflete a extrema desigualdade social e educacional que existe no Brasil. Essa avenida é um paradigma urbano de proteção e controle, discutido pelo artista espanhol Antoni Muntadas, quando este falou sobre as relações entre o fim de uma esfera pública e o sentimento de medo, que leva à instalação de cercas, grades e sistemas de vigilância.[100] O correlato oposto disso seria o que Brian Holmes chamou de "urbanização da cegueira", ao constatar que os protestos ocorridos em Paris, em 2005, não interromperam o fluxo de turistas ou a vida cultural da cidade.[101] Em 2006, durante a preparação da 27ª Bienal, um grupo conhecido como PCC ou Primeiro Comando da Capital – cujos líderes comandavam o tráfico de drogas através de telefones celulares, a partir do interior das penitenciárias onde estavam encarcerados –, atacou estações policiais e o transporte público, levando uma cidade de 18 milhões de habitantes a um estado de suspensão de suas atividades cotidianas.

---

97 CYPRIANO, Fábio. "Um acordo de cavalheiros em vivo contato". Fórum Permanente de Museus de Arte. Disponível em: www.forumpermanente.org.

98 NOBRE, Ligia. "Taggers get into 'living contact' with vacant São Paulo Bienal". *Art Review*, 4 de novembro de 2008.

99 SEMINÁRIO RECONSTRUÇÃO, 27ª Bienal de São Paulo, junho 2006. www.forumpermanente.org.

100 "O social na arte; entre a ética e a estética", Escola de Comunicações e Artes da Universidade de São Paulo, agosto de 2008. Disponível em: www.forumpermanente.org.

101 HOLMES, Brian. "Beyond the global 1000". CIMAM ANNUAL CONFERENCE, Pinacoteca do Estado de São Paulo, novembro de 2005. Disponível em: www.forumpermanente.org.

4. O projeto político e cultural da Bienal de São Paulo

O principal questionamento que a "Bienal do Vazio" suscitou foi a vinculação entre a crise enfrentada pela instituição e aquela representada pelos paradigmas da arquitetura moderna.[102] Questionada sobre como preencheria o andar vazio da Bienal, a artista Ana Maria Tavarez afirmou que:

> O Vazio é apenas ilusório, não há esvaziamento que nos leve ao grau zero, que anule ou cancele todos os significados, pois, ao contrário do que as aparências revelam, com o vazio descortinam-se as estruturas, mas o que fazemos com elas? Como transformá-las em questões realmente pertinentes? Como evitar que o vazio seja apenas a falta de algo? Então, é necessário um outro gesto capaz de radicalizar a experiência para instaurar a consciência crítica. Portanto, ao esvaziarmos o Pavilhão da Bienal temos diante dos olhos a arquitetura modernista brasileira e suas utopias. E parece-me que isso ficou de lado em todas as discussões a respeito dessa Bienal. [...] Para onde olhamos? Para onde vamos? Todo o projeto educativo estaria então ancorado na ideia de que, se não incluirmos o contexto, se não questioná-lo, ficaremos sempre reféns de nossa própria história ou dependentes da história que nos chega de longe.[103]

A citação vale a pena, pois indica como a experiência da arquitetura através do vazio tornou-se uma metáfora dos limites da experiência moderna no Brasil e do projeto cultural e político da Bienal de São Paulo, iniciado nos anos 1950, dois emblemas de um projeto civilizatório brasileiro, como foi assinalado anteriormente. Pode-se apontar então para a predominância de museus de arte projetados sob os auspícios da arquitetura moderna enquanto meio privilegiado para a construção de uma esfera

---

102 LIND, Maria. Entrevista com Rubens Mano. In: FUNDAÇÃO BIENAL DE SÃO PAULO. Guia da exposição *Em vivo contato, 28ª Bienal de São Paulo*, 2008.

103 TAVARES, Ana M. Depoimento. In: "Artistas dizem como preencheriam o andar vazio da Bienal". *Folha de S.Paulo*, 22 de outubro de 2008.

pública,[104] em detrimento de outros espaços para debates e a formação de uma opinião crítica, ou, ainda, de outras formas de mediação que poderiam surgir no âmbito das artes visuais. Uma questão já levantada pelas diversas críticas aos museus de arte, pois, em alguma medida, tal paradigma está vinculado à defesa da autonomia da obra de arte, cuja perspectiva eurocêntrica foi criticada pelas neovanguardas dos anos 1960.

No Brasil, a formação dos museus de arte ocorre concomitantemente ao advento da arquitetura moderna.[105] Muito embora o Museu Nacional de Belas Artes, no Rio de Janeiro, e a Pinacoteca do Estado de São Paulo ocupem prédios de arquitetura eclética e neoclássica, construídos no fim do século XIX e início do século XX, essas instituições não estavam consolidadas até os anos 1940, quando surgiram os primeiros planos de criação de museus de arte moderna nessas cidades. Além disso, conforme argumenta o crítico Mário Pedrosa, durante essa fase de formação do modernismo brasileiro, situada entre a Semana de Arte Moderna e a primeira Bienal, a arquitetura moderna era a única manifestação cultural moderna que havia alcançado uma dimensão social em sentido mais amplo.[106]

No entanto, apesar dos vínculos entre os museus e a arquitetura moderna no Brasil remontarem à primeira metade do século XX, os primeiros casos de implementação de projetos ambiciosos para os museus de arte foram a construção do Museu de Arte de São Paulo, de Lina Bo Bardi, inaugurado em 1968, e o Museu de Arte Moderna no Rio de Janeiro, de Affonso Reidy, concluído em 1962. É interessante para o nosso estudo da Bienal de São Paulo notar que o complexo arquitetônico projetado por Niemeyer no Ibirapuera, que abriga o Museu de Arte Moderna, o Museu de Arte Contemporânea e a Fundação Bienal, não foi construído para esse fim. Na verdade, o projeto do arquiteto não incluía um museu, sendo os pavilhões (do Estado, das Nações e da Indústria) projetados para feiras. Portanto, a Oca é o único local concebido originalmente como espaço para exposições de arte temporárias. Desde

---

104   Um exemplo das contradições da Modernidade que estão sendo discutidas neste texto foi o cercamento do Museu Brasileiro de Esculturas, construção planejada por Paulo Mendes da Rocha e cujo projeto buscava justamente reativar o diálogo entre os espaços culturais e a vida pública por meio da arquitetura. Cf. SPERLING, David. "Museu Brasileiro da Escultura, utopia de um território contínuo". *Arquitextos*, n. 18, novembro de 2001. Disponível em http://www.vitruvius.com.br. Ver também: "As arquiteturas de museus contemporâneos como agentes no sistema da arte", disponível em www.forumpermanente.org

105   Mesmo comparado com outros países na América Latina, é tardio o surgimento de museus de arte no Brasil. O Museu Nacional de Belas Artes, no Rio de Janeiro, foi criado oficialmente em 1937 e dividiu seu espaço na avenida Rio Branco, no centro do Rio de Janeiro, com a Escola de Nacional de Belas Artes até 1976, quando esta foi anexada à Universidade Federal do Rio de Janeiro. A Pinacoteca do Estado de São Paulo, apesar de estar regulamentada desde 1911, passou a ocupar plenamente o prédio da Praça da Luz, no centro de São Paulo, projetado inicialmente para o Liceu de Artes e Ofícios, somente em 1946, dividindo o espaço com este até os anos 1980. Cf. GROSSMANN, Martin. "Uma cronologia para o museu de arte". Disponível em http://museologia.incubadora.fapesp.br. Ver ainda AMARAL, Aracy. "A Pinacoteca do Estado". In: *Textos do Trópico de Capricórnio: artigos e ensaios (1980-2005) – V. 2: Artigos e ensaios (1980-2005): Circuitos de arte na América Latina e no Brasil*. São Paulo: Editora 34, 2006, p. 175-94.

106   Cf. PEDROSA, Mário. "Entre a Semana e as Bienais". In: AMARAL, Aracy (org.). *Mundo, homem, arte em crise*. 2. ed. São Paulo: Perspectiva, 1986 (1975), p. 273.

a sua segunda edição (1953), a Bienal ocupou o Pavilhão das Indústrias (naquela ocasião ocupou também o Pavilhão das Nações, rebatizado posteriormente de Pavilhão Ciccillo Matarazzo. Nos anos 1970 o Museu de Arte Moderna passou a ocupar um espaço sob a marquise do Ibirapuera, adaptado por Lina Bo Bardi na década seguinte.[107]

Embora a relação da arquitetura moderna com os museus de arte tenha sido modificada aos poucos no pós-guerra, segundo a historiadora da arte Valerie Fraser, parece não ter havido um consenso geral de que os museus tinham um papel importante a desempenhar na formação da identidade da nação. Não por acaso, o projeto de Brasília, a nova capital nacional inaugurada nos anos 1960, não contemplou um museu nacional.[108]

Nesse sentido, parece-nos que seria possível tomar uma metáfora arquitetônica como uma crítica ao próprio projeto dessa instituição e o papel da exposição na formulação de noções de identidade na arte brasileira, ligadas ao desenvolvimentismo e à internacionalização cultural característicos daquele decênio.[109] Logo, discutiremos nas páginas que se seguem a ambivalência da construção de um projeto nacional por meio de uma modernidade internacional e a busca incessante pela afirmação da arte brasileira diante das vanguardas artísticas internacionais. Uma tensão constante entre nacional e estrangeiro característica do modernismo brasileiro e latino-americano que vai reaparecendo, insistentemente, no decorrer do século XX, e ganha uma nova dimensão com os processos de globalização cultural das duas últimas décadas.

Sabe-se que o modernismo brasileiro fundado pela Semana de Arte Moderna foi o ponto de partida de um projeto de cultura nacional e de busca pela "brasilidade" de nossa arte. Enquanto na Europa Central o modernismo contestava as especificidades locais e pregava um "mito" universalista, no Brasil o movimento modernista levantava a questão de uma arte brasileira. Em um artigo dos anos 1980, intitulado "Da Antropofagia à Tropicália", no qual Carlos Zílio reavalia a questão do "nacional-popular" de um ponto de vista das artes plásticas, o autor afirma que "paradoxalmente, a arte moderna internacionalista deflagra e encaminha a cultura brasileira à sua autoindagação".[110] O modernismo europeu seria visto, nessa perspectiva, como um modelo

---

107 NELSON, Adele. "Creating History: definitions of the avant-garde at the second São Paulo Bienal". In: *International Research Forum for Graduate Students and Emerging Scholars*. Departamento de Arte e História da Arte, Universidade do Texas, 6-8 novembro 2009.

108 FRASER, Valerie. "Brasília: uma capital nacional sem um museu nacional". www.forumpermanente.org.

109 O primeiro resultado da Bienal na esfera artística local, como se sabe, foi promover o surgimento dos movimentos de arte construtiva no Brasil. Aliás, é de um dos egressos desses movimentos, Hélio Oiticica, a teorização de uma vanguarda brasileira e das condições do experimentalismo estético em contextos periféricos que ajudam a formar, ainda hoje, um quadro de referência para a análise do processo de internacionalização da arte brasileira e dos diferentes desdobramentos da arte moderna após o surgimento de uma cultura popular de massa no Brasil. Cf. OITICICA. Hélio. "Esquema Geral da Nova Objetividade Brasileira". In: *Hélio Oiticica*. Rio de Janeiro: Centro de Artes Hélio Oiticica, 1992. (Catálogo de exposição)

110 ZILIO, Carlos. "Da Antropofagia à Tropicália". In: NOVAES, Adauto. *O nacional e o popular na cultura brasileira*: artes plásticas e literatura. São Paulo: Brasiliense, 1983, p. 14.

crítico para uma reflexão sobre a cultura nacional e seus vínculos com o colonialismo europeu.

Também conhecida como a Semana de 22, a Semana de Arte Moderna configurou-se, segundo Mário Pedrosa, numa iniciativa de artistas locais em um ambiente provinciano, buscando despertar a atenção da elite local, "os barões do café", para aquilo que acontecia na esfera da cultura mundo afora.[111] Para além do choque provocado em um contexto de elite provinciano, a Semana de Arte Moderna criava um contraponto com uma cultura colonial firmada na cidade do Rio de Janeiro. Antiga capital do Império e capital da República até a inauguração de Brasília, no início década de 1960, a cidade do Rio de Janeiro contava com instituições tradicionais como a Escola Nacional de Belas Artes, antiga Academia Imperial das Belas Artes, criada no século XIX e que em 1937 deu lugar ao Museu Nacional de Belas Artes. Tais instituições haviam sido constituídas sob uma influência cultural predominantemente francesa,[112] fruto das missões artísticas iniciadas logo após a vinda da Família Real ao Brasil, em 1808. Nesse contexto acadêmico, os Salões apareciam como o principal meio instituído para dar visibilidade à produção artística. Um ambiente artístico decerto acadêmico, mas bastante cosmopolita se comparado ao cenário provinciano que abrigou a Semana de Arte Moderna, em São Paulo, descrito por Mário Pedrosa.

Durante o período em que a arte moderna começou a alcançar uma dimensão pública no Brasil, iniciam-se também os debates acerca da identidade cultural brasileira, de superação do atraso em relação aos desenvolvimentos do mundo moderno europeu e sobre a situação de dependência em relação aos modelos do mundo ocidental, tendo como objetivo traçar as primeiras estratégias culturais para a superação das hierarquias estabelecidas entre centro e periferia, o que requeria por parte dos artistas e da intelectualidade a articulação de propostas modernizantes para a arte e a cultura elaboradas a partir de um ponto de vista local. Segundo a historiadora da arte Aracy Amaral, a procura pela identidade nacional naquele período se dava através da busca por uma tradição popular. Nas suas palavras,

> desde o início do século XX, por toda a América Latina, a preocupação de busca de raízes culturais ou de afirmação de identidade provocou nos artistas chamados eruditos uma aproximação do dado popular, tanto do ponto de vista da temática quanto na tentativa de absorção de elementos formais que contêm uma autenticidade que a eles, ao longo das décadas, tem parecido importante como uma forma de expressar uma realidade típica deste continente.[113]

Desde então, o binômio "nacional-popular" se estabelece como palavra-chave para a definição de uma cultura brasileira e latino-americana.

---

111 PEDROSA, Mário. "Entre a Semana e as Bienais". In: AMARAL, Aracy (org.). *Mundo, Homem, Arte em Crise*. 2. ed. São Paulo: Perspectiva, 1986 (1975), p. 273.

112 FRASER, Valerie. "Brasília: uma capital nacional sem um museu nacional". www.forumpermanente.org.

113 AMARAL, Aracy. "O popular como matriz". In: *Textos do Trópico de Capricórnio*: artigos e ensaios (1980-2005) – V. 2: Circuitos de arte na América Latina e no Brasil. São Paulo: Editora 34, 2006, p. 30.

No entanto, apesar da busca desses artistas por matrizes populares, capazes de conferir à produção artística vínculos com a realidade sociocultural brasileira, os resultados desse empreendimento iniciado a partir dos anos 1920 foram incipientes no que diz respeito à constituição de instituições capazes de socializar a arte moderna de maneira ampla, afirma a crítica de arte Sônia Salzstein. No artigo "Uma dinâmica da arte brasileira", a autora argumenta que os esforços de superação do provincianismo local e de articulação de estratégias de internacionalização naquela fase do modernismo estavam ligadas muito mais às especulações formais desenvolvidas por artistas, do que às iniciativas institucionais ou apoios governamentais.[114]

Corroborando tal afirmação, de acordo com Mário Pedrosa, no período compreendido entre a Semana de Arte Moderna e a primeira Bienal de São Paulo, a arquitetura moderna foi a primeira manifestação cultural a alcançar uma dimensão social em sentido mais amplo, o que reforça a ideia de que será por meio da arquitetura que um Estado (autoritário e centralizador) iniciará a promoção de uma cultura moderna no Brasil.[115] Segundo Francisco Alambert e Polyana Canhête,[116]

> nessa linha de argumentação, que traz a sensibilidade plástica e a arquitetura moderna para a ponta das mudanças históricas, o período que se estende entre as décadas de 1930 e 1940 faz surgir o arquiteto como figura central. Após a Revolução de 1930, o Estado passa a intervir na cultura e, em especial, na arquitetura [...] Lúcio Costa é aqui figura central, principalmente depois de promover, em 1931, o 38º Salão da Escola Nacional de Belas Artes, no qual, pela primeira vez desde a Semana de 1922, surgem para o público a vanguarda modernista e a arte moderna. Nessa reorganização do modernismo pós-30, o Estado tem papel central.[117]

Nesse contexto de crescente visibilidade da arquitetura moderna, no fim da primeira metade do século XX, a cidade de São Paulo acirraria a disputa pela hegemonia cultural com a cidade do Rio de Janeiro por meio de um processo de institucionalização e internacionalização da produção artística e cultural que culminaria na fundação de um Museu de Arte Moderna (1947) e na criação de uma Bienal de Artes.[118]

No pós-guerra, mudanças no cenário internacional irão promover transformações significativas em toda a América Latina. A nova ordem mundial, que se instaurava após

---

114   SALZSTEIN, Sônia. "Uma dinâmica da arte brasileira: modernidade, instituições, instância pública". In: BASBAUM, Ricardo (org.). *Arte Contemporânea Brasileira*: texturas, dicções, ficções, estratégias. Rio de Janeiro: Contra Capa, 2001, p. 392.

115   PEDROSA, Mário. "Entre a Semana e as Bienais". In: AMARAL, Aracy (org.). *Mundo, homem, arte em crise*. 2. ed. São Paulo: Perspectiva, 1986 (1975), p. 273.

116   ALAMBERT, Francisco; CANHÊTE, Polyana. *As Bienais de São Paulo: da era do museu à era dos curadores (1951-2001)*. São Paulo: Boitempo, 2004.

117   Ibid., p. 22.

118   Ibidem.

o fim da Segunda Guerra, deixava para trás as ideias nacionalistas vinculadas aos Estados autoritários e fascistas e traziam uma nova onda de internacionalização, marcada, no mundo ocidental, por princípios ditos democráticos e anticomunistas.[119] Trata-se ainda do período em que os Estados Unidos surgem como a nova hegemonia econômica e a nação defensora dos valores civilizatórios oriundos da modernidade europeia. Rapidamente, o centro da arte ocidental desloca-se da Europa Central para Nova York, e tal reconfiguração na geopolítica das artes seria marcante para os países latino-americanos, em especial para o Brasil e para São Paulo que almeja o posto de uma das grandes capitais da arte modena. No pós-guerra, portanto, o discurso sobre a definição de uma arte brasileira mudará a sua tônica, quando, como tentativa de superação de uma situação de dependência colonial, a arte moderna brasileira buscou a sua especificidade local, adotando o modelo supostamente "universal" da corrente internacionalista da arte moderna que se tornou hegemônica na época, tendo o abstracionismo e a pintura como seus principais veículos. A ideia de uma situação de dependência cultural herdada das relações entre centro e periferia do período colonial e da importação dos cânones artísticos, passa a dividir lugar com os questionamentos sobre o imperialismo cultural e a hegemonia norte-americana na Guerra Fria.[120]

Citando um célebre texto de Mário Pedrosa sobre os efeitos da Bienal de São Paulo, os autores Francisco Alambert e Polyana Canhête recuperam a ideia de que a principal "virtude" dessa exposição foi romper com o "isolacionismo provinciano" no Brasil. No texto escrito em 1975, Pedrosa afirma que:

> Ela proporcionou um encontro internacional em nossa terra, ao facultar aos artistas e ao público brasileiros o contato direto com o que se fazia de mais "novo" e de mais audacioso no mundo. Para muitos isso foi um bem, para outros isso foi um mal. Na realidade, como todo fenômeno vivo, há nele um lado bom e um lado mau, um aspecto positivo e um aspecto negativo ou contraditório. De fato, esse contato era inevitável, pois que nenhum país e o nosso em particular poderia desenvolver-se no isolacionismo fechado autarcicamente às influências, ao comércio com o mundo exterior. O mercantilismo internacional que descobriu o Brasil, o fez, e arrastou desde os seus primeiros dias ao tráfico marítimo internacional, fundado então exclusivamente na lei da pirataria, o explorou incessantemente e monopolisticamente como colônia até entregá-lo à exploração mais intensiva, mais sistemática, mas sábia do imperialismo, contemporaneamente. Pois até essa exploração incessante, desde o seu nascer até agora, teve e tem seus aspectos positivos.[121]

---

119   Cf. OLIVEIRA, Rita Alves. "Bienal de São Paulo: impacto na cultura brasileira". *São Paulo em Perspectiva*, v. 15. n. 3, 2001, p 18.

120   BELTING, Hans. *O fim da história da arte: uma revisão dez anos depois*. São Paulo: Cosac Naify, 2006, p. 51-8.

121   PEDROSA, Mário. A Bienal de cá pra lá. In: AMARAL, Aracy (org.). *Mundo, homem, arte em crise*. 2. ed. São Paulo: Perspectiva: 1986, p. 254-6.

A ideia de superação das relações coloniais pelo viés do internacionalismo artístico pós-1945 aparece explícita também nas palavras de Lourival Gomes Machado, primeiro diretor artístico da Bienal do Museu de Arte Moderna de São Paulo, "por sua própria definição, a Bienal deveria cumprir duas tarefas principais: colocar a arte moderna do Brasil não em simples confronto, mas em vivo contato com a arte do mundo, ao mesmo tempo em que, para São Paulo, se buscaria conquistar a posição de centro artístico mundial".[122] Não por acaso, essas palavras tornaram-se o slogan da última edição da mostra no ano passado. Nesse sentido, a Bienal de São Paulo vislumbrava, no plano cultural, uma tentativa de romper uma situação de dependência, definindo as especificidades da produção local e promovendo sua inclusão no cenário internacional. Para Mário Pedrosa, por alinhar-se às políticas públicas de afirmação da arte moderna e à diplomacia cultural norte-americana do pós-guerra, o projeto político e cultural da Bienal de São Paulo foi um passo decisivo para a modernização do sistema artístico brasileiro e a inserção do país no cenário internacional, para o bem ou para o mal, escreveria ele no artigo "A Bienal de cá pra lá".[123]

Seguindo esse raciocínio, pode-se afirmar, portanto, que a Bienal de São Paulo foi criada como evento cultural que buscava alcançar uma posição de destaque dentro de um sistema internacional que respondia aos parâmetros que foram definidos a partir dos centros de legitimação da arte moderna. No entanto, sendo uma instituição local, situada em um contexto periférico, ela necessitava adotar o discurso "universalista" para a sua legitimação dentro de um projeto de construção de uma identidade nacional. Ocorre que o objetivo da Bienal de São Paulo era produzir um ponto de contato entre a arte internacional e a arte brasileira, definindo as especificidades desta e afirmando a sua relevância em relação àquilo que ocorria mundo afora. A citação de Pedrosa ressalta, portanto, os aspectos positivos de uma situação pós-colonial, a superação dos "regionalismos" e "localismos" e a integração do país ao mundo moderno a partir dos principais centros, Rio de Janeiro e São Paulo. Ademais, no Brasil, a formação de um mercado de bens simbólicos ocorre concomitantemente à criação da mostra, que surge como evento para um público massivo, criado nos moldes da Bienal de Veneza. Não à toa, ao analisar a Bienal de São Paulo nos anos 1970, Mário Pedrosa vai compará-la às feiras de arte.[124] Desse modo, a formação dos museus na cidade de São Paulo ocorre simultaneamente com o surgimento da indústria cultural e, embora critique negativamente a lógica da mercadoria e do entretenimento, não escapa dela.

Desde a sua primeira edição, a Bienal de São Paulo estimulou um debate bastante politizado em torno de uma política cultural "imperialista" por parte dos Estados Unidos. Segundo Alambert e Canhête,

---

122 MACHADO, Lourival Gomes. Apresentação. In: FUNDAÇÃO BIENAL DE SÃO PAULO. Catálogo da *I Bienal do Museu de Arte Moderna de São Paulo*, 1951, p. 14.

123 PEDROSA, Mário. A Bienal de cá pra lá. In: AMARAL, Aracy (org.). *Mundo, homem, arte em crise*. 2. ed. São Paulo: Perspectiva, 1986 (1975), p. 254-6.

124 Idem.

Durante a Guerra Fria, os Estados Unidos desenvolveram um projeto pan-americanista que tinha na cultura (e nas artes em particular) um de seus braços. O magnata, como se dizia na época, Nelson Rockfeller (na verdade proprietário, entre outras coisas, da Standard Oil, a maior empresa petrolífera do mundo) é nomeado para dirigir o Inter-American Affairs Office, uma agência diretamente ligada ao Departamento de Estado norte-americano, cuja função era exatamente divulgar a cultura e os laços de amizade dos americanos do norte com os do sul. Os desdobramentos desse programa foram extraordinariamente importantes para o surgimento das Bienais e para o desenvolvimento de aspectos da arte e da cultura brasileiras daí por diante.[125]

Segundo os autores, tamanha era a controvérsia em torno do apoio das agências governamentais norte-americanas à Bienal de São Paulo e da figura de Nelson Rockfeller que militantes políticos protestaram do lado de fora do Edifício Trianon durante a abertura da primeira Bienal, em 1951, condenando a mostra como a "expressão da decadência burguesa", argumento usado pelo arquiteto modernista Vilanova Artigas, em uma crítica publicada na imprensa local.[126] Os fatos citados pelos autores indicam que:

No campo do debate entre a esquerda e a direita (ou, mais precisamente, daquilo que se considerava arte progressista ou não), havia uma subdivisão que opunha os defensores do abstracionismo construtivo, geométrico, e os pintores e críticos ligados ao abstracionismo informal, ou tachismo (como preferia Mário Pedrosa). A questão ia além de paradigmas estéticos, dizia respeito ao controle ideológico em clima de guerra fria.[127]

Ora, certamente a migração do abstracionismo para as Américas significava uma reconfiguração ideológica dos postulados elaborados pelas vanguardas históricas no continente europeu.[128] O que nos interessa nesse ponto é, em primeiro lugar, a politização em torno da internacionalização da arte brasileira e uma revisão da questão do "nacional-popular" em torno de uma cultura de massa.

Os museus de arte no Brasil, surgidos em meados do século XX, fazem parte de um momento de consolidação de um projeto de modernização e industrialização do país,

---

125 ALAMBERT, Francisco; CANHÊTE, Polyana. *As Bienais de São Paulo: da era do museu à era dos curadores (1951-2001)*. São Paulo: Boitempo, 2004, p. 28.

126 Nessa mesma linha de raciocínio, Michael Asbury afirma que "para as agências governamentais [...] norte-americanas o evento [Bienal] oferecia solo fértil para a infiltração econômica, por meio do estreitamento dos laços culturais". ASBURY, Michael. "The Bienal de São Paulo: between nationalism and internationalism". In: *Espaço aberto/Espaço fechado: sites for sculpture in modern Brazil*. Henry Moore Institute, 2006.

127 ALAMBERT, Francisco; CANHÊTE, Polyana. *As Bienais de São Paulo*: da era do museu à era dos curadores (1951-2001). São Paulo: Boitempo, 2004, p. 45.

128 Cf. BRITO, Ronaldo. *Neoconcretismo. Vértice e ruptura do projeto construtivo brasileiro*. São Paulo: Cosac Naify, 1999.

"quando se produziu uma modernização em larga escala de nosso ambiente cultural; modernização que seria sedimentada, de resto, num amplo programa governamental de crescimento econômico e reforma da vida social".[129] Trata-se, segundo Renato Ortiz, de um momento de profundas contradições no interior dos processos de autonomização da cultura e de industrialização dos mercados simbólicos. Para o autor, o período situado entre as décadas de 1940 e o início dos anos 1970, assistiu à realização de um projeto de construção nacional e a formação de uma indústria cultural.[130]

Portanto, em vários aspectos, a história da Bienal de São Paulo pertence ao período de consolidação do projeto desenvolvimentista, após o florescimento de discursos identitários e nacionalistas na América Latina no início do século XX. O projeto específico da Bienal de São Paulo resultou das ideias progressistas do empresário ítalo-brasileiro Francisco "Ciccillo" Matarazzo Sobrinho, fundador do Museu de Arte Moderna de São Paulo,[131] e da situação da cidade no pós-guerra, uma cidade que estava situada no centro das aspirações de modernização e industrialização do país.[132]

Trata-se ainda de um momento de transformações na esfera da crítica de arte, em que nomes ligados ao modernismo da primeira metade do século XX, como Sérgio Milliet e Lourival Gomes Machado, organizadores das primeiras edições da Bienal, dividem a cena com uma nova geração de críticos, na qual destaca-se o nome de Mário Pedrosa. Segundo a historiadora da arte Glória Ferreira, os anos 1950 são um momento de

> deslocamento do debate artístico do terreno ideológico – no qual se conjugam a atualização e a exigência de fazer aflorar uma identidade própria – para o estético formal, em prol de uma linguagem universal da arte, não regionalista ou subordinada às tradições nacionais, comprometida, contudo, com a construção do país [...] Esse deslocamento no sentido de operar uma leitura crítica da história da arte moderna, não como modelo para uma atualização ou tentativa de encontrar traços nacionais das obras do passado, mas como compreensão de sua dinâmica, caracteriza a crítica dos anos 50.[133]

De fato, no pós-guerra ocorre uma reconfiguração ideológica em torno do discurso modernista no Brasil. Aos poucos o discurso crítico vai se desassociando da temática nacional e da busca por uma identidade cultural nas tradições populares para

---

129 SALZSTEIN, Sônia. "Uma dinâmica da arte brasileira: modernidade, instituições, instância pública". In: BASBAUM, Ricardo (org.). *Arte Contemporânea Brasileira*: texturas, dicções, ficções, estratégias. Rio de Janeiro: Contra Capa, 2001, p. 396.

130 ORTIZ, Renato. *A moderna tradição brasileira: cultura brasileira e indústria cultural*. 5. ed. São Paulo: Brasiliense, 1994.

131 As primeiras bienais foram promovidas pelo Museu de Arte Moderna de São Paulo, fundado por Ciccillo Matarazzo em 1948. Em 1962, com a criação da Fundação Bienal de São Paulo, o MAM foi extinto e seu acervo doado à Universidade de São Paulo.

132 Hoje a cidade está entre as maiores regiões metropolitanas do mundo, e personifica as contradições de "um país condenado a ser moderno", para usar as palavras de Mário Pedrosa.

133 FERREIRA, Glória (org.). *Crítica de arte no Brasil: temáticas contemporâneas*. Rio de Janeiro: Funarte, 2006.

se pautar cada vez mais na autonomização da produção artística e em torno de uma estética universal ligada à pintura abstrata do pós-guerra. Como afirmou Mário Pedrosa, em 1975, o principal efeito da Bienal de São Paulo para a arte brasileira foi romper com o localismo e colocar o Brasil em contato com as vanguardas artísticas pós-1945.[134] Segundo o crítico, a Bienal realizava, enquanto ponto de contato entre o ambiente artístico brasileiro e o sistema internacional, uma atualização contínua da arte brasileira em relação àquilo que ocorria mundo afora. Ademais, na década de 1950, a cidade de São Paulo encontrava-se no epicentro de um processo de industrialização, modernização e crescimento econômico, que se estenderia até o início dos anos 1970. A Bienal de São Paulo está associada também ao surgimento de uma cultura de massa no Brasil e, não à toa, seu idealizador Ciccillo Matarazzo também foi presidente do Teatro Brasileiro de Comédia (TBC) e cofundador da Companhia Cinematográfica Vera Cruz.[135] É, portanto, nesse contexto de internacionalização da arte moderna e de construção de uma sociedade brasileira moderna que está situada a criação da Bienal de São Paulo.

No livro *A moderna tradição brasileira*, Renato Ortiz afirma que o modernismo no Brasil está vinculado a um projeto de construção nacional.[136] Para um país que dentro do mesmo século tornou-se independente de Portugal (1822), aboliu a escravidão (1888) e instaurou um regime republicano (1889), a modernidade representava a oportunidade de romper com seu passado colonial e com a submissão ao domínio europeu, por meio de um processo de modernização focado na industrialização e na reorganização da economia.

Tornar-se uma nação moderna significava conquistar autonomia econômica e cultural, além da soberania e da independência política.[137]

Interessa-nos sobremaneira uma consideração inicial do livro de Ortiz, na qual o autor fala da politização da discussão sobre cultura no Brasil. No seu dizer, a vinculação entre modernismo e identidade nacional fez com que discutir cultura fosse uma forma de discutir também os destinos da nação:

> O dilema da identidade nacional levou a intelectualidade latino-americana a compreender o universo cultural (cultura nacional, cultura popular, imperialismo e colonialismo

---

134   PEDROSA, Mário. "A Bienal de cá pra lá". In: AMARAL, Aracy (org.). *Mundo, homem, arte em crise*. 2. ed. São Paulo: Perspectiva, 1986, p. 254-6.

135   AMARAL, Aracy. Bienais ou da impossibilidade de reter o tempo. *Revista USP*, São Paulo, dez/jan-fev 2001-2002, p. 19.

136   A tese do antropólogo brasileiro de que o advento de uma cultura popular de massa implica a redefinição dos conceitos de nacional e popular está situada entre uma tradição folclórica, iniciada no fim do século XIX, que entende o popular como o tradicional, e outra, mais politizada, que aparece nos anos 1950, ligada ao Instituto Superior de Estudos Brasileiros (ISEB) e aos Centros Populares de Cultura (CPC). Cf. ORTIZ, Renato. *A moderna tradição brasileira: cultura brasileira e indústria cultural*. 5. ed. São Paulo: Brasiliense, 1994.

137   Embora o Brasil seja considerado um caso singular no contexto latino-americano, a formação de Estados e culturas nacionais por meio dos processos de modernização foi um fenômeno que ocorreu simultaneamente em diversos países da América Latina, na primeira metade do século XX. Portanto, falaremos do modernismo latino-americano de forma mais abrangente, tentando pontuar, sempre que possível, as especificidades do caso brasileiro.

cultural) como algo intrinsecamente vinculado às questões políticas. Discutir cultura era de uma certa forma discutir política. O tema da identidade encerrava os dilemas e as esperanças relativos à construção nacional.[138]

Ao discutir a ideia de vazio cultural, assinalamos anteriormente os vínculos do projeto da Bienal de São Paulo com a imagem de um Brasil moderno e os impasses surgidos quando, após a efervescência cultural dos anos 1960, seguiu um período de instrumentalização da cultura pelo Estado ditatorial. Para Renato Ortiz, o Estado brasileiro, durante o período ditatorial, foi o principal agente modernizador e incentivador da produção cultural. Mesmo quando a censura, acirrada em 1969, atuou sobre uma cultura de esquerda hegemônica nos anos 1960, o Estado promovia a cultura de massa como aspecto fundamental para a integração nacional. Segundo Ortiz, portanto, a consolidação de um mercado de bens simbólicos e a formação de uma indústria cultural entre as décadas de 1940 e 1970 foram fundamentais para a construção de uma cultura hegemônica necessária para integrar toda a nação, superando os localismos e regionalismos. Nesse contexto, a Bienal tornou-se o emblema de uma nação moderna brasileira e alvo de boicotes dos intelectuais e artistas de esquerda contra a ditadura militar. Entretanto, nos termos do debate sobre a cultura que se travava na época, a questão do nacional continuava presente, mas dava lugar ao combate ao autoritarismo.[139]

Em decorrência dos dilemas políticos da década, surgiam, no âmbito da Bienal de São Paulo, dúvidas em relação ao projeto de modernização e internacionalização da arte brasileira. Enquanto a consolidação de uma indústria cultural no Brasil redefinia a questão da cultura "nacional-popular" e despolitizava a discussão anterior, surgiam novas críticas à cultura de mercado e à espetacularização da sociedade.[140] É importante assinalar essa ideia de uma cultura "nacional-popular" revisitada a partir da emergência de uma indústria cultural e do surgimento de um mercado de bens simbólicos, pois ela permite repensar a questão da identidade cultural latino-americana a partir dos eórico colombiano Jesús Martín-Barbero, outro expoente dos Estudos Culturais no continente latino-americano.

Martín-Barbero entende a modernização como uma ação política promovida pelo Estado, com o apoio das elites e burguesias nacionais e com o intuito de transformar as sociedades tradicionais.[141] Os processos de modernização na América Latina foram conduzidos por Estados centralizadores e autoritários – no caso do Brasil, o Estado

---

138 ORTIZ, Renato. Estudos Culturais. Texto escrito em resposta a um questionário elaborado por pesquisadores da Universidade de Stanford, nos Estados Unidos.

139 Cf. ORTIZ, Renato. *A moderna tradição brasileira: cultura brasileira e indústria cultural*. 5. ed. São Paulo: Brasiliense, 1994.

140 Interessante notar que somente na segunda metade dos anos 1960 aparecerão os primeiros textos sobre uma cultura de massa no Brasil e traduções dos autores ligados à Escola de Frankfurt. Cf. ORTIZ, Renato. *A moderna tradição brasileira: cultura brasileira e indústria cultural*. 5. ed. São Paulo: Brasiliense, 1994, p. 164-5.

141 Em 1992, o historiador Raymundo Faoro apresentou uma conferência no Instituto de Estudos Avançados (IEA), intitulada "A questão nacional: a modernização", na qual ele defendeu a ideia de que a modernização no Brasil não resultou na conquista da modernidade. Duzentos anos após o surgimento dos movimentos de independência

Novo –,[142] que investiram em obras de infraestrutura, necessárias à industrialização e urbanização das cidades. O principal objetivo da modernização nos países latino-americanos seria, ainda segundo Martín-Barbero, romper com uma relação de colonialismo na qual os contextos periféricos eram tidos como fornecedores de matéria-prima e consumidores de produtos manufaturados.[143]

No âmbito econômico, o dispositivo usado para romper com a dependência colonial em relação aos países centrais era, portanto, o da substituição das importações e da criação de mercados nacionais.[144] No entanto, esses mercados locais "por sua vez, serão possíveis em função de seu ajuste às necessidades e exigências do mercado internacional". Jesús Martín-Barbero assinala, entretanto, a ambivalência da modernidade latino-americana em termos culturais. Para ele, o processo de tornar-se uma nação, no sentido moderno, e de criar uma identidade cultural própria levou as sociedades tradicionais a seguirem os passos das sociedades europeias em direção ao mundo moderno, adotando o discurso dos países hegemônicos como referência para a validação de seus resultados.[145]

No campo específico das artes visuais, Ferreira Gullar foi um autor que trabalhou as questões da autonomia e da dependência para contestar o mito universalista da arte moderna e para discutir os significados de um conceito de vanguarda artística no contexto brasileiro. Em uma série de artigos publicados na revista *Civilização Brasileira* em 1965, Gullar revisou a sua Teoria do Não Objeto, buscando compreender as transformações estruturais da arte moderna a partir das modificações sociais, evidenciando que a questão da autonomia da arte moderna é relativa em países periféricos. Assim, "a definição de arte de vanguarda num país subdesenvolvido deverá surgir do exame das características sociais e culturais próprias a esse país e jamais da aceitação ou da transferência mecânica de um conceito de vanguarda válido nos países desenvolvidos".[146]

Sabe-se que o *Manifesto Neoconcreto* redigido por Gullar denunciava um desvio mecanicista da arte concreta brasileira. Contudo, a avaliação das relações entre vanguarda e desenvolvimento de Gullar, inspiradas nas Teorias da Dependência em voga

---

no continente latino-americano ainda não descobrimos a "pista da lei natural do desenvolvimento". Viveríamos, assim, segundo Raymundo Faoro, em um eterno processo de modernização conduzido pelas elites autodenominadas progressistas ou modernizantes, sem jamais alcançar uma modernidade que abarque todos os campos de nossa sociedade. RAYMUNDO, Faoro. "A questão nacional: a modernização". *Estudos Avançados*, v. 6, n. 14, São Paulo, jan-abr 1992.

142   Após um golpe de estado o presidente Getúlio Vargas iniciou, em 1937, o Estado Novo, um regime político ditatorial que durou até 1945.

143   No plano cultural, a mesma situação de dependência se expressa quando uma cultura periférica é vista como material etnográfico e um país "vive da importação do produto cultural fabricado no exterior". Cf. Roland Corbisier citado por ORTIZ, Renato. *Mundialização e cultura*. São Paulo: Brasiliense, 2000, p. 93.

144   MARTÍN-BARBERO, Jesús. *Dos meios às mediações: comunicação, cultura e hegemonia*. 2. ed. Rio de Janeiro: Editora UFRJ, 2001, p. 227.

145   Idem, p. 226-30.

146   GULLAR, Ferreira. *Vanguarda e subdesenvolvimento*. Rio de Janeiro: Civilização Brasileira, 1969, p. 78.

nos anos 1960, incorporava também uma discussão das relações entre centro e periferia, na qual uma relação neocolonial se estabelecia na medida em que os países periféricos adotavam um conceito de vanguarda artística advindo dos países centrais. Em um sentido mais amplo, a própria modernidade significava uma etapa de desenvolvimento alcançada pelas sociedades europeias e norte-americana, as quais serviriam como modelo ideal a ser seguido pelos agentes modernizadores na América Latina. Apesar de uma visão etapista da história, essa ideia de dependência permitiria compreender que as relações entre centro e periferia fazem parte da lógica do desenvolvimento capitalista.

Esse modo de acesso dependente à modernidade, contudo, tornará visível não só a desigualdade em que se apoia o desenvolvimento do capitalismo, mas também a "assincronia" a partir da qual a América Latina vive e leva a cabo sua modernização.[147] Nessa perspectiva, a modernização em si não permitiria um acesso igualitário ao mundo moderno, uma vez que o tornar-se moderno dependeria também de uma sincronização com o desenvolvimento do capitalismo internacional. Será o acesso desigual aos desenvolvimentos provenientes das grandes capitais da modernidade que definirá nossa identidade cultural. Assim, a modernização nos contextos periféricos não estaria em sincronia com a matriz europeia, e, como resultado, o descompasso definiria nossa diferença cultural. Por conseguinte, a modernidade era entendida como uma etapa de desenvolvimento e o nosso atraso em relação a um processo que ocorria nos países centrais resultava na manutenção de uma situação de dependência iniciada no período colonial. Esse modo de pensar a relação entre os países periféricos e os centros hegemônicos fundamentada em uma relação de dependência econômica e cultural, muito presente nos anos 1960 e 1970, fundamentava teoricamente as dúvidas em relação à condições de possibilidade de uma arte crítica nos países subdesenvolvidos, termo usado naquela época.

Portanto, além da ideia de dependência, o atraso constitutivo de nossa modernidade é outra questão presente nos diversos autores que trataram da cultura brasileira e um fator determinante na relação entre identidade nacional e o exterior.

> Se é verdade que as diferentes formações nacionais tomam rumos e ritmos diversos, também se pode dizer que essa diversidade vai sofrer desde os anos 30 uma readequação fundamental e de conjunto. A possibilidade de formar nações, no sentido moderno do termo passará pelo estabelecimento de mercados nacionais, e estes, por sua vez, serão possíveis em função de seu ajuste às necessidades e exigências do mercado internacional. Esse modo dependente do acesso à modernidade, contudo, tornará visível não só o "desenvolvimento desigual", a desigualdade em que se apoia o desenvolvimento do capitalismo, mas também a "descontinuidade simultânea" a partir da qual a América Latina vive e leva a cabo sua modernização. [...] A não contemporaneidade de que falamos deve ser claramente distinguida da ideia de atraso constitutivo, ou seja, do atraso convertido em chave explicativa da diferença cultural. É uma ideia que se manifesta

---

147 MARTÍN-BARBERO, Jesús. *Dos meios às mediações: comunicação, cultura e hegemonia*. 2. ed. Rio de Janeiro: Editora UFRJ, 2001, p. 225.

em duas versões. Uma, pensando que a originalidade dos países latino-americanos, e da América Latina como um todo, foi constituída por fatores que escapam à lógica do desenvolvimento capitalista. E outra, pensando a modernização como recuperação do tempo perdido, e portanto identificando o desenvolvimento com o definitivo deixar de ser o que fomos para afinal sermos modernos. A descontinuidade que tentamos pensar aqui está situada em outra chave, que nos permite romper tanto com um modelo a-histórico e culturalista quanto com o paradigma da racionalidade acumulativa em sua pretensão de unificar e subsumir num só tempo as diferentes temporalidades sócio-históricas. Para poder compreender tanto o que o atraso representou em termos de diferença histórica, mas não num tempo detido, e sim relativamente a um atraso que foi historicamente produzido [...], quanto o que apesar do atraso existe em termos de diferença, de heterogeneidade cultural, na multiplicidade de temporalidades do índio, do negro, do branco e do tempo decorrente de sua mestiçagem.[148]

A longa citação vale a pena, pois gostaríamos de assinalar o modo como o autor comenta a ideia de modernidade na periferia do capitalismo por meio da noção de diacronia (descontinuidade temporal). Nota-se que Martín-Barbero propõe uma modernidade latino-americana que não se reduz à imitação e uma diferença que não se esgota no "atraso". Desse modo, o autor evita cometer o erro de pensar que existe um modernismo "ideal" nos países centrais e adotar uma visão evolucionista da história em que o destino da civilização brasileira seja alcançar certa etapa. Portanto, nosso "descompasso" e "diferença cultural" não devem necessariamente ser vistos como uma dependência em relação aos países centrais, nem como uma versão menor dos desenvolvimentos metropolitanos.

Já Néstor Canclini, partirá de um elemento espacial (uma ideia fora do lugar), para a construção de uma hipótese alternativa às teorias da dependência, nas quais, apesar das diversas ondas de modernização ocorridas nos séculos XIX e XX, nós ainda não havíamos cumprido as operações de uma "modernidade europeia", e nossa modernidade seria vista, portanto, como "um eco tardio e deficiente dos países centrais".[149] Ora, se a ruptura com o passado colonial dependia da modernidade, esta era algo vindo de fora e deslocado para o contexto brasileiro. Segundo o autor, a modernidade apresentava-se, para nós, como uma ideia fora do tempo e do lugar. Fora do tempo pois significava que estávamos atrasados em relação ao grau de desenvolvimento dos países europeus. Fora do lugar, pois o seu deslocamento para os países periféricos era visto como um "modo de adotar ideias alheias com um sentido impróprio",[150] argumenta Canclini tomando emprestada uma das mais importantes hipóteses de interpretação da relação entre a nossa dependência econômica como país periférico, advinda do colonialismo, e a importação de modelos dos países centrais também no campo simbólico, desenvolvida no âmbito da crítica literária por Roberto Schwarz.[151]

---

148   Idem, p. 225-6.
149   CANCLINI, Néstor. *Culturas híbridas: estratégias para entrar e sair da modernidade*. 2. ed. São Paulo: Edusp, 2003, p. 67.
150   Idem, p. 77.
151   No texto "As ideias fora do lugar", introdução do livro *Ao vencedor as batatas*, sobre Machado de Assis, o autor afirma que nossa singularidade seria o descentramento das nossas ideias em relação ao seu uso na Europa.

Segundo as análises de Jesús Martín-Barbero, Renato Ortiz e Néstor Canclini, podemos concluir que, de modo geral, nos países latino-americanos a modernização visava, paradoxalmente, a entrada destes em uma modernidade de matriz europeia, através da construção de um projeto nacional. As contradições e os impasses desse processo de construção de uma identidade nacional e de participação em uma modernidade internacional marcaram os debates sobre a cultura brasileira e latino-americana no decorrer do século XX. No Brasil, a autocompreensão de uma situação de dependência cultural levou artistas e intelectuais à contestação das hierarquias definidas entre centro e periferia e da dinâmica da cópia de modelos vindos de fora. A criação de uma arte moderna brasileira e de uma identidade cultural própria que integrasse toda a Nação era um ideal que andava de mãos dadas com o projeto desenvolvimentista em curso e alcançaria o seu ápice no início dos anos 1960. A efervescência cultural do início da década, com a nova arquitetura de Brasília, o Cinema Novo e o Neoconcretismo, criou a imagem de um Brasil moderno que aspirava ao reconhecimento internacional como um dos centros mundiais da modernidade. Nesse panorama a Bienal de São Paulo poderia firmar seu lugar ao lado das principais mostras de arte contemporânea, a Documenta de Kassel e a Bienal de Veneza. No entanto, os dilemas políticos e a crise econômica da década de 1970 iniciariam um período de crise institucional e vocacional ligado ao projeto inicial de internacionalização da arte brasileira. A partir dos anos 1980, o aparecimento de novas linguagens artísticas, resultantes dos desdobramentos da arte conceitual, aumentaria ainda mais as dúvidas quanto ao modo de representação e os discursos modernistas no qual a identidade da arte brasileira estava definida. Ademais, em decorrência dos processos de globalização cultural, a expansão do modernismo para além dos padrões estabelecidos pelo internacionalismo artístico afetou a Bienal de São Paulo, instituindo uma "crise de representação", na qual as oposições convencionais (local/global, centro/periferia, moderno/tradicional etc.) pareciam estar se tornando obsoletas.[152]

Apesar dos diferentes posicionamentos que se pode tomar em relação ao estado da cultura brasileira no contexto da globalização cultural, existe uma ideia comum sobre a modernidade latino-americana: o fato de que construímos uma outra modernidade, e uma outra história, escrita sob as marcas do colonialismo europeu do século XIX

Um conceito como o modernismo, por exemplo, teria um sentido e um uso peculiar no Brasil, diferentemente do seu significado e aplicação na Europa. Em suas palavras, "ao longo de sua reprodução social, incansavelmente o Brasil põe e repõe ideias europeias, sempre em sentido impróprio". Essa hipótese foi formulada com base na importação das ideias liberais para o Brasil no século XIX. Aqui o liberalismo não seria uma ideologia, como na Europa, mas um "ornamento" e justificativa para uma relação de "clientelismo" entre latifundiários e homens livres. Naquele período, o descentramento das ideias seria a nossa singularidade. Na esfera econômica, o autor observava na dependência brasileira da escravidão e do capitalismo internacional, as razões históricas para esse deslocamento das ideias liberais. SCHWARZ, Roberto. "As ideias fora do lugar". In: *Cultura e política*. São Paulo: Paz e Terra, 2001.

152   Néstor Canclini é um dos autores que questionam uma visão dualista e defendem uma cultura híbrida formada pela fusão "do culto, do popular e do massivo", que aparece como preponderante no atual período de globalização cultural e como ruptura com a ideia de internacionalização do período anterior. CANCLINI, Néstor. *Culturas híbridas: estratégias para entrar e sair da modernidade*. 2. ed. São Paulo: Edusp, 2003, p. 19.

e do imperialismo cultural norte-americano no século XX. De certo modo, será essa afirmação que justificará a inserção da Bienal de São Paulo na dinâmica da arte global, articulada de diversas formas nos projetos e discursos dos curadores Nelson Aguilar (1994-1996) e Paulo Herkenhoff (1998) e Lisette Lagnado (2007).

5. A Bienal e a reafirmação de uma vanguarda artística brasileira

As mudanças ocorridas na Bienal de São Paulo nos anos 1990 indicam que a instituição buscou se afastar de uma perspectiva orientada pelos discursos provenientes dos centros hegemônicos da arte contemporânea. Voltando-se para a sua própria história, ela examinou suas bases modernistas, buscando questionar sua relação com o hemisfério norte nos termos colocados por Oswald de Andrade no *Manifesto Antropófagico* de 1928.[153] Ao menos, este foi o dispositivo usado, em 1998, pelo curador Paulo Herkenhoff para potencializar a Bienal como local de afirmação da arte brasileira. Nas suas palavras, "Antropofagia é um dos primeiros conceitos da cultura brasileira a ingressar na gramática internacional da arte",[154] confrontando e oferecendo assim uma alternativa à leitura da História da Arte pautada em critérios ditos "ocidentais", que negligenciam a multiplicidade de modernismos existentes e cria parâmetros excludentes no sistema da arte.[155] No emprego que faz do termo "antropofagia", Herkenhoff não pretende novamente discutir o modo como a cultura brasileira assimilou a matriz europeia através de um processo de hibridação, mas busca, antes de tudo, atuar corretivamente em uma história da arte eurocêntrica,

---

[153] O *Manifesto* foi inspirado em um ritual tupi que consistia em devorar os guerreiros mais bravos da tribo inimiga com o objetivo de absorver a força vital do adversário. Deslocado para o campo da cultura, o conceito de antropofagia tornou-se uma metáfora para a relação que a cultura brasileira estabelece com a sua matriz europeia. Muitas vezes associado ao caráter exótico ou primitivo do canibalismo, o termo marca uma posição específica para o desenvolvimento de uma vanguarda artística no contexto de redescoberta da tradição moderna brasileira nos anos 1960 pelo Movimento Tropicalista. De acordo com Hélio Oiticica, o experimentalismo que caracteriza nosso modernismo pode ser compreendido como o processo de criação de uma linguagem artística brasileira incluindo outras linguagens internacionais, como a Pop Art e o Nouveaux Réalistes [Novo Realismo], capitaneado pelo crítico francês Pierre Restany.

[154] HERKENHOFF, Paulo. "Bienal 1998, princípios e processos". *Trópico*, abril 2008. Disponível em: http://pphp.uol.com.br/tropico/

[155] HERKENHOFF, Paulo. Apresentação. FUNDAÇÃO BIENAL DE SÃO PAULO. Catálogo da *24ª Bienal de São Paulo. Núcleo histórico*: antropofagia e histórias de canibalismos. São Paulo, 2008, p. 22.

que não foi capaz de incorporar na sua narrativa obras de vanguarda surgidas em regiões periféricas. Não se trata, portanto, somente da inclusão da arte brasileira em um mapa da arte global, mas também da revisão e ampliação do conceito de internacionalismo artístico para além dos parâmetros definidos pelos centros hegemônicos.

Alguns anos antes, na 22ª Bienal, o curador Nelson Aguilar já havia organizado salas especiais para os artistas Hélio Oiticica, Lygia Clark e Mira Schendel, com o intuito de afirmar a qualidade dos artistas locais no mesmo nível de outras representações nacionais de reconhecido prestígio.[156] Não à toa, Aguilar escolheu como temas para as suas bienais a ruptura com o suporte e a desmaterialização do objeto. Diferentemente da transversal histórica traçada por Herkenhoff, que buscava as origens das trocas simbólica entre Brasil e Europa e as relações de alteridade estabelecidas entre colonizado e colonizador, seu antecessor no cargo de curador chefe da Bienal de São Paulo fez referência explícita às neovanguardas dos anos 1970 e a uma das primeiras publicações sobre arte conceitual, da crítica norte-americana Lucy Lippard, de 1973.[157] Ao debater a desmaterialização da arte no fim do milênio, Nelson Aguilar sinalizava com seu "faróis" para um "ponto cego" na narrativa sobre as neovanguardas e reivindicava a revisão de uma genealogia da arte conceitual ditada a partir da pop art e do minimalismo norte-americano. Afinal, um dos principais livros usados na caracterização da arte conceitual, editado no formato de uma cronologia da desmaterialização das obras de arte, não incluía nenhum dos artistas selecionados por Aguilar.

Notava-se nesses projetos, portanto, uma tentativa clara de inverter as relações de forças que legitimam os nomes de certos artistas dentro de uma narrativa histórica e usava-se, portanto, o prestígio internacional da Bienal de São Paulo para operar corretivamente sobre uma perspectiva eurocêntrica na história da arte. Outras estratégias pós-coloniais do período incluíam a redução do número de artistas enviados para as representações nacionais, igualando ao menos numericamente o peso de cada país no espaço expositivo, e a organização de mostras organizadas por regiões geográficas. Nestas, um time de curadores era responsável pela seleção de artistas que representassem a produção cultural dos cinco continentes ou de outras divisões geopolíticas. Essas mostras começaram a demonstrar o papel dos curadores como

---

156 Nelson Aguilar adotou o conceito de "ruptura com o suporte" para questionar as categorias tradicionais de belas-artes e a noção de obra de arte, confrontando o cânone ocidental do modernismo e a noção universalista de arte. Hélio Oiticica, Lygia Clark e Mira Schendel foram assim escolhidos pelo curador com os "faróis" da produção nacional na 22ª Bienal de São Paulo. Lygia Clark e Mira Schendel representaram o Brasil na Bienal de Veneza, em 1968, mas naquele momento não alcançaram o reconhecimento ou o *status* de grandes nomes na cena artística internacional. Após uma exposição retrospectiva realizada em Roterdã, Paris, Barcelona, Lisboa e Minneapolis, dez anos após a sua morte, ocorrida em 1980, Hélio Oiticica passou a ter certa visibilidade fora do Brasil, com trabalhos expostos na décima Documenta (1997), junto com Lygia Clark, e na Tate Modern (2007). No entanto, existem dúvidas quanto aos efeitos da inserção de alguns poucos nomes da arte brasileira no circuito internacional para o reconhecimento e presença sistemática da arte brasileira fora do país e também sobre os benefícios da construção de uma imagem da arte brasileira no exterior na consolidação do sistema artístico local. Cf. FIALHO, Ana Letícia. "Mercado de Artes: global e desigual", *Trópico*, 2005.

157 LIPPARD, Lucy. *Six years: the dematerialization of art object from 1966 to 1972*. New York: Praeger, 1973.

mediadores culturais[158] em um sistema globalizado e as hierarquias entre centro e periferia que estavam se reconfigurando após o fim da Guerra Fria. Nelson Aguilar, por exemplo, convidou Mari Carmen Ramírez e Jean Hubert Martin, uma portoriquenha radicada nos Estados Unidos e um francês, para organizar as representações da América Latina e da África/Oceania, respectivamente. Ao contrário, Paulo Herkenhoff optou por curadores de origem ou residentes em tais localidades para assumir a responsabilidade de selecionar artistas representativos de determinadas regiões. Ademais, escolheu um curador brasileiro (Ivo Mesquita) para a mostra dos Estados Unidos/Canadá e um curador de origem islâmica e outro de origem judaica para trabalharam conjuntamente na mostra sobre o Oriente Médio.

Entretanto, sem condições de dar continuidade a essa estratégia, devido à crise institucional que a Bienal enfrentou no início do século XXI, somente anos mais tarde essa proposta foi retomada, quando Hélio Oiticica foi escolhido como paradigma conceitual da 27ª Bienal de São Paulo e seus escritos formaram o quadro teórico de referência para a elaboração do projeto curatorial apresentado por Lisette Lagnado à Fundação Bienal de São Paulo, em 2005. Cito a curadora:

> Quando recebi o convite para escrever um pré-projeto para a 27ª Bienal de São Paulo, parti da constatação de que a obra de Oiticica já havia sido bastante divulgada, mas seus escritos eram ainda desconhecidos do grande público. Eu havia detectado que, desde os anos 1990, muitos artistas (Rirkrit Tiravanija é apenas um entre muitos) estavam fazendo exatamente o que Oiticica preconizou a respeito da "participação". Só que Oiticica não pertence à bibliografia eurocêntrica. Então, a ideia inicial era trabalhar com os manuscritos de Oiticica como uma "teoria da arte" [...]. O "Programa ambiental" de Oiticica foi escolhido como paradigma conceitual da 27ª BSP com o objetivo de ativar seu repertório como propositor, para demonstrar que sua experimentalidade deveria ser reconhecida como "programa" político, além de estético. Nicolas Bourriaud formaliza sua gestão no Palais de Tokyo sem incluir Oiticica. Ora, a bem da verdade, o "Programa ambiental" de Oiticica é político, em contraponto à chamada "estética relacional", formulada por Bourriaud. Oiticica nunca usa as palavras "interatividade" nem "relacional" (termo que Lygia Clark trabalha intensamente); para ele, a participação é ambiental. Pensei em um dispositivo apto a inverter a mão das influências: os milhares de manuscritos de Oiticica formam um platô muito atual para acompanhar os fenômenos da cultura e suas investidas no campo social e antropológico.[159]

A reafirmação de Oiticica no cenário artístico global, agora pelo viés não mais de suas obras, mas de seus escritos e de suas proposições críticas, permitiria, portanto, uma nova revisão das perspectivas eurocêntricas que foram formuladas no contexto da arte contemporânea a partir dos anos 1990, principalmente aquelas em torno

---

158   O curador como mediador cultural deveria, então, atuar como "agente" dessas culturas ditas periféricas, criando espaços mais democráticos nos quais grupos culturais específicos podem ser representados e formas de arte anteriormente marginalizadas são revalorizadas. Cf. RAMÍREZ, Mari Carmen. "Brokering Identities: Art curators and the politics of cultural representation". In: GREENBERG, Reesa; FERGUSON, Bruce W.; NAIRNE, Sandy (ed.). *Thinking About Exhibitions*. London/New York: Routledge, 1996, p.22.

159   LAGNADO, Lisette.   "O 'além da arte' de Hélio Oiticica", *Trópico*, 2007.   Disponível em: http://pphp.uol.com.br/tropico/

dos conceitos de instalação e participação do espectador, temas interconectados na medida em que é a passagem do suporte à tridimensionalidade que coloca o espectador em uma situação imersiva e ativa na experiência artística. Esse confronto crítico permitia também uma atualização da arte brasileira com transformações que aconteciam na esfera da arte no hemisfério norte.

Assim, a presença do crítico e curador francês Nicolas Bourriaud nos seminários da 27ª Bienal, a convite da cocuradora Rosa Martínez, ocorria quase dez anos depois da publicação da sua *Estética relacional*.[160]

A estética relacional de Nicolas Bourriaud foi apresentada em 1995, na forma de artigos, publicados em revistas e catálogos, e reunidos em um único volume, lançado em 1998. Nesses artigos o autor define uma teoria estética para analisar a produção artística dos anos 1990, destacando a sua relevância e originalidade e pretendendo retirar esses trabalhos da sombra da história da arte dos anos 1960. Segundo Rosa Martínez,

> [...] no campo da arte, "estética relacional" tornou-se um tipo de ortodoxia onde processos interativos e colaborativos tentam apagar a divisão tradicional entre o artista como produtor de objetos e os espectadores como consumidores passivos de mensagens visuais. Para a "estética relacional" a interação de subjetividades é essencial para a produção de novas formas de sociabilidade.[161]

Em 2006, os textos do curador francês ainda eram pouco difundidos no Brasil e artistas consolidados no cenário artístico atual, como Dominique González-Foster, Rirkrit Tiravanija, Thomas Hirschhorn, foram apresentados na Bienal com ares de novidade.[162]

Sabe-se que, apesar da proeminência desse conceito na esfera da crítica de arte, são inúmeras as críticas às proposições de Nicolas Bourriaud. O filósofo francês Jacques Rancière sugere, como veremos mais adiante, que a estética relacional exclui a ideia de conflito e, portanto, proporia uma arte despolitizada ou pretensamente crítica,[163] um argumento retomado e adensado por Claire Bishop no artigo "Antagonism and Relational Aesthetics".[164] Mas há também outra crítica pertinente às proposições de Bourriaud, direcionada à genealogia do conceito de participação do espectador na arte, conforme indica Lagnado. De fato, redefinir a linhagem sanguínea de conceitos-chave para o entendimento da arte contemporânea ajuda-nos a compreender melhor

---

160 BOURRIAUD, Nicolas. *Relational Aesthetics*. Paris: Les Presses du Réel, 2000.

161 Seminário trocas, 27ª Bienal de São Paulo, outubro de 2006. Disponível em: www.forumpermanente.org.

162 Mesmo o trabalho de Marcel Broodthaers era apresentado novamente na Bienal por não ter sido assimilado no cenário local, segundo a curadora. Cf. Entrevista com Lisette Lagnado no Fórum Permanente. Disponível em www.forumpermanente.org

163 RANCIÈRE, Jacques. "A política da arte e seus paradoxos contemporâneos". In: *São Paulo S.A. Situação #3 Estética e política*, SESC São Paulo, abril 2005. Disponível em: <http://www.sescsp.org.br>.

164 BISHOP, Claire. "Antagonism and Relational Aesthetics". *October*, n. 110, Fall 2004, p. 51-79.

onde a produção brasileira se situa em um esquema conceitual definido pela história da arte ocidental e suas reformulações no contexto da globalização cultural.

Conforme reconhece a socióloga Ana Letícia Fialho, apesar da incipiência das formulações de Bourriaud (um ponto de vista focado em seu próprio trabalho com um grupo seleto de artistas, em detrimento de uma perspectiva histórica e geográfica mais ampla), seu objeto de análise é pertinente. Ao comentar a participação de Bourriaud nos seminários da 27ª Bienal de São Paulo, a autora aponta, por exemplo, para os vínculos existentes entre o pensamento do crítico francês e a proposta curatorial de Lisette Lagnado. Para Ana Letícia Fialho, a "convivência" e o "potencial da arte para transformar o espaço social e as relações humanas" são questões centrais para ambos. Entretanto, de um ponto de vista geopolítico, há divergências:

> A posição de Lagnado, ao defender a importância histórica da produção de Oiticica e a contemporaneidade de suas ideias, e a de Bourriaud, que não reconhece tal importância [...] são determinadas pelo contexto em que atuam. A "falha" no repertório de Bourriaud, ao não incluir Oiticica, é só mais um exemplo de que a história da arte e a teoria crítica escritas no eixo Estados Unidos–Europa ocidental, ainda nos anos 90, ignoravam em boa parte as investigações desenvolvidas fora do eixo por artistas originários das "zonas de silêncio". Infelizmente, o que se diz ou se publica nesse eixo central acaba tendo maior repercussão no circuito da arte contemporânea internacional, embora as zonas de silêncio e seus agentes, vez ou outra, consigam levantar a voz.[165]

Seria então o caso de analisar o modo como o projeto da 27ª Bienal de São Paulo se posicionou em relação aos discursos provenientes dos centros hegemônicos. Com tema inspirado nas palestras proferidas por Roland Barthes no Collège de France entre 1976 e 1977, a 27ª Bienal iniciou, vários meses antes da abertura da exposição, que ocorreu em outubro de 2006, um programa de seminários internacionais em que o time de curadores (Cristina Freire, Jochen Volz, José Roca, Rosa Martínez e Adriano Pedrosa), dirigido por Lagnado, forneceu ao público acesso às ideias norteadoras da concepção da mostra.[166] A intenção era instituir no projeto da Bienal de São Paulo uma plataforma de debates sobre "o político" (a instância da vida comum), na qual o cruzamento de fronteiras entre a esfera pública da arte e a esfera pública política estabeleceria um programa de autocrítica e desconstrução dos limites dessas instituições.

Em 2006, por ocasião da 27ª Bienal de São Paulo, Claire Bishop participou de um debate realizado na Escola de Comunicações e Artes da Universidade de São Paulo e organizado pelo Fórum Permanente. "O Social na Arte; entre a ética e a estética" também contou com a participação de Antoni Muntadas, Sônia Salzstein e Paula Trope, apresentando pontos de vistas distintos de artistas e críticos brasileiros e internacionais sobre o tema. A apresentação de Bishop em São Paulo esteve focada nas

---

165 Cf. FIALHO, Ana Letícia. Relato da palestra de Nicolas Bourriaud, Seminário trocas, 27ª Bienal de São Paulo, outubro de 2006. Disponível em: www.forumpermanente.org

166 PEDROSA, Adriano. "Como curar junto". In: LAGNADO, Lisette; PEDROSA, Adriano (org.). *27ª Bienal de São Paulo: como viver junto*. São Paulo: Fundação Bienal, 2006, p. 84.

diferenças entre uma arte crítica e a arte politicamente engajada, sintetizando as ideias presentes no artigo "The Social Turn: Collaboration and Its Discontents".[167] O motivo de sua visita ao Brasil foi o interesse nos trabalhos apresentados na 27ª Bienal de São Paulo, um exemplo de mudanças que estariam acontecendo na arte contemporânea, enunciadas no seu discurso como uma "virada social". Os principais aspectos dessa virada, no seu ponto de vista, não seriam as mudanças nas práticas curatoriais sinalizadas pela crescente inclusão de práticas documentárias e de intervenção social no contexto das exposições de arte contemporânea. O interesse de Bishop estaria em um conjunto de problemas específicos para a história e a crítica de arte. Assim, a "virada social", para essa autora, refere-se às formas de colaboração entre artistas e "pessoas reais", com um "outro marginalizado" ou um público não especializado em arte contemporânea, nas quais os artistas abandonam a obra de arte, considerada um objeto de consumo, para adotar práticas processuais e colaborativas. Ela reconhece, assim, uma sincronia entre aquilo que acontece no contexto britânico e no brasileiro, pois muitos trabalhos apresentados na Bienal curada por Lisette Lagnado, como Eloise Cartonera, Superflex, Taller Popular de Serigrafía, Long March Project, bem como o de Antoni Muntadas, poderiam ser incluídos, no entender de Bishop, nesse campo expandido de práticas relacionais.[168] Assim, a chamada "virada social" da arte contemporânea levou artistas ao encontro de comunidades ditas marginalizadas e a regiões periféricas dos grandes centros urbanos, transformando nomes como Hélio Oiticica em referências "obrigatórias" para essa nova geração. Vale a pena lembrar que nesse mesmo período ocorre uma reconfiguração do cenário geopolítico após a queda do muro de Berlim, um dado essencial para situar o contexto dessa "retroperspectiva" que marcou o final do século XX e início do século XXI.

---

167   BISHOP, Claire. "The Social Turn: Collaboration and its Discontents". *Artforum*, fevereiro 2006, p. 179-85.

168   Salvo as devidas proporções, o mesmo movimento acontece na região Ibero-Americana, ao menos naquilo que se pode deduzir das políticas culturais adotadas pela Agência Espanhola de Cooperação Internacional e dos intercâmbios e mostras de artistas na cidade de São Paulo. No debate, o artista Antoni Muntadas decidiu apresentar um trabalho de sua autoria intitulado *Fear*, uma "intervenção televisiva" baseada na produção de um vídeo que reúne entrevistas com pessoas que experimentam diariamente a tensão das zonas de fronteira. Segundo Muntadas, o trabalho é um arquivo televisivo com entrevistas e material documentário e jornalístico sobre a ideia de medo na fronteira entre o México e os Estados Unidos. O vídeo revela como o medo é traduzido em emoções, revelando-se de diferentes modos em ambos os lados da fronteira, como uma construção cultural e sociológica baseada na política e na economia. O projeto foi criado para a exposição *In Site_05 / Interventions* e transmitido entre agosto e novembro de 2005 em Tijuana, San Diego, Cidade do México e Washington, conectando diferentes centros de poder. *Fear* faz parte de um projeto maior, intitulado *On Translation*, iniciado em 1994. Apresentado na Documenta de Kassel, em 1997, *On Translation: The Internet Project* abordou os aspectos ideológicos do uso das tecnologias; nesse projeto, o artista questiona: "os sistemas de troca de intenções melhoram os meios de entendimento entre os povos. Porém, o problema é: qual idioma deve ser utilizado?!". Como na brincadeira infantil conhecida como "telefone sem fio", a mensagem é transmitida para diferentes sistemas de tradução (em diversas línguas) e representada na forma de uma espiral, endereçando questões de transformação de sentido nos processos de tradução. O artista ressalta ainda os aspectos envolvidos na apresentação desse projeto na décima Documenta. O primeiro foi o uso da rede de Goethe-Instituts ao redor do mundo para as traduções, pensando assim o processo de tradução ligado ao papel institucional da difusão da língua e da cultura alemã, e segundo as diferenças nos usos das tecnologias nos diferentes locais, seja no acesso que essas localidades têm às tecnologias digitais, seja na influência das companhias multinacionais na promoção dessas tecnologias. Vale lembrar que grande parte das vezes, esses projetos artísticos recebem o apoio de empresas de telecomunicação.

6. Arte e política nas exposições de arte contemporânea

Os processos de globalização cultural das últimas décadas modificaram os espaços institucionalizados da arte contemporânea, bem como os processo de produção simbólica nesse âmbito. Questionando os significados das "megaexposições" de arte contemporânea, o curador Carlos Basualdo assinala a (in)visibilidade das bienais, o paradoxo de sua crescente visibilidade na cena artística e a falta de uma literatura crítica sobre esse fenômeno. [169] Em suma, Basualdo propõe uma "antropologia da arte", uma reflexão sobre as transformações nos papéis dos diferentes agentes (os museus, a crítica, o mercado etc.), com o objetivo de revisitar a concepção histórica de autonomia da arte e, por consequência, da atividade crítica entendida como um discurso produzido a partir das obras. Segundo o autor, tais mudanças já haviam se iniciado nos anos 1960, com a emergência da figura do curador independente e as práticas artísticas *site-specific*, mas apenas se consolidaram mais tarde, com a proliferação das bienais nos últimos vinte anos.

A partir do final dos anos 1980, as relações entre produção artística e espaço público foram reconfiguradas de modo que os conceitos de arte e esfera pública tiveram seu limites ampliados, um fenômeno que coloca para a história da arte uma série de questões a serem confrontadas. Nesse contexto de reconfiguração dos cânones da história da arte ocidental, parte da produção artística da década de 1990 revisitou os movimentos de vanguarda dos anos 1960 e 1970 que seguiram o advento da arte pop, como o minimalismo, a arte conceitual e a arte povera, para citar somente os casos mais notáveis. Grosso modo, tratava-se de resgatar aquilo que o historiador da arte francês, Jean-François Chevrier, denominou como a "passagem do objeto artístico para a coisa pública" ocorrida no final dos anos 1960. Essa nova forma de arte política que emergiu na última década do século XX buscava produzir ou documentar novas formas de sociabilidade e para tanto almejava libertar-se dos limites

---

169 BASUALDO, Carlos. "The Unstable Institution". *MJ-Manifesta Journal*, n. 2, winter 2003-spring 2004, p. 50-62. Disponível em www.globalartmuseum.de

institucionais da arte, atuando diretamente no espaço público. Segundo o curador Martí Peran, essa é uma resposta para a "urgência de realidade" contemporânea, evidenciada pela "multiplicação de estratégias por parte da arte contemporânea para reencontrar-se com a realidade em oposição a qualquer tradição autônoma", pela emergência de uma "arte preocupada em documentar os limites da realidade, em inserir-se nas fraturas do corpo social e tentar mecanismos de construção ocasional de experiências reais".[170]

Portanto, o retorno à produção artística dos anos 1960 decorre justamente de uma busca pela modificação dos espaços tradicionais da arte (o ateliê, a galeria, o museu) trazida pela produção artística chamada de processual ou conceitual. Os anos 1960 foram o período de consolidação da Documenta como uma das principais exposições internacionais de arte contemporânea. Sua quinta edição, realizada em 1972 sob a direção de Harald Szeemann, foi o momento que marcou uma virada nas formas de apresentação da arte moderna, em que o espaço expositivo transforma-se no "lugar específico" onde acontece a atividade artística. Havia uma reflexão crítica sobre a arte contemporânea e os desdobramentos do modernismo no pós-guerra, bem como a impressão de que algo totalmente novo estava iniciando. A mudança não envolvia somente a narrativa vigente sobre a história da arte, mas embarcava também o formato expositivo e as relações entre os espaços da arte (museu, galeria e ateliê). Na passagem dessas duas décadas, segundo o historiador da arte francês Jean-François Chevrier, uma cultura crítica surgia no interior das práticas artísticas, na medida em que a desmaterialização do objeto artístico articulava-se como recusa ao sistema de produção capitalista, reverberando mais tarde na crítica ao processo civilizatório inerente à expansão do próprio sistema capitalista. A desmaterialização do objeto colocava em questão todo o sistema de produção, distribuição e recepção dos trabalhos artísticos e, por conseguinte, toda a organização social na qual se instituía uma determinada visão histórica e certa definição da arte moderna no pós-guerra.[171]

Szeemann foi o primeiro curador da Documenta a propor mudanças na ideia de museu como espaço de exposição de obras de arte, ao apresentar, segundo Catherine David, a sua síntese das principais correntes artísticas da época na forma de um

---

[170] São alguns exemplos: 1. as cartografias e registros de dinâmicas existentes em projetos curados pelo próprio Martí Peran, como "Post-it city: cidades ocasionais", um projeto de cartografia e documentação de diferentes formas de uso do espaço público; 2. a construção de plataformas para que "a realidade tome a palavra", como o portal idealizado por Antoni Abad; 3. as práticas artísticas reunidas sob o rótulo de estética relacional, voltadas à construção de "acontecimentos". SPRICIGO, Vinicius. Relato do Workshop de Martí Peran "Curar e criticar: novos modos da crítica de arte", na Escola de Comunicações e Artes da Universidade de São Paulo, em abril de 2007. Disponível em: www.forumpermanente.org. Ver ainda PERAN, Martí. *Presente continuo. Producción artística y construcción de realidad (un apéndice)*. Catalunha: Eumo Editorial, 2006.

[171] CHEVRIER, Jean-François. *The Year 1967 – From Art Objects to Public Things: Or Variations on the Conquest of Space*. Barcelona: Fundació Antoni Tàpies, 1997.

"evento" que correspondia à ideia de "formas" e "atitudes".[172] Certamente a edição anterior da Documenta já assinalava que o modelo museológico adotado pelos seus fundadores, Arnold Bode e Werner Haftmann, apresentava sinais de desgaste e incompatibilidade com os desenvolvimentos da arte norte-americana do período.[173] Ademais, as manifestações políticas e a apresentação do minimalismo e da pop art na Documenta 4 demonstravam em certos aspectos a dificuldade de afirmação da "abstração como linguagem universal" da arte moderna e do formato de "museu de 100 dias", adotado para a exposição desde a sua criação em 1955. No entanto, foi Szeemann, ao enfatizar o aspecto processual da arte dos anos 1960 e 1970, quem colocou em questão a narrativa modernista do pós-guerra e o formato museológico tradicional de exposição.[174] A quinta edição da Documenta foi responsável, de certa forma, pela recuperação de outras leituras da arte moderna, ligadas ao dadaísmo e ao construtivismo russo, que haviam ficado de fora da reconstrução da tradição moderna no pós-guerra,[175] apresentando um panorama das principais vanguardas artísticas dos anos 1960, responsáveis pela passagem do objeto à "coisa pública".

"The Year 1967: From Art Objects to Public Things: Or Variations on the Conquest of Space", trata-se de uma versão ampliada do seminário "L'Année 1967: L'object d'art et la chose publique", apresentado por Jean-François Chevrier na Fundació Antoni Tàpies de Barcelona, em que o autor aborda a relação entre poética e política e a tensão entre o objeto de arte e a atividade artística no final dos anos 1960.[176] Em seu livro, Jean-François Chevrier conduz o leitor pelo processo de passagem do objeto artístico à coisa pública nos anos 1960, quando objetos cotidianos assumiram o lugar das "obras de arte" em museus e exposições.[177] O historiador da arte francês articula

---

172 Catherine David refere-se à exposição *When attitudes becomes form: live in your head*, realizada por Szeemann em 1969 na Kunsthalle de Berna, cuja ênfase nos aspectos processuais da arte antecipam seu trabalho na Documenta 5. DAVID, Catherine. *Guia da exposição Documenta 10*. Ostfildern-Ruit: Hatje Cantz, 1997. Ver também OBRIST, Hans Ulrich. Entrevista com Harald Szeemann. In: *A brief history of curating*. Zurich/Dijon: JRP Ringier/Les presses du réel, 2008, p. 80-100.

173 Vale lembrar que, segundo Walter Grasskamp e Hans Belting, no pós-guerra o expressionismo abstrato norte-americano se impôs como linguagem artística universal com a ajuda da intervenção econômica dos Estados Unidos no continente europeu (Plano Marshall). No contexto da nossa pesquisa interessa essa crítica à abstração como linguagem artística universal, a partir da leitura das primeiras edições da Documenta e da Bienal de São Paulo. BELTING, Hans. "Arte Ocidental: a intervenção dos Estados Unidos na Modernidade do pós-guerra". In: *O fim da história da arte: uma revisão dez anos depois*. São Paulo: Cosac Naify, 2006, p. 59-84. GRASSKAMP, Walter. "The museum and other success stories in cultural globalization". CIMAM ANNUAL CONFERENCE, Pinacoteca do Estado de São Paulo, novembro de 2005. Disponível em: www.forumpermanente.org

174 Vale mencionar que a Documenta de Szeemann não redefiniu os rumos tomados pela Documenta. Segundo Catherine David, "as versões que seguiram buscaram conciliar uma demanda estética com os imperativos de uma indústria cultural, e, tão logo, com a nova situação econômica e geopolítica da Alemanha e da Europa no contexto de globalização". DAVID, Catherine. Introduction. In: *Documenta. Guia da exposição Documenta 10*. Ostfildern-Ruit: Hatje Cantz, 1997, p. 7.

175 Cf. GUILBALT, Serge (ed.). *Reconstructing modernism: art in New York, Paris, and Montreal, 1945-1964*. Cambridge: The MIT Press, 1990.

176 CHEVRIER, Jean-François. *The Year 1967 From Art Objects to Public Things: Or Variations on the Conquest of Space*. Barcelona: Fundació Antoni Tàpies, 1997.

177 Ibidem, p. 119.

através do problema do objeto de arte nos anos 1960, o modo como diversos movimentos artísticos de vanguarda retomaram questões iniciadas pelas vanguardas históricas, especialmente o dadaísmo e o construtivismo.

Chevrier inicia sua análise com o resgate dos *ready-mades* de Marcel Duchamp pela pop art, para recolocar o debate entre arte modernista e literalista sobre a questão da autonomia da arte. Sabe-se que os anos 1960 foram marcados pela contestação de uma hegemonia da "pintura modernista", inicialmente pela "pop", mas de maneira mais contundente pelo minimalismo e pela arte conceitual. Nesse período ocorre um esvanecimento dos cânones modernistas e a abertura para outros desdobramentos nas práticas artísticas. Esse embate entre a arte modernista e a arte minimalista e conceitual está presente em textos de época de Michael Fried ("Art and Objecthood", 1967), Donald Judd (*Specific Objects*, 1965), Robert Morris ("Notes on Sculpture", 1966) e Joseph Kosuth ("Art after Philosophy", 1969).[178] Não vem ao caso retomar aqui esse debate bastante conhecido na esfera da crítica e da história da arte,[179] basta, para o propósito de nossa análise, assinalar que a ideia de crítica institucional está vinculada aos debates sobre o expressionismo abstrato e as "novas vanguardas" nos anos 1960. Interessa-nos reter a noção de *site-specific*[180] que se refere, portanto, não somente às transformações nos lugares da arte (o estúdio, a galeria e o museu), mas principalmente à ênfase no processual em substituição à produção objetual que marca a arte conceitual, ponto central da análise de Jean-François Chevrier.

Ao problematizar a questão da autonomia da arte e do objeto artístico, os trabalhos *in-situ* e a arte conceitual reverberaram consideravelmente nos modos de apresentação da arte, construindo novas formas de produção de valor simbólico, expandindo os limites do espaço expositivo e redefinindo as fronteiras entre o artista, o curador e o crítico, no que diz respeito à sua participação no sistema de produção, distribuição e recepção da arte.

---

178 Esses textos estão reunidos na coletânea HARRISON, Charles; WOOD, Paul (org.). *Art in Theory – 1900-1990*. Oxford: Blackwell, 1992.

179 Cf. DUVE, Thierry de. "The Monochrome and the Blank Canvas". In: GUILBAUT, Serge (ed.). *Reconstructing Modernism*: Art in New York, Paris, and Montreal 1945-1964. London/Cambridge: The MIT Press, p. 85-110.

180 Dessa esfera de investigação, nos interessa especialmente a compreensão do adensamento que a arte conceitual e a crítica institucional trouxeram aos debates sobre *site specificity* e o modo como podemos abordar essa questão a partir dos desdobramentos contemporâneos no terreno das artes visuais. Muito embora o minimalismo tenha sido o primeiro movimento de vanguarda dos anos 1960 a reclamar a extensão espacial e a duração temporal como elementos fundamentais para a constituição e significação da obra de arte, confrontando os paradigmas de "planaridade", "pureza" e "autonomia" da crítica modernista (que caracterizou tais aspectos como "teatrais" e, portanto, não pertencentes ao âmbito da pintura e da escultura), foi a arte conceitual e a crítica institucional que avançou com radicalidade nessas proposições e concebeu a noção de *site* (local) não somente em termos físicos (tempo e espaço), mas também culturais, e promoveu inserções críticas nos sistemas institucionalizados de arte. Na arte contemporânea, encontramos um novo deslocamento, agora em direção aos espaços públicos e às redes telemáticas, o que significa uma nova compreensão de *site* como um "espaço informacional". Essas três etapas ou paradigmas foram esquematizados por Miwon Kwon como fenomenológico, institucional e discursivo. KWON, Miwon. "One Place After Another: Notes on Site Specificity". *October*, n. 80, Spring 1997, p. 95.

Em seu livro, Jean-François Chevrier ressalta ainda a emergência das teorias pós-estruturalistas que aconteceu no contexto revolucionário de Maio de 68, em que são criticadas a compartimentalização e a neutralidade do conhecimento, e são trazidas à tona as relações políticas envolvidas no relacionamento entre os agentes que participam do processo de produção e de compartilhamento de informações dentro de um determinado sistema. Paralelamente, na esfera artística, o trabalho de nomes da arte conceitual, como Marcel Broodthaers, Hans Haacke e Daniel Buren, entre outros, revelam por meio da crítica às estruturas de poder inerentes às instituições artísticas e da desestabilização das relações entre a produção artística e seus modos de exibição, as condições de produção e recepção específicas desse sistema. Os "museus" criados não só por Broodthaers como também por outros artistas exemplificavam, de certo modo, o programa criado pelo curador Harald Szeemann para a Documenta 5, intitulado "Evento de 100 dias", no lugar de "Museu de 100 dias", subtítulo original da exposição.[181] Sabe-se que a águia, o emblema escolhido para o museu criado pelo artistas,em Bruxelas, é um símbolo associado com o poder. Ao criar um museu ficcional e revelar as hierarquias existentes nos sistemas de informação dos museus de arte, esses artistas subvertem parâmetros e convenções estabelecidas para a produção e validação exercidas sobre os organizadores das três primeiras edições da Documenta de Kassel, Arnold Bode e Werner Haftmann, a exposição abandonou seu modelo museográfico inicial e abriu perspectivas para as transformações nas linguagens are ocorriam no fim dos anos 1960. A escolha de Harald Szeemann para o posto de diretor artístico da Documenta 5 criou condições positiva tradicional, de apresentação de objetos artísticos dentro de um "meio" aparentemente neutro para uma lógica focada no processo de construção de significados dentro de um quadro institucional que possui estruturas e lógicas de organização que distribuem de maneira desigual as competências e atribuições específicas de cada agente cultural.

No âmbito das mega-exposições internacionais de arte contemporânea, a Documenta 10, realizada em 1997 e curada por Catherine David, inaugura o conceito de "plataforma" e evidencia o papel desse espaço como campo para a reflexão pública sobre questões contemporâneas. A curadora francesa tinha como objetivo elaborar uma "ontologia da experiência contemporânea"[182] e por isso apresentou uma "retroperspectiva" das práticas artísticas de vanguarda da segunda metade do século XX. Tratava-se de um olhar reflexivo sobre o projeto político e cultural da Documenta de Kassel que criasse um "espaço de confronto com as práticas estéticas contemporâneas".[183] Desse modo, tal projeto não se restringia a uma ontologia do presente, pois executar uma cartografia da contemporaneidade demandava o esforço intelectual de olhar retrospectivamente e apontar também perspectivas para o futuro.

---

181 O curador da Documenta 5 substituiu o slogan original da exposição, "Museu de 100 dias" – criado em 1955 por Arnold Bode, devido à duração da exposição –, por "Evento de 100 dias", enfatizando o objetivo de criar um programa de eventos que ampliasse a participação do público e o caráter processual da exposição.

182 Idem.

183 STORR, Robert. Kassel "Rock: interview with curator Catherine David". *Artforum*, maio 1997.

Ademais, a curadora contestou o modelo expositivo e até mesmo o propósito de uma Documenta no fim daquele milênio. A abertura do guia de visitação da Documenta 10 apresentava um questionamento acerca do significado e dos propósitos da maior exposição de arte contemporânea em um contexto de instrumentalização da arte e de proliferação de "Bienais" pelo mundo todo.[184] A saída encontrada por David para o paradoxo de articular um confrontamento crítico na edição "comemorativa" de uma exposição notoriamente vinculada ao turismo e ao consumo cultural, seria colocar a instituição sob inspeção, propondo rupturas e mudanças em sua estrutura. Catherine David realizou então um "evento cultural", transformando a exposição em uma plataforma discursiva e introduzindo temas como o pós-colonialismo, o urbanismo e as práticas documentárias, por exemplo, na agenda de debates e palestras realizados no decorrer dos 100 dias.

Elena Filipovic analisa essa plataforma pelo viés da crítica aos limites ideológicos e espaciais do "cubo branco":

> Conceitualmente e fisicamente centrais para a exposição (situada no meio do Documenta-Halle), o programa de eventos também podia ser acompanhado ao vivo no rádio e via internet, ou as gravações consultadas durante a exposição, constituindo um arquivo que crescia potencialmente além de Kassel. David transformou então efetivamente a Documenta de uma exposição espetacular de artes visuais em um sítio híbrido para a representação de produções culturais diversas. O resultado abriu a Documenta para o tipo de engajamento político e diversidade de meios e culturas que nenhuma outra exposição no ocidente havia visto – o que alguns críticos lamentaram foi uma mostra esteticamente empobrecida, conduzida teoricamente e politicamente sobrecarregada. De fato, o movimento da curadora de encontro com o espetáculo usual das megaexposições era consistente com uma assertiva audaciosa de que era impossível continuar a perpetuar inocentemente o formato de exposição museográfico como um quadro legítimo para todos os trabalhos de arte de todos os lugares. A exposição e o programa de eventos encenaram as limitações do cubo branco. Ao refletir criticamente sobre o modo como as formas hegemônicas operam, a Documenta 10 usou a estrutura conceitual e discursiva da última edição do milênio para encorajar outros a fazerem o mesmo, um papel que era, como David sugeriu, não menos político do que estético.[185]

A citação assinala ao final que a curadora francesa atribuiu à mostra a função de analisar criticamente questões políticas e culturais. . Os questionamentos sobre "as condições de possibilidade de práticas estéticas críticas" levantados por David chegaram a nós através do simpósio "São Paulo S.A. Situação #3 Estética e Política", organizado na ocasião da publicação no Brasil do livro *A partilha do sensível*, de Jacques Rancière.[186]

---

184   DAVID, Catherine. Introduction. In: *Documenta. Guia da exposição Documenta 10*. Ostfildern-Ruit: Hatje Cantz, 1997, p. 7.

185   FILIPOVIC, Elena. "The Global White Cube". In: *The Manifesta Decade*. Brussels/Cambridge: Roomade/ The MIT Press, 2005, p. 63-84.

186   Retomo aqui algumas ideias desenvolvidas durante a revisão dos seminários internacionais da 27ª Bienal de São Paulo. Cf. SPRICIGO, Vinicius. BENETTI, Liliane. "Relato dos Seminários da 27ª Bienal de São Paulo". Disponível em: www.forumpermanente.org

Na abertura do encontro, o sociólogo Laymert Garcia dos Santos comentou as especificidades do contexto brasileiro e a pertinência da leitura da obra de Rancière após os acontecimentos de 11 de setembro de 2001, ressaltando:

> [...] o déficit de representação que se declara entre a experiência social que vivenciamos e a experiência estética que nos é proposta pelos artistas. Como se as novas tensões que nos afetam não ressoassem nas práticas estéticas, ou ressoassem de modo muito pouco complexo; como se estas contribuíssem pouco para a inteligibilidade do que ocorre no campo social e político. Com efeito, quase não é problematizada a liquidação da utopia que, entre nós, parece ter sido selada, não em 1989, como na Europa, mas em 2002, quando, em termos políticos, ficou claro que, ou já não havia oportunidade histórica, ou essa oportunidade estava sendo perdida. Pois só agora parece efetivamente instalado entre nós o consenso de que fala Rancière [...], o consenso que nos quer fazer crer que "não há alternativa", e que busca desqualificar tanto a política quanto a estética enquanto vetores de transformação, consagrando uma operação imobilista e regressiva.[187]

O comentário do professor Laymert Garcia dos Santos faz referência ao "fim das utopias", situado na cronologia proposta por Catherine David e Jean-François Chevrier entre os anos de 1978 e 1989, apontando a especificidade do contexto brasileiro após o início do governo do presidente Luiz Inácio "Lula" da Silva, que naquela época atravessava um momento de crise política, bem como ressaltava a relevância do trabalho de Rancière para pensar as relações entre cultura e política na atualidade. De fato, Jacques Rancière é um dos autores mais requisitados atualmente para se pensar tais questões, uma vez que reivindica com clareza a imbricação da arte no político, ou seja, na partilha da experiência comum. Nas suas palavras, a arte anuncia "a supressão das oposições entre os que participam ou não da experiência comum". E isso ocorre por meio dos processos produtivos que lhe são intrínsecos, o fabricar e o tornar visível, que definem novas relações entre o fazer e o ver. As práticas artísticas são, portanto, "maneiras de fazer que intervêm na distribuição geral das maneiras de ser e formas de visibilidade", posto realizarem em si mesmas "a transformação da matéria sensível em apresentação a si da comunidade".[188] Assim, ao pensar as relações que se estabelecem entre arte e política, Rancière propõe um novo significado para aquilo que se entende como estética.

> Pelo termo de constituição estética deve-se entender aqui a partilha do sensível que dá forma à comunidade. Partilha significa duas coisas: a participação em um conjunto comum e, inversamente, a separação, a distribuição dos quinhões. Uma partilha do sensível é, portanto, o modo como se determina no sensível a relação entre um conjunto comum partilhado e a divisão de partes exclusivas. Antes de ser um sistema de formas constitucionais ou de relações de poder, uma ordem política é uma certa divisão das ocupações, a qual se inscreve, por sua vez, em uma configuração do sensível: em uma relação entre os modos de fazer, os modos de ser e os de dizer; entre a distribuição dos

---

187 *São Paulo S.A. Situação #3 Estética e Política*, SESC São Paulo, abril 2005.
188 RANCIÈRE, Jacques. *A partilha do sensível: estética e política*. São Paulo: Editora 34/EXO experimental, 2005, p. 67.

corpos de acordo com suas atribuições e finalidades e a circulação de sentido; entre a ordem do visível e do dizível.[189]

O conceito de partilha do sensível permite vislumbrar no âmbito da arte a possibilidade de reconstrução de uma esfera pública, pautada nos conceitos de tradução e representação cultural, mas também aqueles de colaboração e indiferença são centrais para o entendimento da mediação no contexto das práticas artísticas contemporâneas. Trata-se, afinal, de recorrer ao pensamento de Rancière para discutir plataforma no âmbito das exposições de arte contemporânea. Um ponto possível de conexão entre teorias tão díspares está na ideia de construção de espaços de visibilidade.

A visibilidade caracteriza o princípio básico de uma esfera pública, o mundo comum no qual a aparência constitui a realidade. Segundo a autora, esse mundo (real) seria antes de tudo o espaço de convivência humana, de habitação comum, no qual tomamos diferentes lugares e nos relacionamos com os outros. Essa diferença de pontos de vista é justamente a precondição dessas relações entre os indivíduos e, portanto, a esfera pública é um espaço de autorrepresentação e alteridade, no qual a vida privada torna-se visível e abre-se ao contato com o outro.[190] Contudo, essa condição de possibilidade de uma vivência democrática, de estabelecimento de um espaço comum com o "outro", também denota as diferenças que os lugares ocupados atribuem na legitimação dos discursos. A centralização de poder e a distribuição desigual de competências no meio artístico criam um sistema excludente no qual raramente enxergamos "aqueles da periferia", embora exista em uma série de discursos pautados na tentativa de criar uma empatia com esse outro marginalizado.[191] A partir de uma leitura de Arendt, Deutsche entende a esfera pública como um lugar de debates e de interação política, no qual os artistas seriam chamados a criar espaços de visibilidade (ou dar voz, uma vez que o debate se inicia com o ato de declarar) para os indivíduos que estariam ocultos (ou sem voz).

Essa é uma leitura possível do trabalho de Rancière, uma vez que o filósofo fala de um regime (estético) das artes, no qual uma "política da indiferença" confere ao indivíduo "qualquer" visibilidade e possibilidade de participação em um discurso comum. Por outro lado, o autor demonstra preocupação com uma possível instrumentalização da arte.

---

189 Ibidem, p. 7-8.

190 Segundo Deutsche, "Hannah Arendt defined the public sphere, or democratic political community, as the space of appearance, of, that is, what phenomenology calls coming into view. In stressing appearance, Arendt connected the public sphere [...] to vision and so, without knowing it, opened up the possibility that visual art might play a role in deepening and extending democracy, a role that some contemporary artists, thankfully, eager to perform. [...] Later political philosophers have also connected public space to appearance. Most recently, Jacques Rancière has defined both democratic practice and radical aesthetics as the disruption of the system of divisions and boundaries that determines which social groups are visible and which invisible". DEUTSCHE, Rosalyn. "The Art of Witness in the Wartime Public Sphere". In: *Ciclo de debates intervenção artística no espaço público: a atualidade do lugar*. Arco Madrid, fevereiro 2008. Disponível em: www.forumpermanente.org

191 Cf. ARENDT, Hannah. *A condição humana*. 8. ed. Rio de Janeiro: Forense Universitária, 1997.

Existe hoje toda uma corrente que propõe uma arte diretamente política na medida em que ela não mais constrói obras feitas para serem contempladas ou mercadorias a serem consumidas, mas modificações do meio ambiente, ou ainda situações apropriadas ao engajamento de novas formas de relações sociais. Existe, por outro lado, um contexto contemporâneo, isto é, aquele a que se chama de consenso. O consenso é bem mais do que aquilo a que o assimilamos habitualmente, a saber, um acordo global dos partidos de governo e de oposição sobre os grandes interesses comuns ou um estilo de governo que privilegia a discussão e a negociação. É um modo de simbolização da comunidade que visa excluir aquilo que é o próprio cerne da política: o dissenso, o qual não é simplesmente o conflito de interesses ou de valores entre grupos, mas, mais profundamente, a possibilidade de opor um mundo comum a um outro. O consenso tende a transformar todo conflito político em problema que compete a um saber de especialista ou a uma técnica de governo. Ele tende a exaurir a invenção política das situações dissensuais. E esse déficit da política tende a dar um valor de substitutivo aos dispositivos pelos quais a arte entende criar situações e relações novas. Mas essa substituição corre o risco de operar-se dentro das categorias do consenso, conduzindo as veleidades políticas de uma arte que sai de si para tarefas políticas de vizinhança e de medicina social nas quais, nos termos do teórico da estética relacional, se trata de "preencher as lacunas do vínculo social". Tudo se passa, portanto, como se a tentativa para ultrapassar a tensão inerente à política da arte conduzisse ao seu contrário, isto é, à redução da política ao serviço social e à indistinção ética.[192]

Em seu projeto curatorial Catherine David corrobora a afirmação de Rancière a favor das práticas estéticas contemporâneas, mas assinala, entretanto, o perigo dos "apelos fáceis" ao espectador. É nesse sentido que David recorre ao conceito de "distância ativa", de Jacques Rancière, para distinguir, de um lado, os trabalhos artísticos que operam o deslocamento do indivíduo de seu próprio lugar a fim de colocá-lo a certa distância de seu "outro", incitando a convivência, a construção e a partilha de um espaço comum, e, de outro, determinadas obras pseudocríticas, bem intencionadas porém ingênuas, que terminam por reafirmar o lugar do sujeito, confinando-o sempre em sua própria posição.[193]

Em outros termos, a tensão é inerente à política e à arte, e a tentativa de preencher o déficit da política institucionalizada com a arte tende, no mais das vezes, a restringi-la ao assistencialismo, diminuindo o potencial crítico que lhe é inerente. Isso não significa, contudo, um acordo com as afirmações sobre a "nulidade" das novas práticas estéticas (e políticas) identificadas "na transformação do pensamento crítico em pensamento do luto" (morte da arte). Nas palavras do esteta francês, "a multiplicação dos discursos denunciando a crise da arte ou sua captação fatal pelo discurso, a generalização do espetáculo ou a morte da imagem são indicações suficientes de

---

192 RANCIÈRE, Jacques. "A política da arte e seus paradoxos contemporâneos". In: *São Paulo S.A. Situação #3 Estética e Política*, SESC São Paulo, abril 2005. Disponível em: http://www.sescsp.net/sesc/conferencias/

193 DAVID, Catherine. "Novos meios de expressão a partir dos filmes de Pedro Costa". In: *Seminário vida coletiva*, 27ª Bienal de São Paulo, agosto 2006. Disponível em: www.forumpermanente.org

que, hoje em dia, é no terreno estético que prossegue uma batalha ontem centrada nas promessas da emancipação e nas ilusões e desilusões da história".[194]

No caso da Bienal de São Paulo, uma postura acrítica em relação à virada global da arte contemporânea acarreta o fechamento em si mesma. Afinal, os mesmos mecanismos de inclusão e exclusão aplicados pelos centros hegemônicos em relação aos países periféricos se reproduzem nas relações entre centro e periferia nas grandes metrópoles globais como São Paulo, ou entre esta cidade, como centro econômico e cultural do país, e outras regiões do Brasil. Ao privilegiar as relações que se estabelecem entre lugares e agentes consolidados no âmbito da arte contemporânea brasileira e global, a Bienal transforma-se, na verdade, em um mecanismo de revalidação dos discursos provenientes dos centros hegemônicos, operando assim no sentido unidirecional (norte-sul) dos processos de globalização cultural. Desse modo, sem ser capaz de modificar a dinâmica de uma esfera pública global, criando diálogos com outras "zonas de silêncio"[195], a Bienal de São Paulo perde a sua força de agenciamento e continua sem uma voz ativa ou um lugar consolidado no mapa das artes.

---

194 RANCIÈRE, Jacques. *A partilha do sensível: estética e política*. São Paulo: Ed. 34/EXO experimental org., 2005, p. 12.

195 MOSQUERA, Gerardo. "Notes on globalisation, art and cultural difference". In: *Zones of silence*. Amsterdam: Rijksakademie van Beeldende Kunsten, 2001.

Considerações finais

A análise comparativa dos projetos políticos e culturais de uma das principais exposições internacionais de arte contemporânea do pós-guerra e da "virada global" ocorrida neste âmbito permite-nos algumas considerações à guisa de conclusão. Não se trata de um diagnóstico das questões contemporâneas tratadas pelas últimas edições da mostra ou de projeções acerca dos desdobramentos futuros da globalização cultural, tampouco de respostas sobre as dúvidas surgidas com a crise de uma esfera pública. Qualquer tentativa de obter respostas conclusivas acerca das transformações ocorridas na esfera pública da arte nos últimos vinte anos seria certamente apressada e caminharia na contramão dos próprios processos atuais de produção de conhecimento na sociedade atual, que sugerem modos dialógicos e plurais de participação em uma plataforma discursiva global.

O ponto de partida para esta reflexão sobre a Bienal de São Paulo foi um relato[196] sobre os seminários da 27ª edição da Bienal redigido para o site do Fórum Permanente em setembro de 2006, contendo algumas reflexões acerca da imbricação do estético no político. O texto discutia as condições de possibilidade de uma arte crítica no contexto atual marcado pela superação da espetacularização das exposições de arte contemporânea e pela industrialização da produção de bens culturais, usando como referência teórica a palestra proferida, em 2005, por Jacques Rancière no simpósio "São Paulo S.A. Situação #3 Estética e Política"[197] e o livro *A partilha do sensível*,[198] do mesmo autor. Revendo o projeto curatorial da 27ª Bienal de São Paulo de modo geral, e esses debates mais especificamente, com o distanciamento de quatro anos,

---

196   SPRICIGO, Vinicius, BENETTI, Liliane. "Relato dos Seminários da 27ª Bienal de São Paulo". Disponível em: www.forumpermanente.org

197   RANCIÈRE, Jacques. A Política da Arte e seus Paradoxos Contemporâneos. In: *São Paulo S.A. Situação #3 Estética e Política*, SESC São Paulo, abril 2005. Disponível em: http://www.sescsp.net/sesc/conferencias/

198   RANCIÈRE, Jacques. *A partilha do sensível: estética e política*. São Paulo: Editora 34/EXO experimental, 2005.

parece-me que havia, no entanto, duas visões distintas em jogo: uma que remetia à crítica institucional e ao trabalho de artistas conceituais como Daniel Buren, Hans Haacke, Dan Graham, Marcel Broodthaers (artista que foi tema da abertura dos seminários internacionais); e outra voltada para a produção contemporânea, cujo destaque era dado para uma arte política, de matriz sociológica e que visivelmente buscava o encontro com comunidades ditas marginalizadas. De certa maneira, o pano de fundo dessa discussão era a ideia de uma proposta de reconstrução de uma esfera pública que passava por uma reflexão sobre arquitetura e urbanismo (outro tema dos seminários da Bienal), e de projetos políticos que levassem em conta o reconhecimento do outro. No âmbito das artes visuais, esse reconhecimento estava ligado, por exemplo, à inclusão de "modernismos" produzidos fora dos centros legitimadores da arte moderna ocidental. O cruzamento desses dois eixos de discussão, sobre as práticas estéticas contemporâneas e suas condições de possibilidade em um contexto periférico, nos levou ao questionamento das relações entre arte e política no âmbito das exposições internacioanais de arte contemporânea.

Por fim, resta-nos questionar o modo como o Brasil e a América Latina de modo geral estão situados no mapa da arte global. Seria a emergência recente de uma arte política no Brasil uma manifestação epigonal dos processos ocorridos nos centros hegemônicos da arte mundial ou uma recuperação genuína de uma fortuna crítica existente na América Latina?

Essa questão diz respeito à inclusão de outras histórias na genealogia da arte dita Ocidental, mas talvez ela revele, antes de mais nada, as marcas profundas deixadas pelo colonialismo no pensamento existente fora dos centros.

Bibliografia

50 Anos de Bienal Internacional de São Paulo, *Revista USP*, n. 52, dezembro 2001-fevereiro 2002.

ABAD, Antoni. "O papel da mídia no circuito da arte". In: *Primeiro Simpósio Internacional do Paço das Artes*, agosto de 2005. Disponível em: www.forumpermanente.org.

AGAMBEN, Giorgio. "O que é um dispositivo?", *Outra travessia*, n. 5. Florianópolis, 2005.

_____. *Homo sacer*: O poder soberano e a vida nua. Lisboa: Ed. Presença, 1998.

_____. *The Coming Community*. Minneapolis/London: University of Minnesota Press, 1993.

ALAMBERT, Francisco; CANHÊTE, Polyana. *As Bienais de São Paulo: da era dos museus à era dos curadores (1951-2001)*. São Paulo: Boitempo, 2004.

AMADO, Guy. *Sobre a 28ª Bienal ou O buraco é mais em cima*. Disponível em www.canalcontemporaneo.art.br.

AMARAL. Aracy. *Textos do Trópico de Capricórnio: artigos e ensaios (1980-2005) – v. 2: Circuitos de arte na América Latina e no Brasil*. São Paulo: Editora 34, 2006.

_____. *Textos do Trópico de Capricórnio: artigos e ensaios (1980-2005) – v. 3: Bienais e artistas contemporâneos no Brasil*. São Paulo: Editora 34, 2006.

_____. *Arte para quê? – A preocupação social na arte brasileira, 1930-1970: subsídios para uma história social da arte no Brasil*. 3. ed. São Paulo: Studio Nobel, 2003.

_____. *Arte e meio artístico: entre a feijoada e o x-burguer (1961-1981)*. São Paulo: Nobel, 1983.

AMARAL, Aracy. (org.) *Arte Construtiva no Brasil: Adolpho Leirner*. São Paulo: Melhoramentos, 1998.

AMARAL, Aracy. (org.) *Mundo, homem, arte em crise*. 2. ed. São Paulo: Perspectiva, 1986.

AMARANTE, Leonor. *As Bienais de São Paulo, 1951-1987*. São Paulo: Projeto, 1989.

ANJOS, Moacir dos. *Local/Global: arte em trânsito*. Rio de Janeiro: Jorge Zahar, 2005.

ARANTES, Otília (org.). *Acadêmicos e modernos*. São Paulo: Edusp, 1998.

ARENDT, Hannah. *A condição humana*. 8. ed. Rio de Janeiro: Forense Universitária, 1997.

BAITELLO, Norval. "A sociedade da informação". *São Paulo em Perspectiva*, v. 8, n. 4, 1994.

BAKHTIN, Mikhail. "O discurso em Dostoiévski". In: *Problemas da poética de Dostoiévski*. 2.ed. Rio de Janeiro: Forense Universitária, 1997.

BARBOSA DE OLIVEIRA. Lúcia Maciel. *Corpos Indisciplinados: ação cultural em tempos de biopolítica*. Tese de Doutorado em Ciência da Informação. Escola de Comunicações e Artes, Universidade de São Paulo, 2006.

_____. *Que políticas culturais?* Disponível em: www.centrocultural.sp.gov.br.

BARRETO, Jorge Menna; GARBELOTTI, Raquel. "Especificidade e (in)tradutibilidade". In: *Arte em Pesquisa: especificidades*, vol 1. ANPAP, Brasília, 2004.

BARRETO, Jorge Menna. Relato da conferência "A arte de ser testemunha na esfera pública em tempos de guerra", de Rosalyn Deutsche. Ciclo de debates: Intervenção artística no espaço público: A atualidade do lugar. Arco Madrid, fevereiro 2008. Disponível em: www.forumpermanente.org.

BARROS, Regina T. *Revisão de uma história: a criação do Museu de Arte Moderna de São Paulo. 1946-1949*. Dissertação de Mestrado em Artes Visuais. Departamento de Artes Plásticas da Escola de Comunicação e Artes, Universidade de São Paulo, São Paulo, 2002.

BARTHES, Roland. *Como viver junto*. São Paulo: Martins Fontes, 2003.

_____. *Criticism and Truth*. London: Athlone Press, 1987.

BASBAUM, Ricardo. (org.) *Arte Contemporânea Brasileira: texturas, dicções, ficções, estratégias*. Rio de Janeiro: Contra Capa, 2001.

BASUALDO, Carlos. "The Unstable Institution". *Manifesta Journal*, n. 2, winter 2003–spring 2004. Disponível em: www.globalartmuseum.de.

BARRIENDOS, Joaquín; SPRICIGO, Vinicius. "Horror Vacui: Crítica institucional y suspensión (temporal) del sistema internacional del arte. Una conversación con Ivo Mesquita sobre la 28ava Bienal de São Paulo". *Estudios Visuales*, n. 6, Barcelona, diciembre 2008.

BELTING, Hans. *O fim da história da arte: uma revisão dez anos depois*. São Paulo: Cosac Naify, 2006.

BELTING, Hans; BUDDENSIEG, Andrea. (org.) *The Global Art World. Audiences, Markets and Museums*. Ostfildern: Hatje Cantz, 2009.

BENJAMIN, Walter. *Obras escolhidas v. 1 – Magia e técnica, arte e política: ensaios sobre literatura e história da cultura*. São Paulo: Brasiliense, 1994.

BENKLER, Yochai. *The Wealth of Networks: How Social Production Transforms Markets and Freedom*. New Haven/London: Yale University Press, 2006.

BERGEN BIENNIAL CONFERENCE. Bergen Kunstall, 17-21 setembro 2009.

BEY, Hakin. *TAZ: zona autônoma temporária*. São Paulo: Conrad, 2001.

BIRNBAUM, Daniel. "In other's words. Entrevista com Sarat Maharaj", *ArtForum*, fevereiro 2002.

BISHOP, Claire. "The Social Turn: Collaboration and its Discontents". *Artforum*, fevereiro 2006.

Installation Art: a Critical History. London: Tate Publishing, 2005.

_____. "Antagonism and Relational Aesthetics". *October*, n. 110, Fall 2004.

_____. Mesa redonda com Antoní Muntadas, Sônia Salzstein e Paula Trope. O social na arte – Entre a ética e a estética, Escola de Comunicações e Artes da Universidade de São Paulo, agosto de 2008. Disponível em: www.forumpermanente.org.

BISHOP, Claire (org.). *Participation*. Cambridge: The MIT Press, 2006.

BOLAÑOS, Maria. *Desorden, diseminación y dudas: El discurso expositivo del museo en las últimas décadas*. Disponível em www.forumpermanente.org

BOURRIAUD, Nicolas. *Relational Aesthetics*. Paris: Les Presses du Réel, 2000.

BRAGA, Paula. Relato da mesa-redonda com Paulo Sérgio Duarte, Paulo Herkenhoff, Moacir dos Anjos e Marcelo Araújo. Desafios para o museu de arte no Brasil no século XXI. Goethe Institut São Paulo, 2004. Disponível em: www.forumpermanente.org.

BRAGA, Paula (org.). "Seguindo fios soltos: caminhos na pesquisa sobre Hélio Oiticica". Edição especial da *Revista do Fórum Permanente*. Disponível em: www.forumpermanente.org.

BRETT, Guy. "Três incidentes memoráveis". In: Catálogo da Exposição *Rio Trajetórias. Ações Transculturais*, Rio de Janeiro, 2001.

_____. "Museum Parangolé", *Trans*, v. 1, n.1, 1995.

BRITO, Ronaldo. *Neoconcretismo. Vértice e ruptura do projeto construtivo brasileiro*. São Paulo: Cosac Naify, 1999.

BUCHLOH, Benjamin. "Conceptual Art 1962-1969: From the Aesthetic of Administration to the Critique of Institutions". *October*, n. 55, Winter 1990.

BURKE, Peter. *Uma história social do conhecimento*. Rio de Janeiro: Jorge Zahar, 2003.

BUERGEL, Roger M. *The migration of form*. Disponível em: www.documenta.de.

BUERGER, Peter. *Teoria da vanguarda*. Lisboa: Vega, 1993.

CANCLINI, Néstor G. *Leitores, espectadores e internautas*. São Paulo: Observatório Itaú Cultural/Iluminuras, 2008.

_____. *Culturas híbridas: estratégias para entrar e sair da modernidade*. 2. ed. São Paulo: Edusp, 2003.

_____. *A globalização imaginada*. São Paulo: Iluminuras, 2003.

CASTELLS, Manuel. "Emergence des 'médias de masse individuels'", *Le Monde Diplomatique*, agosto 2006, p. 16.

_____.*A sociedade em rede*. 8. ed. São Paulo: Paz e Terra, 2005.

_____. *O poder da identidade*. 3. ed. São Paulo: Paz e Terra, 2002.

CAUDURO, Flávio. "Desconstrução e tipografia digital". In: *Arcos: cultura material e visualidade*. Rio de Janeiro, Escola Superior de Desenho Industrial, v. I, n. único, 1998.

CHAIMOVICH, Felipe (org.) *Grupo de estudos de Curadoria do Museu de Arte Moderna de São Paulo*. 2. ed. São Paulo: MAM, 2008.

CHARTIER, Roger. *A ordem dos livros: leitores, autores e bibliotecas na Europa entre os séculos XIV e XVIII*. Brasília: Editora da Universidade de Brasília, 1994.

CHAUÍ, Marilena. *Cidadania Cultural: o direito à cultura*. São Paulo: Editora Fundação Perseu Abramo, 2006.

_____. *Seminários*. São Paulo: Brasiliense, 1983.

CHEVRIER, Jean-François. *The Year 1967 – From Art Objects to Public Things*: Or Variations on the Conquest of Space. Barcelona: Fundació Antoni Tàpies, 1997.

Cimam Annual Conference – Museums: Intersections in a Global Scene. Pinacoteca do Estado de São Paulo, novembro de 2005. Disponível em: www.forumpermanente.org

COELHO NETTO, José Teixeira. *A cultura e seu contrário: cultura, arte e política pós-2001*. São Paulo: Iluminuras/Itaú Cultural, 2008.

_____. "O melhor mesmo é ir ao museu", *Bravo*, n. 134, outubro de 2008.

_____. *Dicionário crítico de política cultural*. 2. ed. São Paulo: Iluminuras/FAPESP, 1999.

_____. *O que é ação cultural*. São Paulo: Brasiliense, 2001.

CONDE, Ana Paula. "Herkenhoff reconstrói o Museu Nacional". *Trópico*. Disponível em http://pphp.uol.com.br/tropico/.

_____. "Museu dos EUA irá restaurar e expor obras de Hélio Oiticica", *Folha de S.Paulo*, 2 de abril de 2004.

CRIMP, Douglas. *On the Museum's Ruins*. London: MIT Press, 1995.

CYPRIANO, Fábio. "Um acordo de cavalheiros em vivo contato". Disponível em: www.forumpermanente.org.

_____. "A void in São Paulo". *Frieze*, novembro de 2007. Disponível em www.frieze.com.

CYPRIANO, Fábio; GONÇALVES, Marcos Augusto. Entrevista com Ivo Mesquita. *Folha de S.Paulo*, 22 de outubro de 2008.

DANTO, Arthur C. *Após o fim da arte*: A arte contemporânea e os limites da história. São Paulo: Odysseus, 2006.

DEBORD, Guy. *The Society of the Spectacle*. Paris: 1967. Disponível em: http://en.wikisource.org/wiki/The_Society_of_the_Spectacle.

DOCUMENTA. *Politics-Poetics: Documenta X – The Book*. Ostfildern-Ruit: Hatje Cantz, 1997.

_____. Guia da exposição *Documenta 10*. Ostfildern-Ruit: Hatje Cantz, 1997.

_____. Catálogo da exposição *Documenta 11_Platform 5*. Ostfildern-Ruit: Hatje Cantz, 2002.

_____. Democracy Unrealized. Documenta 11_Platform 1. Ostfildern-Ruit: Hatje Cantz, 2002.

_____. *Documenta 12 Magazines No 1-3 Reader*. Cologne: Taschen, 2007.

DUARTE, Paulo Sérgio. *Anos 60: transformações da arte no Brasil*. Rio de Janeiro: Campus Gerais, 1998.

DUVE, Thierry De. "Kant depois de Duchamp". *Arte & Ensaio*. Rio de Janeiro: UFRJ, 1998.

FAORO, Raymundo. "A questão nacional: a modernização". *Estudos Avançados*, v. 6, n. 14, São Paulo, jan-abr 1992.

FARIAS, Agnaldo (org.). *50 Anos de Bienal de São Paulo*. São Paulo: Fundação Bienal, 2001.

FERNANDEZ, Olga. "Institutional Critique: Two Deaths and Three Resurrections". Texto inédito cedido pela autora.

FERREIRA, Glória. (org.) *Crítica de arte no Brasil: temáticas contemporâneas*. Rio de Janeiro: Funarte, 2006.

FERREIRA, Glória; MELLO, Cecília Cotrim de (org.) *Clement Greenberg e o debate crítico*. Rio de Janeiro: Funarte/Jorge Zahar, 1997.

FIALHO, Letícia Ana. "MoMA (re)descobre a América Latina". *Trópico*. Disponível em http://pphp.uol.com.br/tropico/.

_____. "O Brasil na coleção do MoMA: análise da inserção da arte brasileira numa instituição internacional". In: Primeiro Simpósio Internacional do Paço das Artes, agosto de 2005. Disponível em: www.forumpermanente.org.

_____. "Mercado de Artes: Global e Desigual", *Trópico*, 2005. Disponível em: http://pphp.uol.com.br/tropico/.

FILIPOVIC, Elena; VANDERLINDEN, Barbara (org.) *The Manifesta Decade: Debates on Contemporary Art Exhibitions and Biennials in Post-wall Europe*. Brussels/Cambridge: Roomade/MIT Press, 2005.

FISHER, Jean. *When Was the Postcolonial? Reflections on the "Postcolonial" in the Context of Contemporary Indigenous American Art Practices*. Texto cedido pela autora.

_____. *When was Modernity?* Seminário apresentado no Departamento de Curadoria do Royal College of Art, Londres, novembro 2007. Texto inédito cedido pela autora.

FOSTER, Hal; KRAUSS, Rosalind; BOIS, Yve-Alain; BUCHLOH, Benjamin H. D. *Art since 1900. Modernism, Antimodernism, Postmodernism*. London: Thames & Hudson, 2004.

FOSTER, Hal. *The Return of the Real: The Avant-garde at the End of the Century*. The MIT Press. London, 1996.

FOUCAULT, Michel. *História da Sexualidade. v. 1: A Vontade de Saber*. Rio de Janeiro: Graal, 1988.

_____. "Qu'est-ce que la critique? Critique et Aufklärung". In: *Bulletin de la Société Française de Philosophie*, v. 82, n. 2, avr-juin 1990. Tradução de Gabriela Lafetá Borges e revisão de Wanderson Flor do Nascimento. Disponível em: http://www.unb.br/fe/tef/filoesco/foucault/critique.html.

FRASER, Andrea. "From the Critique of Institutions to an Institution of Critique", *Artforum*, September 2005.

FRASER, Valerie. *Brasília: uma capital nacional sem um museu nacional*. Disponível em www.forumpermanente.org.

FREIRE, Cristina. *Poéticas do Processo – Arte conceitual no museu*. São Paulo: Iluminuras, 1999.

FUNDAÇÃO BIENAL DE SÃO PAULO. Primeiro encontro de organizadores de bienais internacionais, 10 a 12 de dezembro de 1981. Acervo Vilém Flusser Archiv.

_____. Guia da exposição *Em vivo contato, 28ª Bienal de São Paulo*, 2008.

_____. Conferências. *28ª Bienal de São Paulo*, 2008. Disponível em: www.28bienalsaopaulo.org.br.

_____. *Seminars*. *27ª Bienal de São Paulo*, 2006. Disponível em: http://bienalsao paulo.globo.com/

_____. Catálogo da *24ª Bienal de São Paulo*. *Núcleo histórico: antropofagia e histórias de canibalismos*. São Paulo, 1998.

_____. Catálogos das *Bienais Internacionais de São Paulo (1951-1996)*. Acervo Arquivo Histórico Wanda Svevo.

GRIFFIN, Tim; et. al. "Global Tendencies: Globalism and the Large-Scale Exhibition", *Artforum*, n. 42, November 2003.

GOLDSTEIN, Ilana. Relato da mesa-redonda com Agnaldo Farias, Luiz Camillo Osorio e Moacir do Anjos. Debate O que é, afinal, a arte brasileira? Arco Madrid, fevereiro 2008. Disponível em: www.forumpermanente.org.

_____. Relato da mesa "Colecionismos do contemporâneo no Brasil". Workshop A virada global da arte contemporânea nas coleções brasileiras, Goethe-Institut São Paulo, agosto de 2008. Disponível em: www.forumpermanente.org.

GARCIA DOS SANTOS, Laymert. *Politizar as novas tecnologias*. São Paulo: Editora 34, 2003.

GLASMEIER, Michael; STENGEL, Karin. (org.) *50 Years Documenta. Archive in motion*. London: Steidl, 2005.

GREENBERG, Reesa; FERGUSON, Bruce W.; NAIRNE, Sandy (org.). *Thinking about Exhibitions*. London/New York: Routledge, 1996.

GROSSMANN, Martin. *Museum imaging modelling modernity*. Tese de Doutorado em Social and Enviromental Studies, Universidade de Liverpool, 1993.

_____. *Fórum Permanente: Museus de Arte; entre o público e o privado*. Disponível em www.forumpermanente.org.

_____. "O antimuseu". Disponível em: http://museologia.incubadora.fapesp.br/portal.

_____. "Uma cronologia para o museu de arte". Disponível em: http://museologia.incubadora.fapesp.br.

_____. *As instituições de arte brasileiras* – Fórum Permanente entrevista Paulo Sérgio Duarte, Marcelo Araújo, Fernando Cocchiarale e Rejane Cintrão. Disponível em: www.forumpermanente.org.

_____. *Entrevista com Jean Gallard*. Disponível em www.forumpermanente.org

GUILBALT, Serge. (org.) *Reconstructing modernism: art in New York, Paris, and Montreal, 1945-1964*. Cambridge: The MIT Press, 1990.

GULLAR, Ferreira. *Vanguarda e subdesenvolvimento*. Rio de Janeiro: Civilização Brasileira, 1969.

HABERMAS, Jürgen. *Mudança estrutural da esfera pública*. Rio de Janeiro: Tempo Brasileiro, 1984.

HAL, Marieke van. *The Effectiveness of the Biennial and the Biennial Effect*. Seminário apresentado no Departamento de Curadoria do Royal College of Art, Londres, novembro de 2007. Texto inédito cedido pela autora.

_____. *The Biennial Debate: Discussion on the Pros and Cons*. Texto inédito cedido pela autora.

HALL, Stuart. *A Identidade cultural na pós-modernidade*. Rio de Janeiro: DP&A, 2000.

HARDT, Michael, NEGRI, Antonio. *Empire*. Cambridge/London: Harvard University Press, 2000.

_____. "O que é a multidão?" *Novos Estudos*, n. 75, julho 2006.

HARRISON, Charles; WOOD, Paul (org.) *Art in Theory – 1900-1990*. Oxford: Blackwell, 1992.

HARRISON, Charles; WOOD, Paul et al. *Modernismo em disputa: a arte desde os anos quarenta*. São Paulo: Cosac & Naify, 1998.

HARVEY, David. *Condição pós-moderna*. São Paulo: Loyola, 2003.

HENRY MOORE INSTITUTE. Catálogo da exposição *Espaço aberto/Espaço fechado: sites for sculpture in modern Brazil*, London: 2006.

HERKENHOFF, Paulo. "Bienal 1998, princípios e processos", *Trópico*, 2008. Disponível em: http://pphp.uol.com.br/tropico/.

_____. "Sistema Institucional da Arte". In: Primeiro Simpósio Internacional do Paço das Artes, agosto de 2005. Disponível em: www.forumpermanente.org.

HIRSCH, Michael. "Politics of fiction". *Parachute*, n. 101. jan-mar 2001.

HIRSZMAN, Maria; MOLINA, Camila. "'Bienal do Vazio' começa no dia 25 com proposta ousada", *O Estado de S.Paulo*, 2 de outubro de 2008.

HOLMES, Brian. *Coded utopia*. Disponível em: http://www.metamute.org.

HONORATO, Cayo. Relato do debate com Carmen Mörsch. A experiência educativa na Documenta 12. Museu de Arte Moderna de São Paulo, agosto de 2008. Disponível em www.forumpermanente.org.

HUNTINGTON, Samuel. *O choque de civilizações e a recomposição da ordem mundial*. Rio de Janeiro: Objetiva, 1997.

INTERNATIONAL RESEARCH FORUM FOR GRADUATE STUDENTS AND EMERGING SCHOLARS. Departamento de Arte e História da Arte, Universidade do Texas, 6-8 novembro 2009.

JACQUES, Paola Berenstein. *Estética da ginga: a arquitetura das favelas através da obra de Hélio Oiticica*. Rio de Janeiro: Casa da Palavra, 2001.

JAMESON, Fredric. *Pós-modernismo: a lógica cultural do capitalismo tardio*. 2 ed. São Paulo: Ática, 1997.

JULIEN, Isaac; NASH, Mark. *Frantz Fanon as Film*. Texto cedido pelos autores.

KAC, Eduardo. *Negotiating Meaning: The Dialogic Imagination in Electronic Art*. Disponível em: http://www.ekac.org/dialogicimag.html.

KRAUSS, Rosalind. "The Cultural Logic of the Late Capitalist Museum", *October*, v. 54, autumn 1990.

KÖNIGER, Maribel. "Catherine David im Gespräch mit Maribel Königer". *Kunstforum*, n. 128, outubro-dezembro 1994.

KWON, Miwon. "One Place After Another: Notes on Site Specificity". *October*, n. 80, Spring 1997.

_____. "The Wrong Place", *Art Journal*, v. 59, spring 2000.

LAGNADO, Lisette. "A sobrevivência de Oiticica". *Trópico*, 2009. Disponível em: http://pphp.uol.com.br/tropico/.

_____. "O 'além da arte' de Hélio Oiticica", *Trópico*, 2007. Disponível em: http://pphp.uol.com.br/tropico/.

LAGNADO, Lisette; PEDROSA, Adriano (org.) *27ª Bienal de São Paulo: como viver junto*. São Paulo: Fundação Bienal, 2006.

LIPPARD, Lucy. *Six Years: The Dematerialization of Art Object from 1966 to 1972*. New York: Praeger, 1973.

LUCIE-SMITH, Edward. *Art Today*. London: Thames & Hudson, 1995.

MARTÍN-BARBERO, Jesús. *Dos meios às mediações: comunicação, cultura e hegemonia*. 2. ed. Rio de Janeiro: Editora UFRJ, 2001.

MARIOTTI, Gilberto. Relato da palestra de Hans Belting e mesa com Ivo Mesquita, Laymert Garcia dos Santos e Jens Baumgarten. Workshop A virada global da arte contemporânea nas coleções brasileiras, Goethe-Institut São Paulo, agosto de 2008. Disponível em: www.forumpermanente.org.

MENDES, Ricardo. "Bienal de São Paulo 1973 – Flusser como curador: uma experiência inconclusa. Disponível em www.fotoplus.com.

MESQUITA, André. Relato da mesa redonda com Martin Grossmann, Nancy Betts, Ricardo Basbaum e mediação de Priscila Arantes e Sergio Basbaum. Arte contemporânea: A Documenta 12 em foco. Pontifícia Universidade Católica de São Paulo, outubro de 2007. Disponível em: www.forumpermante.org.

MESQUITA, Ivo; COHEN, Ana Paula. *Relatório da curadoria da 28ª Bienal de São Paulo*. Disponível em: www.forumpermanente.org

MICELI, Sérgio. (org.) *Estado e Cultura no Brasil*. São Paulo: Difel, 1984.

MOSQUERA, Gerardo. *Zones of silence*. Amsterdam: Rijksakademie van Beeldende Kunsten, 2001.

_____. *Beyond the Fantastic: Contemporary Art Criticism from Latin America*. London/Cambridge: The Institut of International Visual Arts/The MIT Press, 1996.

NEGRI, Antonio. *Cinco lições sobre Império*. Rio de Janeiro: DP&A, 2003.

NIEMOJEWSKI, Rafal. *The Rise of the Contemporary Biennial: A New Topography for the Contemporary Art World*. Seminário apresentado no Departamento de Curadoria do Royal College of Art, Londres, novembro de 2007.

NOBRE, Ligia. "Taggers get into 'living contact' with vacant São Paulo Bienal". *Art Review*, 4 de novembro de 2008.

NOVAES, Adauto. *O nacional e o popular na cultural brasileira: artes plásticas e literatura*. São Paulo: Brasiliense, 1983.

OBRIST, Hans U. *A Brief History of Curating*. Zurich/Dijon: JRP Ringier/Les Presses du Réel, 2008.

O'DOHERTY, Brian. *No interior do cubo branco – A ideologia do espaço da arte*. São Paulo: Martins Fontes, 2002.

O'NEILL, Paul. *Curating Subjects*. London/Amsterdam: G&B Printers/De Appel, 2007.

OITICICA, Hélio. *Aspiro ao grande labirinto*. Rio de Janeiro: Rocco, 1986.

_____. *Situação da vanguarda no Brasil*. Rio de Janeiro, 1996. Disponível em www.itaucultural.org.

OLIVEIRA, Rita A. "Bienal de São Paulo: impacto na cultura brasileira". *São Paulo em Perspectiva*, v. 15. n. 3, 2001.

_____. *A Bienal de São Paulo: forma histórica e produção cultural*. Tese de Doutorado em Ciências Sociais, Pontifícia Universidade Católica de São Paulo, 2001.

ORTIZ, Renato. "Estudos Culturais". *Tempo Social*, junho 2004.

_____. *Mundialização e cultura*. São Paulo: Brasiliense, 1994.

A moderna tradição brasileira: cultura brasileira e indústria cultural. 5. ed. São Paulo: Brasiliense, 1994.

_____. *Cultura brasileira e identidade nacional*. São Paulo: Brasiliense, 1985.

PELBART, Peter P. "Sequestro da vitalidade e revides biopolíticos". In: Matadero Intermediae, Madrid, 12 de fevereiro de 2008. Disponível em: www.forumpermanente.org.

PERAN, Martí. *Presente continuo. Producción artística y construcción de realidad (un apéndice)*. Catalunha: Eumo, 2006.

PROJETO HÉLIO OITICICA. Catálogo da exposição *Hélio Oiticica*. Rio de Janeiro: Centro de Artes Hélio Oiticica, 1992.

RAMIRO, Mário. "Salto para um mundo cheio de deuses", *Ars*, n. 10, 2007.

RANCIÈRE, Jacques. *A partilha do sensível: estética e política*. São Paulo: Editora 34/EXO experimental, 2005.

_____. "The Emancipated Spectator". *Artforum*, march 2007.

REBOLLO, Lisbeth. *As Bienais e a abstração*. São Paulo: Museu Lasar Segall, 1978.

SAID, Edward. *Cultura e política*. São Paulo: Boitempo, 2003.

SÃO PAULO S.A. SITUAÇÃO #3 ESTÉTICA E POLÍTICA, SESC São Paulo, abril 2005. Disponível em: http://www.sescsp.org.br.

SALZSTEIN, Sônia. "Autonomia e subjetividade na obra de Hélio Oiticica". *Novos Estudos*, n. 41, março 1995.

_____. "Transformações na esfera da crítica". *Ars*, n. 1, 2003.

_____. "Cultura pop: astúcia e inocência", *Novos Estudos*, n. 76, novembro 2006.

SCHWARZ, Roberto. *Cultura e política*. São Paulo: Paz e Terra, 2001.

SHORAT, Ella; STAM, Robert. *Crítica da imagem eurocêntrica*. São Paulo: Cosac Naify, 2006.

SLOTERDIJK, Peter. *No mesmo barco: ensaio sobre a hiperpolítica*. São Paulo: Estação Liberdade, 1999.

SPERLING, David. "Museu Brasileiro da Escultura, utopia de um território contínuo". *Arquitextos*, n. 18, novembro de 2001. Disponível em http://www.vitruvius.com.br.

_____. *As arquiteturas de museus contemporâneos como agentes no sistema da arte*. Disponível em: www.forumpermanente.org.

SPRICIGO, Vinicius; SILVEIRA, Luciana M. "A vanguarda participacionista brasileira". *História Questões e Debates*, Curitiba, v. 42, 2005.

SPRICIGO, Vinicius, BENETTI, Liliane. Relato dos Seminários da 27ª Bienal de São Paulo. Disponível em: www.forumpermanente.org.

SPRICIGO, Vinicius. Entrevista com Antoni Abad. In: ABAD, Antoni (org.). *canal* MOTOBOY*. São Paulo: Centro Cultural da Espanha em São Paulo, 2007. Disponível em: www.forumpermanente.org.

_____. Relato do Workshop de Martí Peran "Curar e criticar: novos modos da crítica de arte", Escola de Comunicações e Artes da Universidade de São Paulo, abril de 2007. Disponível em: www.forumpermanente.org.

STORR, Robert. "Kassel Rock: interview with curator Catherine David". *Artforum*, maio 1997.

SUBIRATS, Eduardo. *Da vanguarda ao pós-moderno*. São Paulo: Nobel, 1991.

TATE. Catálogo da exposição *Fourth Tate Triennial*. London, 2009.

TAVARES, Ana M. Depoimento. In: "Artistas dizem como preencheriam o andar vazio da Bienal". *Folha de S.Paulo*, 22 de outubro de 2008.

WEIBEL, Peter; BUDDENSIEG, Andrea (org.). *Contemporary Art and the Museum: A Global Perspective*. Osfildern: Hatje Cantz, 2007.

WILLIAMS, Raymond. *Cultura*. São Paulo: Paz e Terra, 1992.

WOOD, Paul. *Arte conceitual*. São Paulo: Cosac Naify, 2004.

VENTURA, Zuenir. "A crise da cultura brasileira", *Visão*, 1971.

ZANINI, Walter. "Duas décadas difíceis: 60 e 70". In: Catálogo da exposição *Bienal Brasil Século XX*. São Paulo: Fundação Bienal, 1996.

_____. *História Geral da Arte no Brasil*. v. 2. São Paulo: Instituto Walther Moreira Salles/Fundação Djalma Guimarães, 1983.

_____. Ata da Reunião de Consulta entre Críticos de Arte da América Latina, 1980. Acervo Vilém Flusser Archiv.

Credits / **Créditos**

Permanent Forum: Art Museums between the public and private realms
Fórum Permanente: Museus de Arte entre o público e o privado

Chief curator / **Curador coordenador**: Martin Grossmann
Executive curator / **Curadora executiva**: Ana Letícia Fialho
Associate curator / **Curadora associada**: Graziela Kunsch
Curator in residency / **Curador residente**: Gilberto Mariotti
Information manager / **Gestor de informação**: Leonardo Assis
Technological manager / **Gestão tecnológica**: Julio Monteiro
Producer / **Produtora**: Paula Garcia

Platform concept / **Idealização da plataforma**
Joachim Bernauer & Martin Grossmann

Ex-members / **Ex-integrantes**
Durval Lara Filho, Paula Braga, Vinicius Spricigo (associate editors/editores associados), Liliane Benetti (assistant editor/editora assistente), Luciana Valio (researcher/pesquisadora), Beto Shwafaty (producer/produtor)

Special thanks / **Agradecimentos**
Adélia Borges, Afonso Luz, Ana Maria Tavares, Ana Tomé, André Dogon, Andrea Buddensieg, Ann Demeester, Anna Tilroe, Antoni Muntadas, Antonio Marcos Massola, Aracy Amaral, Ary Plonski, Bruno Fischli, Carla Zaccagnini, Carlos Soares, Cecilia Amorozo, Claire Bishop, Claudinéli Moreira Ramos, Cristiana Tejo, Daniel Rangel, Daniela Bousso, David Thistlewood (in memoriam), Denise Grinspum, Durval Lara, Eduardo Bonilha, Eduardo Peñuela Cañizal, Ettore Enrico Delfino Ligorio, Felipe Chaimovich, Gabriel Pérez-Barreiro, Gitta Luiten, Greice Munhoz, Hans Belting, Hans Glaubitz, Hélio Nogueira da Cruz, Herbert Duschenes (in memoriam), Imre Simon (in memoriam), Jacques Peigne, Jacson Tiola, Jana Binder, Jimena Andrade, Joachim Bernauer, Jorge Schwartz, Júlio Monteiro, Julio Plaza (in memoriam), Justo Werlang, Kiki Mazzucchelli, Laymert Garcia dos Santos, Leonardo Assis, Ligia Nobre, Lisette Lagnado, Lorenzo Mammi, Lucia Maciel Barbosa de Oliveira, Marcelo Araújo, Marília Junqueira Caldas, Mark Nash, Martí Peran, Martin Fryer, Mauro Wilton de Souza, Miguel Chaia, Paulo Costivelli, Pedro Perez Machado, Peter Tjabbes, Pilar Mur, Regina Silveira, Richard Riley, Rodrigo Gomes M. Moreira, Silvia Antibas, Simone Molitor, Solange Farkas, Stephen Rimmer, Suzana Moraes, Teixeira Coelho, Teresa Gleadowe, Teresa Velasquez, Tereza Cristina Carvalho, Tim Butchard, Toby Jackson, Ton Marar, Walter Zanini, Wayne Baerwaldt, Wolfgang Bader, Yara Richter.

Partners / **Parceiros**

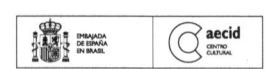

PINACOTECA do Estado de São Paulo

GOVERNO DO ESTADO SÃO PAULO CADA VEZ MELHOR

EMBAJADA DE ESPAÑA EN BRASIL — aecid CENTRO CULTURAL

CENTRO CULTURAL DA ESPANHA_SP

GOETHE-INSTITUT SÃO PAULO

Support / **Apoio**

ECA — ESCOLA DE COMUNICAÇÕES E ARTES UNIVERSIDADE DE SÃO PAULO

CCE — CENTRO DE COMPUTAÇÃO ELETRÔNICA - USP

BRITISH COUNCIL

Coleção Fórum Permanente

Museu Arte Hoje
Martin Grossmann & Gilberto Mariotti (org.)

Relatos críticos: Seminários da 27ª Bienal de São Paulo
Ana Letícia Fialho & Graziela Kunsch (org.)

Modos de representação da Bienal de São Paulo:
A passagem do internacionalismo artístico à globalização cultural
Vinicius Spricigo

For the curious ones, this book was printed by Hedra Tipografia Digital on January 18, 2011, with ITC Franklin Gothic font, using GNU/Linux (Gentoo, Sabayon e Ubuntu) and the free softwares LaTeX, DeTeX, XeTeX, VIM, Evince, Pdftk, Gimp, Aspell, SVN and TRAC.

Adverte-se aos curiosos que este livro foi impresso pela Hedra Tipografia Digital em 18 de Janeiro de 2011, com fonte ITC Franklin Gothic, em GNU/Linux (Gentoo, Sabayon e Ubuntu), com os softwares livres LaTeX, DeTeX, XeTeX, VIM, Evince, Pdftk, Gimp, Aspell, SVN e TRAC.